エイミー・アザリート
Amy Azzarito
大間知 知子［訳］

THE ELEMENTS OF A HOME

生活道具の文化誌

日用品から大型調度品まで

原書房

目次

小物

飾り

家具

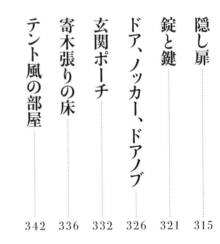

ようこそ我が家へ

「ものって本当に大事よ」と、ヘンリー・ジェイムズの『ある婦人の肖像』に登場するマダム・マールは言う。「自分の家とか家具とか服とか、好きな書物とか、交際中の友人とか――そういうものすべてが自分を表しているのです」（行方昭夫訳）。この本は物について語る本だ。家の中にあふれるさまざまな物を見れば、あなたが誰で、何をしている人か、誰を大切にしているかまですぐにわかる。お気に入りの家具には物語がある。すっかり大きくなったわが子が赤ちゃんだったときに買ったゆりかご。大好きな祖母から譲られたピューター（スズが主成分の合金）製の皿。初めてアパート暮らしを始めたときに買ったソファ。

私が今この原稿を書いている机、座っている椅子、部屋を照らすランプ――どんな家具にも使う人の思い出が染みついている。そして家具そのものにも、過去から現在につながる歴史が秘められている。たとえば椅子はどうだろうか。イタリア北部のキアヴァリで生産される椅子や、フランスの家具デザイナーがデザインしたトリックスの椅子のように、生産地やデザイナーがはっきりしている椅子もある。ウィンザーチェアやロッキングチェアのように、この日、このデザイナーによって作られたと明確に言えなくても、そのタイプの椅子がいつ頃から使われているのかよく知られているものもある。しかし、世界最初の椅子がいつ作られたのかはまったくわからない。机や皿といったありふれた道具の多くは、この世に生み出された正確な瞬間を突き止めるのはまず不可能だし、そんな話をしても正直言ってあまり面白くないだろう。本書『生活道具の文化誌』では、私たちが慣れ親しんでいる家庭の道具が今の形に進化していく歴史の中から、秘められたドラマを探し出して読者のみなさんにご紹介したいと思う。

ほとんどの家具は必要に迫られて生まれてきた。横たわる場所、座る所、料理するための容器、飲むための器《うつわ》、闇を遠ざける道具がほしい。そんな欲求があらゆる道具の原点にある。だからといって、家具が常に実用一点張りだったわけではない。人は美しいものに引き寄せられる傾向があるようだ。食べる物と住む場所というふたつの基本的欲求が満たされると、住んでいる空間を飾りたいという欲求を満たすゆとりが生まれた。これまで実用品で済ませていたものに、贅沢品《ぜいたくひん》が用いられるようになった。クリスタルガラスの脚付きグラスは、それを生産するために時間と費用がかかっているからこそ価値がある。城の石壁の寒々しさを和らげるには簡素な織物があれば十分だが、色鮮やかなタペストリーをかけておけば、所有者にお金の余裕があるのは一目でわかる。

一八世紀に産業革命が起きるまで、現代の私たちが考える装飾芸術——機能的であると同時に、生活に美的快感をもたらすために作られた物──は、どんな国に暮らしていようと貴族か富裕層でなければ手に入れられなかった。現代ならどんな家庭にもある色とりどりの枕、寝心地のいいマットレス、食器類、布張りの椅子は、かつては上流階級にしか手が届かなかったのだ。

羽毛でふんわりふくらんだ枕や、クッションのきいた寝椅子、ロウソクといったものがまだ日常生活になかった時代に、石や木の枕、背もたれの硬い椅子、いつまでも続く暗くて寒い昼と夜に耐えていた祖先には誰しも感服せざるを得ないだろう。私たちの祖父母がノートパソコンを想像すらできなかったように、私たちが何の気なしに使っているもの、たとえばナプキンやガラス製品、時計などが昔は想像さえできなかったという事実に、ときには想いをはせるのもいいだろう。

温度調節され、快適な家具で埋め尽くされ、好きなように点けたり消したりできる明かりがある現代の家は、昔ならたとえ王侯貴族であっても夢にも思わない贅沢だった。私たちが当たり前のように使っているもの（中にはそうでないものもあるが）の歴史をたどるために、この本ではしばしば過去へ旅することになるだろう。たびたびフランス人が登場するので驚く人がいるかもしれない。エドマンド・ホワイトが『パリ　遊歩者のまなざし』で書いているように、「フランス人は贅沢という観念を作り出し、そのためになら喜んでその代償を払ってきた」（柿沼瑛子訳）のである。私たちは中国、日本、エジプトへも出かけて、そこでさまざまなものと巡《めぐ》り合うだろう。

さあ、歴史を巡る旅に出よう。私たちの家庭にある道具に秘められた、複雑で多彩で驚くような物語が待っているだろう。この本を閉じたとき、日々の暮らしの中にあるありふれた道具への新鮮な驚きや感動が生まれるよう願っている。次に友人と食事を共にするときに話の種にして楽しんでいただければ、こんなにうれしいことはない。

箸

箸《はし》は中国で五〇〇〇年前から使われ始めた。フォークが使われ始めた時期よりおよそ三五〇〇年も前のことだ。箸は中国式の料理や食事にぴったりの道具だった。肉を大きな切り身のまま料理し、食べるためにナイフを使う西洋文化と違って、中国では肉は料理の主役ではなく、味わいを出す具材のひとつとして使われていた。主婦は肉屋が迫力のある大きな中華包丁で細かく切った肉を買ってきた。薄切り肉や細かく刻まれた肉は、大量の野菜とともに強火で手早く料理された。このような食生活は単に実用的なだけでなく、哲学的な理由があった。中国人が崇拝する思想家の孟子《もうし》は、「君子は生き物を殺す料理場に近寄らず、食卓でも刃物を使わないものだ」という教えを残している。

庶民は木や竹で作った箸を使ったが、富裕層は象牙やヒスイ、漆《うるし》、ときには銀など、高価な素材の箸を用いた。実際には銀の箸は贅沢のためではなく、皇帝やその家族が必要に迫られて使っていたと考えられている。彼らは常に暗殺を恐れ、毒物のヒ素が食べ物に含まれていれば、銀がヒ素に反応して黒く変色すると信じていた。実際には、銀はヒ素とは反応しない（ヒ素に含まれる不純物の硫黄と反応して黒ずむことがあった）が、腐った卵や玉ねぎ、にんにくに含まれる亜硫酸水素塩など、特定の成分に触れると変色する性質がある。

五〇〇年頃には日本、ヴェトナム、韓国でも箸が使われていた。アジア全体でまず麺や団子などの小麦粉食品が食べられるようになり、一一世紀になると米食が広がった。こうした食生活の変化にともなって、箸の使用が広がったと考えられる。

箸は各国の食習慣に合わせて取り入れられた。たとえば日本の箸が中国のものより短いのは、日本人が箸を小さなケースに入れて弁当と一緒に持っていく習慣があるからだ。韓国の箸はステ

【速い棒】

箸は英語で「chopsticks」という。二本の棒（sticks）で切り刻む（chop）わけではないのに、なぜこんな名前がついたのだろう。英語に中国語が混合したピジンイングリッシュと呼ばれる言語に、「chop chop」という言い回しがある。これは「速く」という意味で、「chopsticks」の「chop」はこの言葉に由来している。箸を表す中国語は「筷子《クワイズ》」といい、「速い棒」という意味だ。「速い棒」を英語で「quick stick」というのは言いにくいので、「stick」に「chop」がついて「chopstick」になった。箸が上手に使えるようになれば、箸は確かに速く動く棒だと実感できるだろう。

ンレス製が多いが、先端にギザギザがついていて、滑りやすい食べ物をしっかりつまめるようになっている（中国や日本と違って、韓国では米をスプーンで食べる）。今日では、世界人口の五分の一以上が箸を使っている。

箸は必ず二本一組で使うものなので、結婚の象徴にもなっている。中国の貴州省では、恋に落ちた息子のために母親が赤い紙で包んだ箸を持って恋人の家を訪ね、結婚を申し込む風習がある。中国沿岸部の上海より北の地方では、結婚披露宴で新郎から出席者に箸が記念品としてよく贈られる。中国文明発祥の地と考えられている中国中央部の河南省では、新婚カップルの幸せにあやかるために、結婚披露宴で出席者が箸を「盗む」習慣がある。

西洋では、安価な木材で作られた使い捨ての「割り箸」をよく見かける。紙皿や紙コップと同様に、アジアで割り箸が使われ始めたのは現代になってからだと思われるかもしれないが、実は割り箸の歴史はもっと古い。すでに一八世紀には、日本では料理屋で割り箸が使われていた。神道では、誰かの口に入った物にはその人の魂の一部が宿ると信じられてきた。だから日本では、たとえ使った後できれいに洗ったとしても、人と箸を共用する習慣は生まれなかった。料理屋がお客にうっかり使用済みの箸を出さないように、使い捨ての箸が考案された。今でも割り箸を割ると、さあこれから食事だという気持ちが高まる。

【日本の箸使いのタブー】

一　箸の先から汁を滴《したた》らせる（涙箸）。

二　どの料理を食べるか迷って、箸を皿の上であちこちに動かす（迷い箸）。

三　箸を二本そろえてスプーンのように食べ物をすくう（横箸）。

四　箸を料理に突き刺して食べる（刺し箸）。

五　箸についた食べ物をなめて取る（ねぶり箸）。

皿

パンをくりぬいた器に入ったスープに舌鼓《したつづみ》を打つのが好きな人なら、中世のお皿のよさがわかるだろう。中世の「お皿」は、焼いてから四日ほどたった全粒粉の大きな丸いパンを五～七・五センチメートルの厚さに切って、料理を盛りつけたものだ。この皿まで食べてしまう人はめったになく、食事が終わると、パンでできたこの皿は貧しい人か犬に与えられた。

パンを皿にする時代から、皿の上にパンが載る時代への変化は、中世の終わりに指で食べる習慣がフォークを使って食べる習慣に変わった結果である。フォークを使うとパンに穴が開いて、料理の汁があっという間にパンに染み込んでしまう。この問題を解決するために、パンが木製の台に置かれるようになった。そのうちにパンは使われなくなり、下に敷いた木の台だけが残った。この時期の皿はブナやカエデ材を削って作られ、中央にソースや肉汁をためておけるくぼみがあった。一二枚セットで売られ、多くは花模様が描かれていた。しかし、絵柄がどれほどきれいだろうと、木の皿から食べるのは品がないと考えられ、上流階級のために銀や金、ピューターなどの高価な素材を使って皿が作られた（皿を意味する英語の「プレート（plate）」は、本来平たい金属板を指す言葉だった。「プレート」に「小さな平たい食器」という現代の意味が生まれたのは一七世紀である）。

家計に余裕が出ると、家財道具の中で最初にグレードアップしたくなるのが食器だろう。上質な食器に買い替えて、枚数も増やしたくなるものだ。貴金属製の皿は貯蓄用の口座と同じで、いざというときに頼りになった。国王でさえ、急いで資金を作る必要があるときは皿を溶かして売り払った。ルイ一四世やルイ一五世も、戦争による出費で国庫が圧迫されたときは皿を売った。

今日では、少し気どったディナーパーティーを開くときは一般的に磁器の皿が使われる。マル

【使い捨ての皿】

労働者が休憩時間に薄いベニヤ板を皿代わりに食事をしているのを見て、マーティン・キーズは成形パルプを使ってパイ皿を作るアイデアを思いついた。キーズはこのアイデアの特許を取得し、一九〇四年にメイン州ショウマットに小さな工場を建てた。一九〇六年のサンフランシスコ地震が追い風となって、使い捨て食器の需要は急激に増加した。キーズの会社は現在も使い捨て食器の生産を続けている。世界中のピクニックテーブルを賑やかに盛り上げる「チャイネット」ブランドもそのひとつだ。

【私を川へ連れてって】

一五〇〇年代には、ルネサンス時代のローマでもっとも裕福な人物は銀行家のアゴスティーノ・キージだった。キージは富を誇示するために贅沢な宴会を催し、新しい料理が出るたびに、前の料理で使った黄金や銀の皿を召使に命じてテヴェレ川に投げ込ませた。しかし、キージは裕福だったが、倹約家でもあった。お客が帰ると、召使はパーティーが始まる前にあらかじめ川に沈めておいた網で食器をすべて回収した。財力を誇示するのに加えて、この見世物は盗みを予防する奇策でもあった。テヴェレ川に投げ込まれてしまっては、お客は皿をこっそり持ち出すわけにはいかないからだ。

コ・ポーロが帰国後、元王朝のフビライ・ハーンの宮廷で料理を食べた透き通るような白い食器について報告して以来、ヨーロッパ人は繊細な磁器を夢中で手に入れたがった。マルコ・ポーロは香辛料、絹、香料と一緒に、薄くて硬く、水をはじく輝くような素材の見本をひとつだけヴェネツィアに持ち帰った。それは緑灰色の釉薬《ゆうやく》をかけた高さ一二センチメートルの磁器の壺である（この壺は現在もヴェネツィアのサン・マルコ寺院に展示されている）。マルコ・ポーロは磁器をポルチェラーナと呼んだ。この言葉は表面が滑らかで光沢のあるタカラガイを指す俗語で、磁器を表現するのにこれほどぴったりなたとえはなかった。彩色磁器は中国のもっとも人気のある輸出品のひとつになった。磁器が英語で「チャイナ（中国）」と呼ばれるのはそのためだ。

ヨーロッパの製造業者は中国製の磁器の品質を再現しようとしたが、なかなか思うような結果が出なかった。もっとも熱心に研究を重ねたのはルネサンス時代のイタリア人である。彼らは陶器を製造する独自の技術を開発した。陶器は粘土を原料にして作られ、低温で焼き上げられる。水が染み込まないように釉薬をかけると、表面に美しい彩色を施すことができ、貴族の紋章などが描かれた。

マルコ・ポーロが東方へ旅行してからヨーロッパ人が磁器生産の秘密を発見するまでに半世紀かかった（種明かしをすると、磁器の白さと硬さの秘密はカオリンと呼ばれる粘土である）。磁器の秘密が明らかになると、これまでずっと満たされなかった磁器に対する需要に応えるために、ヨーロッパ各地に磁器メーカーが誕生した。磁器は非常に貴重で、「白い黄金」と呼ばれた。一八世紀のフランスの作家ルイ・セバスチャン・メルシエは、磁器を「忌々《いまいま》しい贅沢品」と呼び、「猫が足でひと踏みしようものなら、二〇エーカーの土地を失うより大きな損害を引き起こしかねない」と嘆いた。

一八五〇年代になると、それまで大富豪しか手に入れられなかった製品を中流階級の人々が買えるようになった。新婚家庭で使う磁器の模様を選ぶのは、一八六〇年代に結婚を控えた若い女性が経験する通過儀礼のひとつだった。紙製の容器で料理がテイクアウトできる現代でさえ、その習慣は残っている。現代の食器の選択肢は無限大といってよく、プラスチック製もあれば紙製もあり、ありとあらゆる幾何学的な形や色が揃《そろ》っている。しかし、特別なディナーのテーブルには、一三世紀にマルコ・ポーロが魅了されたのと同じ素材で作られた皿が並ぶことだろう。

スプーン

スプーンは、ほとんどの人が幼児のときに初めて出会う道具である。おそらく人類が初めて作った食べるための道具でもあるだろう。イギリスのフードライター、ビー・ウィルソンは、「世界にはフォークの文化と箸の文化があるが、スプーンは世界の誰もが使う」と指摘している。

一七世紀まで、スプーンを持たずに家を出るのは、現代の私たちがスマートフォンを忘れて出かけるのと同じくらいとんでもないことだった。そして持参したスプーンが何でできているかは、指につけた宝石（あるいは宝石をつけていない指）と同じようにその人の社会的地位を如実に物語った（ひとかどの人物なら、宝石で飾られた指と同様に、宝石で飾られたスプーンを持っているはずだった）。

最古のスプーンは、手近な材料を何でも使って作られた。棒に貝殻を固定したものや、湾曲した動物の角、木片を彫ったものもあった。しばらくすると、腕のいい職人が美しい木製のスプーンを作り始めた。古代ペルシア人はナシの木を使って、大きく、しかもこの上なく繊細なスプー

【小さいスプーン、大きいスプーン】

ヴィクトリア時代の食卓から現代の食卓に受け継がれたスプーンは二種類だけだった。台所に残った調理用スプーンと区別するために、食卓に陣取る大きめのスプーンはテーブルスプーンと呼ばれた。ティーカップにちょうどいい大きさのティースプーンは、貴重な輸入品の紅茶を少量ずつポットに入れるために一八世紀に作られた。

ンを作り、液状の料理を飲むために使った。長い柄の部分には細かい透かし彫りが施され、すくう部分は紙のように薄かった。一七世紀のウェールズでは、女性に結婚を申し込む男性は愛する相手に木製のスプーンを贈る習わしがあった。スプーンは家族を養う力の象徴であり、贈られたスプーンが凝ったデザインであればあるほど、求婚者の株は上がった。ときには愛のメッセージがこっそり彫られている場合もあった。

中世には洗礼式のお祝いとして銀のスプーンがよく贈られた。銀製品の中ではスプーンが一番手ごろな値段なので、贈る側にも好都合だったのだ。この風習から、裕福な家に生まれることを、「銀のスプーンをくわえて生まれる」と表現するようになった（お金に余裕のない人は、動物の角や木でできたもっと安価なスプーンを贈った）。

もちろん、贈るスプーンは最新流行のデザインで作る必要があった。人気があったのは、柄の先端に宝石か、精密に細工された彫像を飾ったデザインである。新生児の親に贈り主の気前よさを印象づけたければ、一二使徒を彫ったスプーンを贈るのが一番だった。先端飾りの彫像には、生まれた子供が洗礼名をもらった使徒か、その土地の守護聖人の姿が多く用いられた。裕福な名づけ親の中には一三本のスプーン（一二使徒とキリストを彫ったスプーン）を贈る者もいた。そこまで財力のない（しかし十分余裕のある）名づけ親は、六本のセットを贈った。

衣服の流行が変わるとともに、スプーンの形も変わった。一七世紀には大きく優美な襟元のレースのひだ飾りが流行したため、高価な衣服に食べ物をこぼして汚さないように、スプーンの柄が長くなった。この頃になるとスプーンの柄の先端飾りは姿を消し、代わりに幅広で平たく長い柄の全体に彫刻を入れるのが流行した。細かい彫刻を入れられるようにスプーンの柄は極限まで幅広になり、現在のように指先でつまむのではなく、五本の指で握らなければ使えなかった。

一八世紀になると、自分のスプーンを持って晩餐会《ばんさんかい》に出かける必要はなくなった。洗練されたスプーンを揃えておくのは、招いた家の主人の責任になった。一九世紀の主婦はさらに重圧を負わされた。コース料理を出すとき、料理ごとに正しいスプーンを選ぶ必要が生まれたのである。食べ物にできるだけ手を触れないのがマナーになったこと、そして新しい銀メッキ技術が開発されたことで、あらゆる料理にそれ専用のスプーンを作ることが可能に（そして望ましく）なった。ほとんどすべての料理に対し、目的別に形や大きさの違うスプーンが作られた。冷たい飲み物用

【もっともおいしいスプーン】

預言者ナタンは金のスプーンでイスラエルの王ソロモンに油を注いだ（油を注ぐのは神によって祝福されて王と認められた証である）。アメリカ合衆国第八代大統領マーティン・ヴァン・ビューレンにとって、金のスプーンは失脚の始まりだった。ヴァン・ビューレンは任期中の一八三七年に起きた経済恐慌の間もホワイトハウスで贅沢に暮らし、金のスプーンで食事をしていたと政敵から批判された。それが原因で大統領の人気はがた落ちになり、次の選挙では再選されなかった（実際には金メッキのスプーンを購入したのは第五代大統領ジェームズ・モンローで、ヴァン・ビューレンは必要なホワイトハウスの修繕さえしないほど倹約家だった）。一八四〇年の大統領選では、ウィリアム・ハリソンが当選した。

金のスプーンを購入したモンロー大統領は先見の明があったのかもしれない。最近の研究成果によって、スプーンの材質は食べ物の味の感じ方に影響を与えることが明らかになった。ロンドン在住の研究者ゾーイ・ラフリンは、銅、金、銀、スズ、亜鉛、クロム、ステンレススチールの七種類の金属で作られたスプーンを使い、被験者にヨーグルトを食べてもらった。もっともおいしいと感じられたのは、金だった。ラフリンはこのように述べている。「金のスプーンはいわば天の賜物です。……食べるものを何でもよりおいしく感じさせてくれるのです」

のスプーン、卵料理用スプーン（黄身に含まれる硫黄分によって黒ずむのを防ぐため、金メッキされているものが多かった）、アイスクリーム用スプーン、ブイヨン（澄んだスープ）用スプーン、食後のコーヒー用スプーン、チョコレート用スプーン、塩用スプーン、そして口ひげ用スプーンさえあった。口ひげ用スプーンは、スープを飲むときに口ひげが邪魔にならないように考案された。スプーンを半分覆う蓋がついていて、蓋に開いた小さな穴からスープを口に流し込めるようになっていた。一九世紀のナンセンス詩人エドワード・リアが『ふくろうくんとこねこちゃん』で登場させた「ランチようのおさじ（runcible spoon）」とはどんなスプーンだろうか？ 実は「runcible spoon」はナンセンス詩人のリアのお気に入りの造語で、リアがあの有名な詩を書いた当時、そういうスプーンは実在しなかった。現在は「runcible spoon」と言えば、フォークのように先が分かれた三叉スプーンを指す言葉になっている。

スプーンの種類が多すぎて途方に暮れていた人にとっては幸いなことに、近代的な生活では（召使がいないせいもあって）、食事をするのに必要なスプーンの数が大幅に減った。格式の高い晩餐会に招かれない限り、私たちが選ぶ必要があるのはせいぜいティースプーンかテーブルスプーンのどちらかだ。実に喜ばしい変化と言えるだろう。

「それから　ふたりは　おいわいのごちそうを　たべました
うすくきったマルメロと　こまかくきったおにくを　ランチようのおさじで　たべました

そのあと　ふくろうくんとこねこちゃんは　なみがよせるすなはまのうえで
あかるい　つきのひかりをあびながら　つよく　てをつなぎながら　おどりました」

——エドワード・リア著『ふくろうくんとこねこちゃん』（大久保京子訳）

フォーク

毎日食事に使っている家庭用品が、昔は背徳的で不衛生な悪魔の道具と考えられていたと知ったら、きっと驚くだろう。実は「フォーク」という言葉は、「干し草用の熊手《ピッチフォーク》」を意味するラテン語の「furca」に由来している。

最初に食事用のフォークを使用したのは、中東やビザンティン帝国の支配階級だった。この食卓の道具は、一〇〇四年にビザンティン帝国皇帝の姪《めい》、マリア・アルギロポリーナがヴェネツィア共和国の元首の息子と結婚したときに西ヨーロッパにもたらされた。マリアは二股の黄金のフォークが入った小さなケースを持ってイタリアに嫁ぎ、婚礼の宴席でフォークを使って食事をした。手で食べるのが常識だったヴェネツィア人はそれを見て衝撃を受けた。マリアが二年後に疫病で亡くなると、修道士の聖ペトルス・ダミアニは、マリアの死は天罰だと主張し、「彼女は食べ物に自分の指で触れようとせず、召使に細かく切り分けさせ、それを二股の黄金の道具に突き刺して口に運んだ……この女性の虚栄心は全能の神の怒りに触れ、神は罰を下されたのだ」と非難した。

聖ペトルス・ダミアニの言葉によってフォークの命運は尽き、それから四〇〇年間、ヨーロッパにフォークは登場しなかった。

以後数世紀間、ヨーロッパ人が食事に使用する道具は、汁気の多い煮込み料理を食べるスプーンや、肉料理を突き刺すナイフに限られていた。平民も貴族も例外なく手で食べるのを好んだ。手で食べるのは礼儀にかなった習慣であり、手を洗うのは食事の儀式の一部だった。たとえば中世のフランスでは、貴族はトランペットの音で食事の時間を告げられた。この音は「コルネ・ロウ」と呼ばれる。これは「水を出す合図に角笛を鳴らす」という意味で、この音が鳴ると、集まった人々の手に小姓がいい香りの水をふりかけ、濡れた手をぬぐうナプキンを差し出した。それが終わると、彼らは食べ物にかぶりついた。

イタリア人のテーブルにフォークをふたたび登場させたのは、一五世紀に始まった砂糖漬けの果物の流行だった。このスイーツはルネサンス時代のイタリア人の味覚をつかみ、食事のエチケットを変えた。それまで精製された砂糖は貴重品で、薬としての使用に限られていた。しかしアラビアや北アフリカとの交易が盛んになるにつれて、砂糖の供給量が増えた。もっとも人気の高い（そして高価な）砂糖の使い方は、果物を丸ごと保存することだった。砂糖漬けの果物を手で食べると指がべたべたになり、スプーンですくうと滑り落ちてしまい、ナイフで食べるには扱いにくく、きれいに食べられなかった。そこでフォークの出番が回ってきた。最初はフォークの数が足りず、スイーツを食べたい人全員にフォークが行き渡らなかった。そのため、お客は使った

【フォークを使いこなす】

フォークが食卓に定着するにつれて、使い方のエチケットが発達した。最初はフォークは左手で持ち、ナイフは右手で持つものだった。食事をする人はまず食べ物を全部切り分けてからナイフを皿の端に置き、フォークを右手に持ち替えて食べ物を口に運んだ。フランスでは一九世紀になってもしばらくはこの食べ方が一般的で、アメリカでは今でもこういう使い方がされている。一方イギリスでは、ナイフを立て続けに使うのは粗野で野蛮な行為だと考えられ、フォークを左手に持ったまま、ナイフをときどき使いながら食事をした。

フォークをぬぐってから隣の人にフォークを渡すのが習慣になった。フォークは次第にイタリア中で受け入れられ、一五世紀のイタリアではフォークは悪魔の道具という考えは忘れられ、フォークを使うのは洗練されたマナーの印になった。

その他のヨーロッパ諸国がイタリアに追いついたのは、それから一〇〇年以上も後のロイヤル・ウェディングがきっかけだった。イタリアのフィレンツェの名家の娘であるカトリーヌ・ド・メディシスは、一五三三年に後のフランス国王アンリ二世に輿入《こしい》れするためにフランスにやってきた。当時のイタリアは文化、料理、そしてファッションの面でフランスよりはるかに進んでいた。カトリーヌはフィレンツェ出身の料理人（アイスクリームのレシピを持参した）、最新流行のドレス、イタリアの銀行制度、バレエ、そしてフォークをフランスに持ち込んだ。しかし、ヨーロッパ中がもろ手を挙げてフォークを歓迎したわけではなかった。イギリスのエリザベス一世はフォークを所有していたが、「突き刺すのは粗野なふるまい」と考えて、指を使って食べるのを好んだ。エリザベス一世の死から三〇年後の一六三三年に、ようやくチャールズ一世が「フォークを用いるのは礼儀にかなったことである」と宣言して、自分の子供たちに銀のナイフとスプーン、フォークのセットを与えた。

フォークの使用が広がるにつれて、デザインは進歩した。二股のフォークは食べ物を突き刺すだけなら問題なかったが、皿から食べ物をすくって口に運ぶ目的には向いていなかった。一七世紀になるとフォークの歯が三本になり、それから四本になって、食べ物がこぼれにくくなった。そして歯にゆるいカーブがついたことで、いっそう使いやすい道具になった。一七世紀末に、フォークはヨーロッパで最後まで抵抗していたスカンディナヴィア諸国に受け入れられた。

アメリカ人は独立革命まで食事にフォークを取り入れなかった。独立革命前は、イギリスが課した航海条例によって植民地ではフォークなどの製品を生産することができなかった。この条例は植民地で産出される原料の輸出先をイギリス本国に限定し、本国以外では原料の加工と商品化を認めないというものである。植民地の人々にとって、イギリスで生産されたフォークを買うのは無駄な出費と贅沢でしかなかった。

フォークが公の場で使用された最初の記録から八〇〇年以上かかって、フォークはようやく西欧全体で食卓に欠かせない道具になった。いったんフォークを受け入れてしまうと、ヴィクトリア時代の人々は驚くほど多彩なフォークを生み出した。ほとんどあらゆる種類の食べ物に専用のフォークがあった。ロブスターを食べるフォーク、イチゴにホイップクリームをつけるフォーク、食卓に置かれたパン籠からパンを取るためのフォーク。フォークの種類と規則の複雑さには、さすがにヴィクトリア時代の人々も目を回したに違いない。

ありがたいことに、近代になると振り子は逆方向に振れた。今日ではどんなにフォーマルな席でも、三種類以上のフォークにお目にかかることはめったにない。サラダ、メインディッシュ、そしてデザート用のフォークだ。堅苦しい食事の席で、ずらりと並んだナイフやフォークに混乱したら、エチケットの権威として知られるエミリー・ポストの言葉を思い出すといい。「マナーとは、他人の気持ちに対する思いやりです」とポストは書いている。「思いやりさえあれば、たとえどんなフォークを使おうと、マナーに反することはありません」

「世界は真珠貝のようなものだ。私はそこから思いのままに真珠を取り出せるはずだったが、間違ったフォークを使ってしまった」

――オスカー・ワイルド

ワイングラス

現代にはヴィクトリア時代のフォークと同じくらい多種多様なワイングラスがある。もはや赤か白か、あるいはスパークリングかで選べばいい時代ではなくなった。ブドウの品種別に、ワインの風味を余すところなく引き出すためにデザインされたグラスがある。舌には甘みや苦みを特に感じやすい部位があるという説にしたがって、舌の上の狙った場所にワインを注ぎ込めるように作られたグラスもある。ワインのブーケをできるだけ立ち上らせるために、ボウルが大きくふくらんだグラスもあれば、香りを立たせるためにグラスを軽く回すときに、グラス内の空気にワインが触れやすいように表面が波打った形状のグラスもある。

ガラスは三五〇〇年以上前に、おそらくエジプトかメソポタミアで発明されたが、現在知られているようなワイングラスが誕生したのは紀元前五〇年頃である。この時期にガラス製造が飛躍的に進歩する出来事があった。それはシリア（当時はローマ帝国の一部）で発明された吹きガラス技法である。言い伝えによれば、ひとりの職人が中空の鉄パイプの先に詰まった溶けたガラスを取り除こうとして息を吹きこむと、ガラスが風船のようにふくらんだという。熟練したガラス職人は、ふくらんだガラスの玉を手早く成形して、どんな形でも作れた。吹きガラス技法は、それまでエジプトで行なわれていたコア技法に比べて格段にすぐれていた。コア技法では、作りたい容器の形に仕上げたコアと呼ばれる芯（粘土や獣の糞《ふん》で作る）の周りにガラスを被せる。ガラスが固まったら、コアを掻《か》き出せば、ガラス容器ができ上がる。

吹きガラス技法によって、さまざまな種類のガラスが手早く、しかも大量に作れるようになった。壊れやすいガラスを輸送する代わりに、ローマ帝国のすみずみまでガラス職人が派遣された。グラスはいくらでも手に入り、値段も安かったので、ワイングラスの縁が欠けたら、ローマ時代の主婦は何のためらいもなくそれを捨てて、新しいのを買っただろう。

グラスはローマ人のお気に入りの飲み物、ワインの楽しみ方を増大させた。古代ローマで飲料用の杯として早くから使われていたガラス容器の中には、底が丸みを帯びているか尖っているタンブラーと呼ばれるグラスがあった。タンブラーはテーブルに立てて置くように作られていないため、飲み物を飲み干すまで手に持っていなければならなかった。その他にも両側に取っ手がついたスキュフォス、高脚で両側に取っ手がついたカンタロスなど、さまざまなガラス容器が作られた。

中世になると、他の多くの技術と同様に、ガラス製造に関する知識の大半が失われてしまった。

【音は語る】

ヴェネツィアン・グラスとクリスタルのグラスを見分けるには、爪で弾いてみるといい。鉛、バリウム、亜鉛などを多く含むクリスタルガラスは、叩くと澄んだ金属音が響くはずだ。鉛を含まないヴェネツィアン・グラスはもっと柔らかい音がする。

ガラス容器はなかなか手に入らない貴重品となり、数名で回し飲みするためにボウルの部分が非常に大きいワイングラスが作られた。

ヨーロッパではガラス製造業は衰退したが、ローマのガラス製造の伝統は中世の間も受け継がれて残った。第四回十字軍が一二〇四年にビザンティン帝国の首都コンスタンティノープルを占領すると、多数のガラス職人がヴェネツィアに逃亡し、それ以来ヴェネツィアは西洋のガラス製造の中心地となったのである。

ヴェネツィアではガラス製造の技術革新が進められた。一五世紀にヴェネツィアのガラス製造業者はこれまでにない透明なガラス、クリスタッロの製法を発明した。このガラスは水晶《クリスタル》のように無色透明なところから、クリスタッロと呼ばれるようになった。クリスタッロの透明さを実現するには、レヴァント地方から独占貿易で輸入した特別な組成のソーダ灰が必要だった。後に、ソーダ灰はスペインからも輸入されるようになった。透明なガラスを作るこの技術はローマでは使われていたが、その後は何世紀も失われていたのである。クリスタッロは非常に薄く割れやすかったが、表面にエナメル装飾や彫刻を施されたものも作られた。ヴェネツィアン・グラスといえば、昔も今も羽根やドラゴンなどの伝説上の生物をかたどった精巧な脚つきのゴブレットが有名だ。クリスタッロはヨーロッパで大人気だったが、それは単に美しさのためだけではなかった。毒殺を恐れる中世の王侯貴族は、毒が入った飲み物をクリスタッロに注ぐと自然に割れると信じていたのである。

上質なガラス容器を所有するのは高貴な身分の証《あかし》だった。ヴェネツィア産のワインはタッツァ（イタリア語で「カップ」）と呼ばれるグラスで飲まれた。タッツァはワインを空気に触れさせるために極限まで浅く作られていて、こぼさずに飲むのは至難の業だった（いかにこぼさずにうまく飲めるかが、その人の優雅さや上品さを示す基準になった）。

クリスタッロの発明からおよそ二世紀遅れて、ようやくイギリスが大陸ヨーロッパを追い越すときがきた。一七世紀後半にジョージ・レイヴンズクロフトが鉛クリスタルガラスの製造に成功したのである。ガラス製造時に酸化鉛を加えると、ガラスの透明度が高まるだけでなく、溶解温度が低くなり、成形が容易になった。この新しい素材はヴェネツィアのクリスタッロの強敵となった。鉛クリスタルガラスはクリスタッロより安いだけでなく、カッティング装飾も容易である。光を反射してきらきら輝く鉛クリスタルのカットグラスは、たちまちヴィクトリア時代のテーブルになくてはならないものになった。しかし、輝くクリスタルのグラスに上流家庭の女主人は鼻高々だったかもしれないが、ガラスに含まれる鉛は徐々にワインを飲む人の体を蝕《むしば》んだ。実際、一九世紀に通風患者が多かったのは、上流階級のテーブルを華やかに飾ったクリスタルのデカンターやグラスに含まれる鉛が原因だと考えられている。鉛中毒を防ぐために、一九九〇年代にはバリウムや亜鉛を用いたクリスタルガラスも作られるようになった。

現代社会で何か買おうとすれば、あふれんばかりの選択肢に悩まされることになるが、ガラス容器も例外ではない。グラス選びに疲れ果ててしまったら、このジョークを思い出してみてはどうだろう。最高のワイングラスとは、今まさにあなたが手にしているグラスである。

「壊れやすいゆえに短い［ガラスの］生命を考えると、ガラスに過剰な愛を注ぐことはできないし、そうすべきでもない。ガラスは人間の、そしてこの世界に存在するあらゆるものの生命のたとえとして用い、そういうものとして理解するべきである。いかに美しかろうと、はかなくもろいものなのだ」

——ヴァンノッチョ・ビリングッチョ著『火工術［*De La Pirotechina*］』（一五四〇年）「ガラス製造について」より

クープ型シャンパングラス

現代ではシャンパンを飲むときに細長い優美なフルートグラスがよく使われる。しかし、フランス人が最初に発泡ワインを飲み始めたときは、このお酒も、それを飲むためのグラスも、決して今のように洗練されたものではなかった。

一七世紀にフランスのシャンパーニュ地方では、いいシャンパンを造るための試行錯誤が続けられていた。その頃、シャンパンはゆっくり味わう飲み物というより、テキーラのように一気にあおるお酒だった。シャンパンには製造過程でたくさんの沈殿物やカスが生じた（この問題は一九世紀まで解決されなかった）。そのため、シャンパンは口が広く底が浅いクープグラスと呼ばれる脚つきグラスに注いで、一口で飲み干すものだった。飲み終わったら、グラスを鉢の中にさかさまにしておく。そしてグラスに残った澱《おり》が流れ落ちてから、次の一杯が注がれた。

言い伝えによると、最初のクープ型シャンパングラスは、あるひとりの女性の胸をかたどって作られたそうだ。一説によれば、その女性はトロイアのヘレネだったという。また別の説では、インスピレーションの源はマリー・アントワネットだったとも、ルイ一五世の愛妾《あいしょう》ポンパドゥール夫人だったとも言われている。この想像は、実はそれほど現実離れしているわけではない。古代ギリシアには女性の乳房の形をしたマストス（ギリシア語で「胸」）という酒杯があり、乳首の形まで明確に再現されていた。

女性が実際に自分の胸を差し出して杯の型を取らせるはずはないが、そういう言い伝えが残っているという事実そのものが、クープグラスの見た目のセクシーさを物語っている。実際、クープ型シャンパングラスは長い間セクシーな意味合いと結びつけられてきた。ベル・エポックと呼ばれる一九世紀の華やかな時代のパリで、有名なキャバレーのフォリー・ベルジェールはダンサー志望の女性たちに「シャンパングラス・テスト」を受けさせた。女性たちは胸をはだけて、クープグラスに乳房がぴったり収まった者だけが採用されたという。クープグラスは一九二〇年代のフラッパーと呼ばれる自由で活動的な女性たちに好まれた。マリリン・モンローやソフィア・ローレンは写真を撮られるとき、クープ型シャンパングラスを片手にポーズをとった。クープグラスはエレガントさの象徴でもあった。ジャクリーン・ケネディはジョン・F・ケネディの三九歳の誕生日をマンハッタンのストーク・クラブで祝ったとき、クープグラスでシャンパンを堪能した。一九三〇年代から六〇年代にかけて、パーティーを盛り上げるためにシャンパンタワーが流行した。クープグラスをピラミッド型に積み重ねて一番上のグラスにシャンパンを注ぐと、あふれたシャンパンが下のグラスに流れ落ち、最後にはすべてのグラスがシャンパンで満たされるという趣向である。

【シャンパンとは何だろう？】

一七世紀になるまで、スティルワイン（非発泡性のワイン）の方がスパークリングワインより人気があった。嘘だと思うだろうか？　あらゆるワインは、ブドウがつぶされて、ブドウの皮に付着した酵母がブドウの果汁に含まれる糖と接触したときから泡（発酵によって生じる炭酸ガス）を出し始める。信じられないかもしれないが、一六九〇年代にシャンパンを発明したと言われるドン・ペリニヨンは、彼が管理していた白ワインから余計な泡を取り除くために四苦八苦していた。今日ではフランスのシャンパーニュ地方で生産された発泡ワインだけがシャンパンと名乗るのを公式に認められているが、私たちが現在シャンパンと呼んでいる発泡ワインを最初に生産したのは、実際にはラングドック地方のリムーと呼ばれる地域だった（シャンパーニュ地方は宣伝がうまかっただけである）。

ルイ一五世がシャンパンを愛飲し始めた頃には、ヨーロッパではすでにシャンパン人気が高まっていた（ワインメーカーが泡の量をコントロールできるようになったことと、医者がシャンパンの精力増強や通風予防といった健康効果の点から熱心に勧めたおかげだ）。しかしシャンパンの製法をマスターできる生産者は数少なかった。シャンパンは手がかかる上に、危険でもあったからだ。シャンパン生産では、いつどんな事故が起きるかわからなかった。ビンが自然に破裂する可能性があり、ワイン貯蔵庫で働く人は、けがを防ぐために野球のキャッチャーが被るような重い鉄のお面をつけていた。一九世紀のワイン商、トーマス・ジョージ・ショウは、「あるワイン貯蔵庫では三人の職人が片目を失ったと聞いた」と書いている。もちろん、生産の難しさによってシャンパンはいっそう高価になり、シャンパン人気はますます高まった。

乳房の形のシャンパングラスは現代も創意工夫の源になっている。一九八八年にモリス・ウィルキンスはクープグラスをかたどったバスタブを設計して特許を取った。このバスタブはいくつかのホテルに設置され、そのホテルのシンボルになった。たとえばハネムーンにぴったりなペンシルヴェニア州ポコノ山地のホテル、コーブ・ヘイヴン・リゾートに行けば、シャンパングラス型のお風呂に浸かることができる。二〇〇八年にデザイナーのカール・ラガーフェルドがドン・ペリニヨンの新作シャンパンの広告キャンペーン

を依頼されたとき、長年彼のモデルを務めたスーパーモデルのクラウディア・シファーを起用して、彼女の乳房をかたどった杯を制作した。二〇一四年にはロンドンのレストラン・サーティフォーが、モデルのケイト・モスのファッション業界デビュー二五周年を記念して、ケイト・モス

【熱烈なシャンパン愛好家】

ウィンストン・チャーチルからナポレオン・ボナパルト、そしてマーク・トウェインまで、名のある人物は誰でもシャンパンについて一家言あるようだ。

チャーチルは一九四六年に、「勝った者にはシャンパンがふさわしい。負けた者にはシャンパンが必要だ」と言ったと伝えられている。彼がそう語った相手は、お気に入りのシャンパン・メーカー、ポル・ロジェ社の一族のマダム・オデット・ポル・ロジェだった。チャーチルとポル・ロジェ夫人は固い友情で結ばれていた。夫人は最高のヴィンテージ（特に品質のいいワインができた年）の一九二八年もののポル・ロジェのシャンパンを、ふたりが出会った一九四四年から毎年チャーチルの誕生日に贈り続けた。一九五三年にこのヴィンテージのシャンパンがなくなった後は、一九六五年にチャーチルが亡くなるまで、一九三四年もののシャンパンが届けられた。

ルイ一五世の愛妾ポンパドゥール夫人は、「女性の美しさを損なわない飲み物はシャンパンだけです」と語った。彼女はシャンパンの効果をよく知っていたに違いない。ポンパドゥール夫人はクロード・モエ（有名なシャンパン・メーカー、モエ・エ・シャンドンの創業者）の熱心な顧客で、たびたび大量のシャンパンを注文していた。

の左胸で型を取ったクープグラスを作った。
一九八〇年代から九〇年代にかけて、熱烈なワイン愛好家がシャンパンをクープグラスで飲む習慣に異議を唱え始めた。彼らの意見では、細長いフルートグラスに注いだ方がシャンパンの象徴である泡が長持ちし、味わいも香りも引き立つという。しかし、多少の泡を犠牲にしても品格を重んじるなら、クープ型シャンパングラスは伝統にかなった選択だ。飲み終わらないうちに泡が消えてしまうのが気になる人は、一杯飲むのに時間をかけすぎているのだろう。

「フィンガーボール二杯のシャンパンのおかげで、目の前の光景が深遠で根元的な意味を持つ大事なものに見えてきたわけだ」

――ニックの言葉（彼が使ったのはフィンガーボウルほど大きなクープ型シャンパングラスである）。
スコット・フィッツジェラルド著『グレート・ギャツビー』（村上春樹訳）より

カクテルシェーカー

カクテルシェーカーはカクテルパーティーの象徴とも言える存在だ。さらにカクテルシェーカーは、パーティーを盛り上げる音響効果の役割も果たしている。氷がカラカラと触れ合う音を聞くと、うきうきしたパーティー気分がいっそう高まる。ミステリー作家のダシール・ハメットの作品に登場する探偵、ニックとノラのチャールズ夫妻は、マンハッタンという名のカクテルをスピーディーなフォックストロットのテンポに合わせてシェイクし、ドライマティーニは軽やかなツーステップのリズムに合わせてシェイクした。

007シリーズの主人公ジェームズ・ボンドのお気に入りは、「強くてきりっと冷えた、上質な」ヴェスパー・マティーニで、この名前はボンドガールのヴェスパー・リンドにちなんで命名された（ジンを三、ウォッカを一、キナ・リレ〇・五の割合で加え、通常のマティーニと違ってステアせず、シェイクする）。ヴェスパー・マティーニは、人気ドラマ『マッドメン』に登場するエリート広告マンのドン・ドレイパーやロジャー・スターリングが楽しむような、のんびりした贅沢なランチの名脇役である。

一八〇〇年代になると、冷蔵輸送技術の発達とともに、氷が新しい贅沢として広まった。当時のアメリカのバーテンダーはふたつのタンブラーを手に持ち、氷と酒を一方から他方へ何度も入れ替えることでカクテルを混ぜた。バーテンダーの動きが華麗であればあるほど喜ばれた（トム・クルーズがバーテンダーとして派手なカクテル作りの技を見せる映画『カクテル』を思い出すといい）。一八四八年にニューヨーク・トリビューン紙の記者ジョージ・フォスターは、バーテンダーの妙技に感銘を受けてこんな記事を書いた。「バーテンダーはシャツを腕まくりし、顔を輝かせながら、スズのカップからジュレップ（バーボンウイスキー、砂糖、氷で作るカクテル）を長いリボンのようにほとばしらせた」。このスズのカップが、現在のカクテルシェーカーの先駆けである。

一九世紀には中流階級の男性の間で、余暇を利用した発明と特許登録が流行した。カクテルを混ぜ合わせるために使うふたつのカップに関する「改良案」は数えきれないほどあった。中にはグラスをふたつ合わせた形のツーピースシェーカーを、一度に六個揺り動かせる装置があった。空気穴付きのカクテルシェーカーもあった。ハンドベルのような形のシェーカーは、バーテンダーがベルの持ち手の部分を持ってタンブラーを振れるように工夫されていた。こうした目新しい製品はどれもすぐに姿を消したが、ブルックリンに住むエドワード・ホークが一八八四年に考案したスリーピースシェーカーは残った。ホークのシェーカーはカップとストレーナーと蓋の三つのピースからできていて、使い勝手のよさと発売されたタイミングのどちらが大きな理由かはわからないが、アメリカ中のバーテンダーに広まった。

皮肉なことに、一九二〇年代に禁酒法が施行されると、ホークの考案したシェーカーの売れ行きは急上昇した。禁酒法時代には素人がにわかバーテンダーとなり、家庭で密造した粗悪なジンを何とか口当たりのいい飲み物にしようと工夫した結果、カクテルの消費が史上最高に増えたのである。ドイツの飛行船ツェッペリン号や高層ビルが高みを目指して空に向かい、アールデコ様式が大流行した一九三〇年代になると、空気力学を応用した銀色のミキサーが家庭の必需品となった。このミキサーは、スクリーン上でも私生活でも、

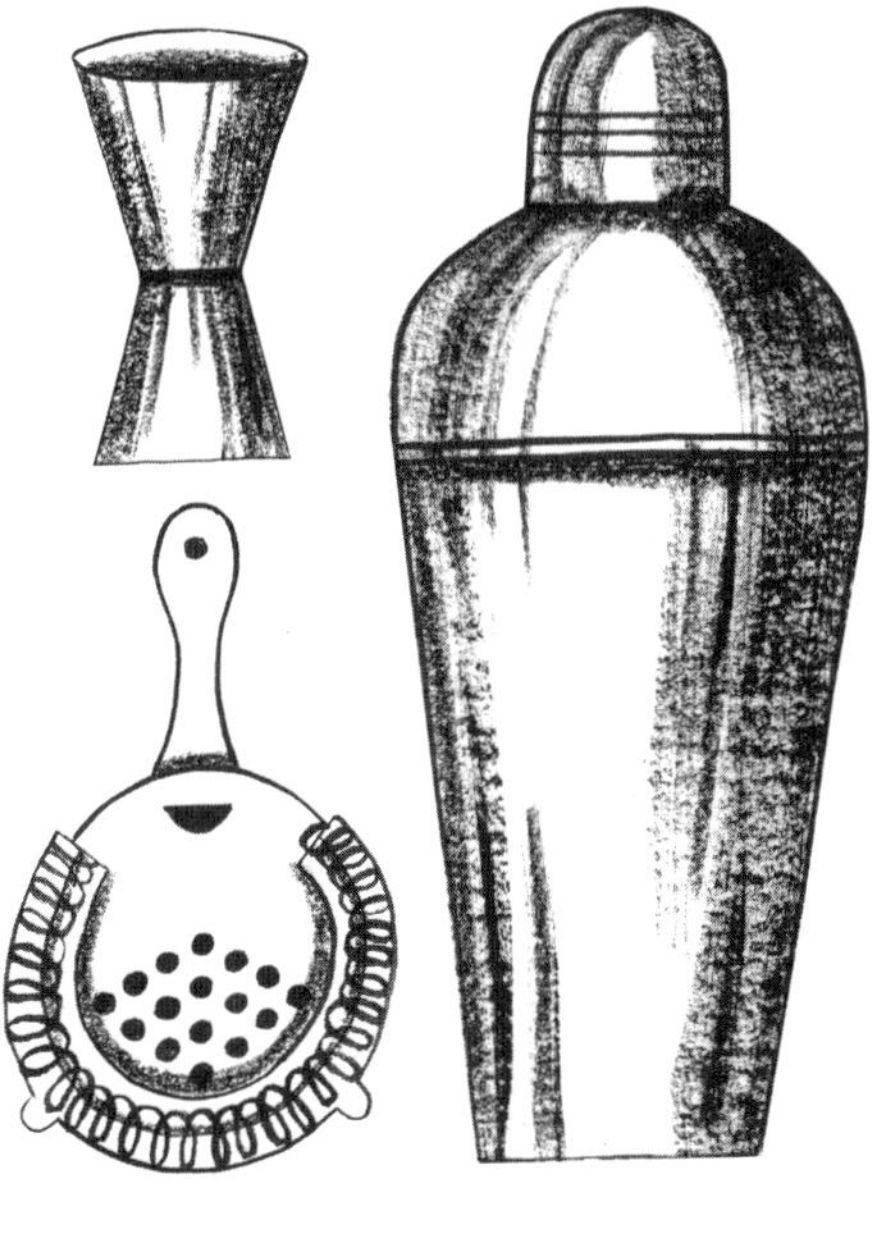

ハリウッドの映画スターのお気に入りだった。一九二七年に映画に音声がつき始めると、観客はスクリーン上でバーテンダーがカクテルを作るときに氷が奏でる軽やかな音を聞けるようになった。新聞王ウィリアム・ランドルフ・ハーストの恋人で女優のマリオン・デイヴィスはカクテルが大好きだった。噂によれば、デイヴィスはサンタモニカの邸宅にあるおよそ三三メートルの長さの海水プールで泳ぐとき、プールの端に何本ものカクテルシェーカーを並べてカクテルを楽しんだという。贅沢に慣れているハリウッドの常識から見ても、デイヴィスの生活は並外れて派手だった。

同じ時期に、ワシントンDCの連邦議会議員は、酒を交えて話す方が複雑な政治の舵取《かじと》りがしやすいのを発見した。フランクリン・デラノ・ルーズヴェルトは一九四三年に、ウィンストン・チャーチル、ヨシフ・スターリンと第二次世界大戦の戦略を話し合うテヘラン会談に出席するときでさえ、愛用のカクテルセットを持参した（ルーズヴェルトは一九三三年の禁酒法廃止の立役者になった）。ルーズヴェルト大統領のカクテルセットは、青いビロードの内張りをした栗色の革のケースに、竹の模様が描かれた銀のシェーカーと、それに合わせた六個の銀のカップが納められていた。この会談の席で、ルーズヴェルトはスターリンが初めて味わうダーティーマティーニ（普通のマティーニにオリーヴジュースを加えたもの）をふるまったと伝えられている。この会談後、ルーズヴェルト政権はこの時期の外交政策を「四杯のマティーニで協定を結ぶ」時代と呼んだ。アメリカ国民にとっては残念なことに、第二次世界大戦中はシェーカーが品薄になった。

シェーカーの製造業者は大砲の砲身を作るのに忙しかったからだ。

第二次世界大戦が終わると、カクテル文化はパーティー会場の外にも急速に広まった。フランク・シナトラを筆頭に、ディーン・マーティン、サミー・デイヴィス・ジュニアといった大スターがシナトラ軍団と呼ばれるグループを形成し、享楽的なパーティーを開いて浴びるほど酒を飲んだ。彼らのパーティーの服装は黒い蝶ネクタイの礼装にサングラスと決まっていて、シェイクしたマティーニを飲むのが「クール」とされていた。一九六〇年代になると、ニューヨークのビジネス街、マディソン・アヴェニューではバーテンダーが大忙しだった。昼になると大勢のビジ

【シェイクか、ステアか？】

ジェームズ・ボンドはヴェスパー・マティーニをステアせず、シェイクして作るのを好んだが、実はこれはマティーニの理想的な作り方とは言えない。マティーニのように酒だけを組み合わせて作るカクテルは、ステアするのが本来の作り方だ。シェイクすると材料が泡立つため、滑らかであるはずのマティーニに好ましくない口当たりが生まれる。そして風味も変わってしまう。氷と激しく混ぜ合わせることで酒が薄まり、甘みがいくらか失われるのだ。ダイキリのように濃厚な甘さのカクテルならそれでもいいだろう。しかしジェームズ・ボンドには悪いが、マティーニの場合はそうはいかない。

ネスマンがランチでマティーニ三杯を注文し、仕事が終わればまたカクテルを楽しんだからだ。マディソン・アヴェニューで働く広告マンを描いた人気ドラマ『マッドメン』の光景そのものだった。

「シェーカーはただ揺らすのではなく、力いっぱい振る。寝かしつけるのではなく、目覚めさせるような気持ちで」

――ハリー・クラドック著『サヴォイ・カクテルブック』より

アイスバケット

現代のワイン愛好家は、赤ワインは室温で、白ワインは冷やして飲むのが好きだ。しかし歴史を振り返ると、その飲み方がいつでも正しかったわけではない。何千年もの間、すべてのワインは冷やして飲まれていた。

ギリシア人はふたつの容器を使って飲み物を冷やしていた。球根のように膨らんだ脚付きのプシュクテルという壺にワインを注ぎ、雪を詰めて床に置いたクラテルという大きめの壺にプシュクテルを浸けて冷やした。雪は冬の間に集めておき、夏の間は溶けないように藁《わら》に包んで地下の穴に貯蔵された。酒を飲むのは夕食後で、饗宴《シュンポシオン》（ギリシア語で「一緒に飲む」という意味）専用の部屋に集まって酒宴を開いた。

冷たいワインを好む習慣はギリシアからローマへ、そして中世ヨーロッパからルネサンス時代まで受け継がれ、ある時点で酒を冷やす容器はふたつからひとつになった。アイスバケットはほとんどどんな素材でも作られた。クルミ材やマホガニー製で内側に真鍮《しんちゅう》を張ったものもあれば、大理石製（黒大理石は特に珍重された）もあった。一度に大勢のワイン愛好家が集まる席のために、大きなアイスバケットが作られた。大きいものは一ダース以上のボトルを入れられるようにデザインされていた。こうした巨大な容器にはふたつの役割があった。ワインを冷やすこと、そして次の一杯を注ぐ前にグラスをすすぐことだ。

アイスバケットがワインやシャンパンを冷やすために使われていないときは、その家の豊かさの象徴として食事室や大広間に飾られた。銀製のアイスバケットほど富を物語るものはなかった。一七世紀にイングランド国王チャールズ二世は愛妾ルイーズ・ド・ケルアイユに二八キログラムもある銀のアイスバケットをプレゼントした。しかしヘンリー・ジャーネガンという銀行家が一七三四年に顧客のリトルトン・ポインツ・メネルのために作らせたアイスバケットの前には、チャールズ二世も兜《かぶと》を脱いだだろう。メネルは飲酒の楽しさを祝うために、これまで作られたことのない大きさのアイスバケットを所望した。二四九キログラムの銀製のアイスバケットは四年

がかりで完成した。表面には賑やかな酒宴の情景を描いた精巧な装飾が施され、うずくまるヒョウの形の台座がついたアイスバケットは、銀細工師の技の結晶だった。しかし代金の支払期限が迫っても、メネルは資金を調達することができなかった。そこで抜け目ない銀行家のジャーネガンは、このアイスバケットを賞品にしてくじを売り、投資した金を取り戻すことにした。くじに当選したのはサセックス州イーストマーデンに住むメージャー・ウィリアム・バティーヌで、彼はこのアイスバケットを一七三八年にロシアのイヴァン六世の母で摂政のアンナ・レオポルドヴナに売却した。このアイスバケットは現在エルミタージュ美術館に展示され、いまだに多くの人が群がって、感嘆のまなざしで眺めている。

【ワインを冷やす】

ワインを冷やすには、アイスバケットに氷と同量の水を入れる。そしてひとつかみの塩を加える（岩塩なら理想的だが、他のどんな塩でもかまわない）。こうすると水が氷を溶かし、氷点下まで冷えた水がワインのボトルを包む。塩は水の凝固点を下げるため、氷水に塩を加えると氷点下になっても水が凍らず、水温はどんどん下がっていくのである。ただしシャンパンやスパークリングワインを冷やすときは、塩を加えてはいけない。シャンパンの風味を保つには、温度をゆっくり下げていく必要があるからだ。

イギリス人は大勢の客を招いて晩餐会を開く習慣があったが、フランス人は内輪のこぢんまりした気楽な集まりを好んだ。氷は貴重品だったので、ワインを一本冷やすためだけにたくさんの氷を無駄にすることはできなかった。そこでアイスバケットより小型で、取っ手がついたテーブルクーラーが主としてパリで作られた。テーブルクーラーは銀製（たまに金でできているものもあった）で、多くの場合、給仕に使われる道具の中でもっとも高価だった。中には縁にグラスをさかさまにかけておき、ワインと一緒にグラスを冷やしておけるテーブルクーラーもあった。一九世紀初めになると、大きな晩餐会ではアイスバケットをテーブルセッティングの一部として置いておくのが流行した。

一世紀もたてばいろいろなことが変化する。一九世紀末までに、家庭用の氷の商業生産が始まり、機械式の冷却箱（冷蔵庫や冷凍庫の前身）が普及して、アイスバケットは不要になった。アイスバケットは物置の隅や高級レストランの奥に追いやられた。しかし、白ワインやロゼワインをあらかじめ冷やしておくのを忘れてしまったときは、昔ながらのアイスバケットほどすばやくワインを冷やしてくれるものはない。

ティーポット

伝説によれば、世界で最初にお茶を飲んだのは古代中国の神話上の皇帝、神《しん》農《のう》だと言われている。お茶の最初の一杯が誕生したのはまったくの偶然だった。神農が釜でお湯を沸かしていると、チャノキ（学名をカメリアシネンシスという常緑低木で、中国のお茶はすべてこの木の葉を用いて作られる）の乾いた葉が数枚、釜の中にひらりと舞い落ち、お茶になったという。

最初はひとりずつ個別の椀に茶葉を入れ、熱湯を注いでかき回してお茶を抽出していたが、一三世紀になるとひとり分のポットでお茶を淹《い》れるようになった。飲むときは注ぎ口に直接口をつけてすすった。取っ手と注ぎ口があり、数人分のお茶を淹れられるポットがお茶の時間の必需品となったのは一六世紀である。

ヨーロッパに茶とティーポットを伝えたのはイギリス東インド会社だった。イギリス東インド会社は喜望峰を経由する貿易ルートを支配し、一七世紀に中国からティーポットを輸入し始めた。重量のあるティーポットは、船体を安定させる底荷《バラスト》として貨物船の船底に積まれた。茶葉は乾燥を保つため、喫水線より上に積まれた。中国からヨーロッパに茶を輸送するには一年かかったため、茶葉は貴重品として少しずつ消費された。使用人は高価な茶葉に触れることを許されず、茶会では女主人が手ずから茶葉をポットに入れ、中国製の取っ手のない小ぶりな磁器の碗《わん》に茶を注いでお客をもてなした。

　フランスに茶が伝わると、貴族の間でたちまち流行した。茶の人気が高まったのは、お茶の時間に愛用されたティーセットに理由がある。太陽王ルイ一四世はシャム（現在のタイ）の王から純金のティーカップを贈られて以来、茶を好むようになった。

　一七世紀初頭のヨーロッパで、茶を

淹れる目的で作られた最初のティーポットは、銀などの金属製だった。釉薬をかけずに低温で焼いた土器は熱湯の温度に耐えられず、ヨーロッパでは磁器生産の技術は一八世紀まで解明されなかった。私たちが見慣れている丸みを帯びたティーポットは一七二〇年にフランスで初めて登場し、たちまちヨーロッパ大陸全体に広がり、海峡を越えてイギリスまで広まった。

ドイツやフランスでは磁器製産は国王肝いりの事業だった。イギリスでは企業家精神にあふれる民間人の活躍が目立ち、一八世紀にジョサイア・ウェッジウッドやジョサイア・スポードのようなすぐれた陶工がティーポットを生産して大評判になった。ウェッジウッドやスポードの窯は、クリーム色の素地に緑色の釉薬で彩色してカリフラワーを模したデザインや、古代ローマの遺跡

【お茶をもらえますか】

ヨーロッパに茶を伝えたのはイギリス人だが、この国に茶を飲む習慣を広めたのは、外国から来たひとりの王女である。ポルトガルの王女キャサリン・オブ・ブラガンザは、一七世紀半ばにチャールズ二世に輿入れするためにイギリスにやってきた。未来の王妃が到着早々に所望したのは一杯の茶だった。残念ながらイギリス王家に茶の用意はなく、王女に手渡されたのは一杯のビールだった。幸いキャサリン王妃は荷物の中に大量の茶を忍ばせていた。王妃の影響で、まもなくミルクも砂糖も入れない緑茶がイギリス宮廷で大流行した。

【小鳥のさえずり】

マイケル・グレイヴスは二〇世紀を代表する建築家のひとりで、数えきれないほどの賞と称賛を受けている。しかし建築分野でのすばらしい業績を差し置いて、彼の名を有名にしたのはケトルだった。三〇年以上前に、グレイヴスは一〇〇年近い歴史を持つイタリアの家庭用品会社のアレッシィ社からティーセットのデザインを依頼された。彼がデザインした銀色のケトルは、ゆるやかに傾斜した三角錐のシンプルな構造をしていたが、画期的だったのはその形状ではなかった。そのケトルは、お湯が沸くと注ぎ口に取りつけられた小鳥の形のホイッスルが鳴って知らせる仕組みになっていたのである。小鳥のホイッスルは、彼がインディアナ州で過ごした子供時代に毎朝聞いた雄鶏の鳴き声を懐かしんで作ったものだ。このケトルは大ヒットし、アレッシィ社のベストセラー商品となった。アレッシィ社のオリジナル製品は二〇〇ドル近い価格だが、すぐれたデザインを誰もが享受できるように、アメリカのディスカウントストアのターゲットのために二五ドルで購入できる廉価版が発売された。グレイヴスのバードケトルは店頭から羽が生えたように売れていき（累計一三〇万個以上）、世界でもっとも人気のあるケトルとなっている。

から発見される陶器のような美しいティーポットを発表した。しかしイギリスのティーポット生産を活気づけた最大の原因は、こうした革新的なデザインではなかった。一八世紀末になると、イギリス東インド会社は利益率の低い磁器製品の輸入を停止せざるを得なくなった。それがイギリスの陶磁器産業にとってはまさに追い風となったのである。

ティーバッグで手軽に紅茶が飲める現代でも、心から紅茶を愛する人々にとってティーポットは今でもなくてはならない台所用品である。紅茶の最上の味わいを引き出すために、大都市にはたいていティー・アトリエと呼ばれる店があって、紅茶の種類に合わせた最適なティーポットを勧めてくれる(抽出時間の短い紅茶には平たいティーポットが、長く抽出する紅茶には洋ナシ形やベル型や、丸みを帯びたティーポットが向いている)。紅茶の味にうるさくなるにつれて、もっといろいろなティーセットが欲しくなるだろう。二〇一一年にひとりの中国人男性が、三万個のティーポットを集めてギネスブックに掲載された。

「午後のお茶という名で知られている儀式の時間ほど楽しいものは、人生においてあまり見当たらない」

——ヘンリー・ジェイムズ著『ある婦人の肖像』(行方昭夫訳、一八八一年)

ナプキン

あなたはテレビの前で食事をしながら無造作に紙ナプキンをつかむときもあれば、ディナーパーティーの準備をするために布ナプキンをナプキンリングに通すときもあるだろう。どちらにしても、この基本的な日用品の驚くような起源について考えてみたことはたぶんないに違いない。

エチケットや格式にうるさい人は、ナプキンは布であるべきか、あるいは紙でもいいのかという点で議論するのかもしれない。しかし最古の原始的なナプキンはそのどちらでもなかったと聞けば、きっと驚くだろう。最初のナプキンは小麦粉をこねた生地の塊で、アポマグダリーと呼ばれていた。古代ギリシアの軍人国家スパルタの市民はこの生地を小さく切り分け、テーブルで食事をしながらこれを丸めたり伸ばしたりして油でべとつく指を器用にぬぐった。使い終わった生地は食事が終わると犬に与えられた。次第に生の生地ではなく、火を通した生地、つまりパンが使われるようになった。ギリシアには食べるための道具がなかったので、パンがナプキンやスプーン、フォークの役割をした。パンを使うのは、ホムス（ヒヨコマメを裏ごしして調味したペースト）に手を伸ばすまできれいな指を保つための便利な方法であり、食べ物をおいしく味わう方法でもあった（今では世界中で食べられているホムスの歴史は古く、プラトンやソクラテスのお気に入りの食べ物だった）。

ローマ人もギリシア人にならってパンを使いながら食事をした。彼らはギリシア人よりさらに食べ方が汚かったが、少なくともギリシア人より家具の汚れには気を使った。彼らはクッションを載せた食事用の長椅子に横になる前に、こぼした食べ物で椅子が汚れないようにマッパと呼ばれる大きな布を広げた。マッパはナプキンよりは大きく、テーブルクロスよりは小さい布である。たいてい招いた側がマッパを用意しておくが、倹約家のお客は自分のマッパを持参して、食事が終わった後で残り物を包んで持ち帰った。これが記録に残る最初の持ち帰り袋《ドギーバッグ》だ（マッパはスタートピストルの役割もした。皇帝が観覧席からマッパを落とすと、それが戦車競走のスタートの合図になった）。

ルネサンス時代になると、食事はあらゆる点で高尚な芸術の域に達した。特に食べる行為は洗練された。食事前に手を洗う香料入りの水、テーブルを飾る砂糖細工、新しい料理が供されるたびに変わる伴奏（夕食時に聴く音楽の最古のプレイリストである）と並んで、ひとりひとりの手元に置かれる布ナプキン（フランス語ではセルヴィエット）が洗練された食事の重要な小道具になった。実際にナプキンのたたみ方は、特にイタリアでは一種の芸術になった。糊《のり》のきいたパリッとしたナプキンは、しばしば双頭の鳥や、魚の体をした犬、カニなどの奇抜な動物の形に折りたたまれた。この美しい作品はべたべたした手で台無しにされないうちにテーブルから片づけられ、汚れてもいい簡素な布と取り換えられた。

裕福な貴族は、美しくたたまれたナプキンだけではもの足りないとばかりに、贅沢な趣向を凝らして富を誇示した。たとえば一五一三年にフィレンツェの支配者ジュリアーノ・デ・メディチ（彼の父ロレンツォ・イル・マニフィコはボッティチェリやミケランジェロのパトロンだった）のために催された一二皿のコースの晩餐会はそのいい例だ。招待客が各々のナプキンを広げると、中から小鳥が飛び出し、最初の料理が出されたばかりのテーブルに飛び乗った（招かれた人々がこのサプライズに喜んだかげんなりしたかは、記録に残っていない）。

ナプキンは、イギリス上流社会の食事では招待客をあっと言わせる目玉のひとつだった。裕福な家の主人と女主人は教本と首っ引きでナプキンのたたみ方を学んだ。お金に余裕のある家では、家庭教師を雇ってマンツーマンの指導を受けた。一七世紀の有名な日記作家で国会議員だったサミュエル・ピープスは、妻にナプキンのたたみ方のレッスンを受けさせるために四〇シリングの授業料を払った（現在の価格に換算すると、黒いベーシックなマノロ［イギリスの高級靴ブランド］の靴が一足買える金額だ）。ナプキン自体も高価だった。一六六〇年には、表にも裏にも模様が織り出されたダマスク織のナプキンはひと揃いでおよそ一〇ポンドした。それだけ払えば当時はいい馬が一頭買えただろう。

実用的なナプキンのサイズや使い方は、時代とともに進化した。一六世紀にナプキンは肩や腕

ボート型ナプキンのたたみ方

『ビートン夫人の家政読本』（1923年）より

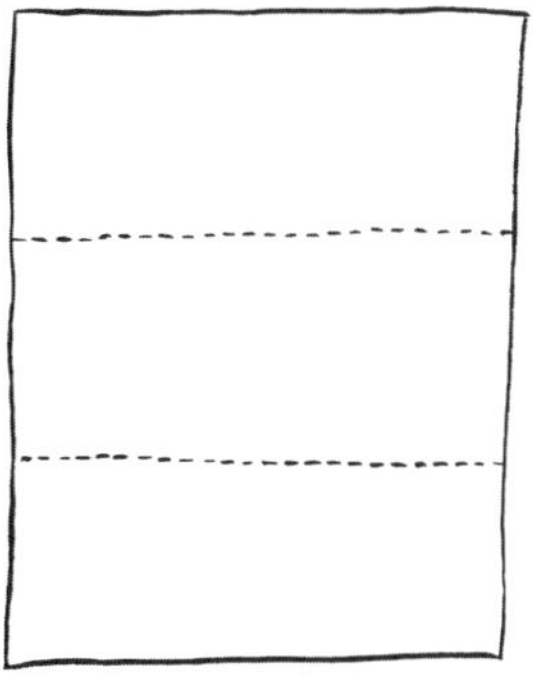

❶ナプキンを3つに折る。

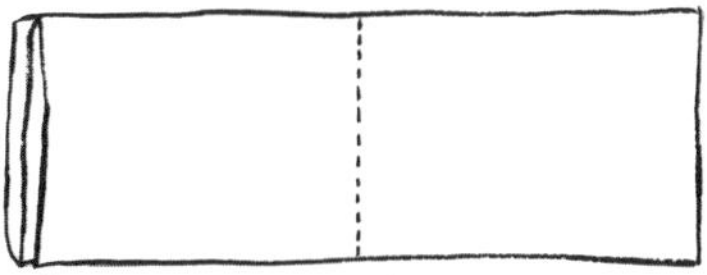

❷真ん中からふたつに折る。

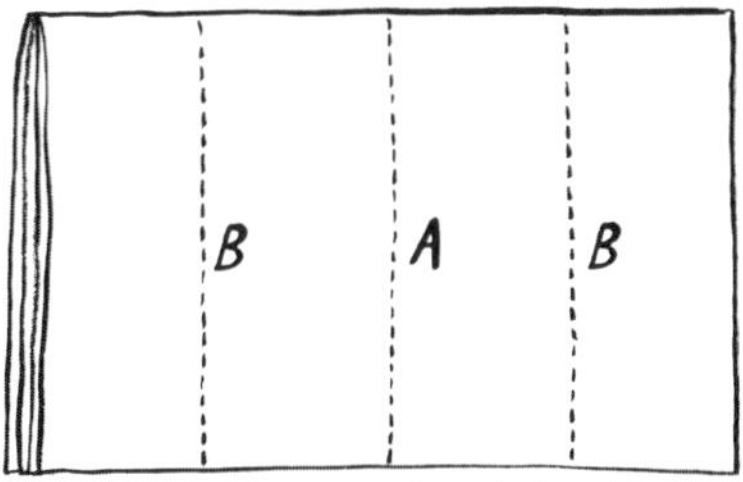

❸左右の端（B）を折って中心（A）に合わせる。

❹4つの角（C）を内側につぶすように折り込む。

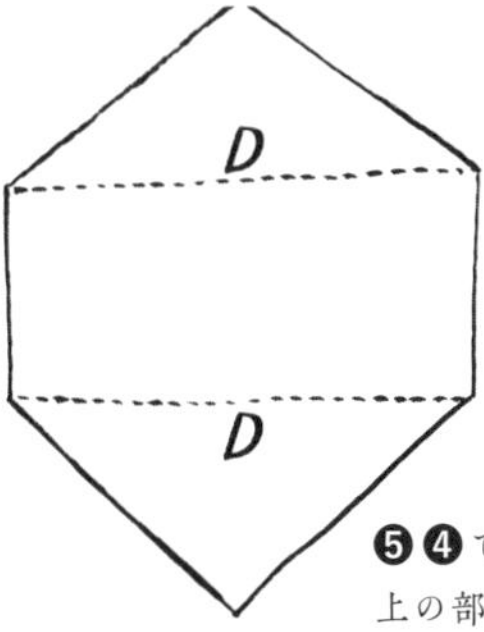

❺❹でできた重なり
上の部分を点線（D
から手前に折る。

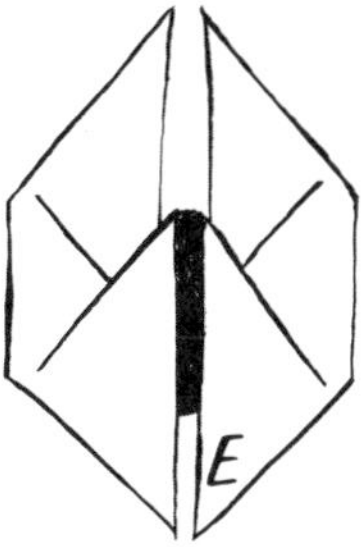

❻真ん中（E）からふたつに折る。

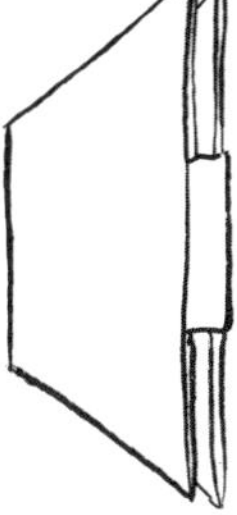

❼袋になった部分を開く。

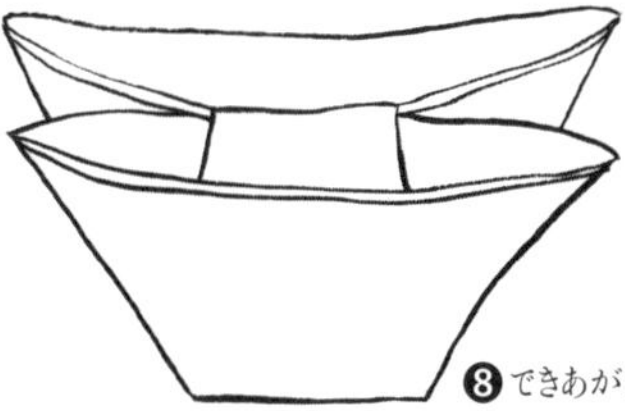

❽できあがり。

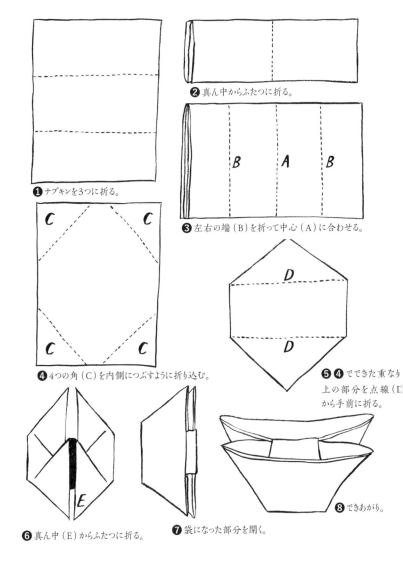

【意外と長い紙ナプキンの歴史】

紙ナプキンは、紀元前二世紀に中国人が紙を発明すると、ほとんどすぐに使われ始めた（茶会で使用されていた）。しかし、紙ナプキンの使用が一般的になったのは一九五〇年代になってからである。テレビを見ながら食事をする習慣や、ファストフード店の誕生が重なって、忙しい主婦にとって（そして布ナプキンを洗濯してアイロンをかけるために時間を費やすには人生は短すぎると考えるすべての人にとって）、使い捨ての紙ナプキンはうってつけだった。

を覆うものから、膝《ひざ》にかけるものになった。一七世紀には膝にかけるナプキンのサイズがどんどん大きくなった。食事をする人は巨大な四角い布を襟元にたくし込み、よだれかけのように垂らして、流行の真っ白なリネンのカフスや襟が汚れるのを防いだ。当時、入浴はまだ一般的な習慣ではなかったので、糊のきいた純白の襟とカフスは清潔さに気を使っていることを示す唯一の方法だった。だからそれらをしみひとつない状態にしておくことが非常に重要だったのである。

一九世紀になると、複雑なたたみ方をしたナプキンは見栄っ張りなライフスタイルの印であり、あまり趣味がよくないと考えられるようになった。今日の伝統的なテーブルセッティングの方法はヴィクトリア時代に起源がある。この時代の人々はナプキンを糊付けしてたたんだ（ときにはナプキンの中にパンをくるみこんだ）。一九二〇年には、エチケットの権威として名高いエミリー・

ポストが、「あまりに凝ったたたみ方はよい趣味とは言えません」と発言している（彼女はナプキンの中にパンをしのばせるのにも反対した。パンが床に転がるのがおちだからだ）。ポストはその後、ナプキンは四角くたたんで皿の上に平らにセットしておくべきだと述べた。正式な晩餐会では、今でもポストの推奨するナプキンの置き方が正しい方法だ。家庭でのもっと気楽な夕食の席では、ナプキンを皿の上ではなく、左側に置いてもいいとされている。

紙にせよ布にせよ、ナプキンの使い方のエチケットは今でもエミリー・ポスト・インスティテュート（正しいエチケットを広める目的でエミリー・ポストが設立した組織）やマナーの権威のミス・マナーズが取り上げる話題のひとつであり、エチケットに関する記事で論争の的になっている。たとえば食事中に席を立つときは、ナプキンをどうするのが正しいのだろうか？　エミリー・ポスト・インスティテュートは、皿の横にたたんでおくように勧めている。一方、ミス・マナーズは椅子の上に置くべきだと言う。では、ナプキンはどのタイミングで膝に広げればいいのだろう？　その点ではふたりの意見は一致している。着席したらすぐにだ。ナプキンの使い方（そしてあなたが口を拭って汚れたナプキンで隣の人を不愉快にさせない方法）は、今でも議論が沸騰するエチケット問題である。しかし、着ているものを保護し、油っぽい指先をぬぐうというナプキン本来の使い方をしている限り、歴史があなたの味方をしてくれるだろう。

ピクニックバスケット

アシや藁などの植物素材で編んだ軽くて丈夫な入れ物は、少なくとも一万年前から食べ物を貯蔵したり持ち運んだりする便利な手段として使われてきた。私たちにとって屋外での食事は、決まりきった日常からの気分転換だが、昔は必要に迫られて外で食事をする場合が多かった。

中世には、農民は昼食を持って畑に出た。王侯貴族は城から遠い所まで鹿狩りに出た日は、狩りの途中で一休みして森の中で食事をとった。道路沿いのレストランやサービスエリアなどない一八世紀には、ヨーロッパの旅行者は食べ物を携帯して旅をした。現代のピクニックバスケットは、当時の旅行者が馬に乗った長旅に備えて荷物を運んだ籐《とう》の籠に起源がある。一方、貴族や王族は、美しい食器セットを持って旅をした。たとえばヘンリー八世は一五二〇年にフランス国王フランソワ一世の宮廷を訪問する際、水晶と黄金の食器を運ばせた。

ピクニックを愛する人なら誰でも知っているように、屋外での食事をひときわ印象的な体験にするには、セッティングが重要である。会場を整える能力にかけては、スコットランドのマク

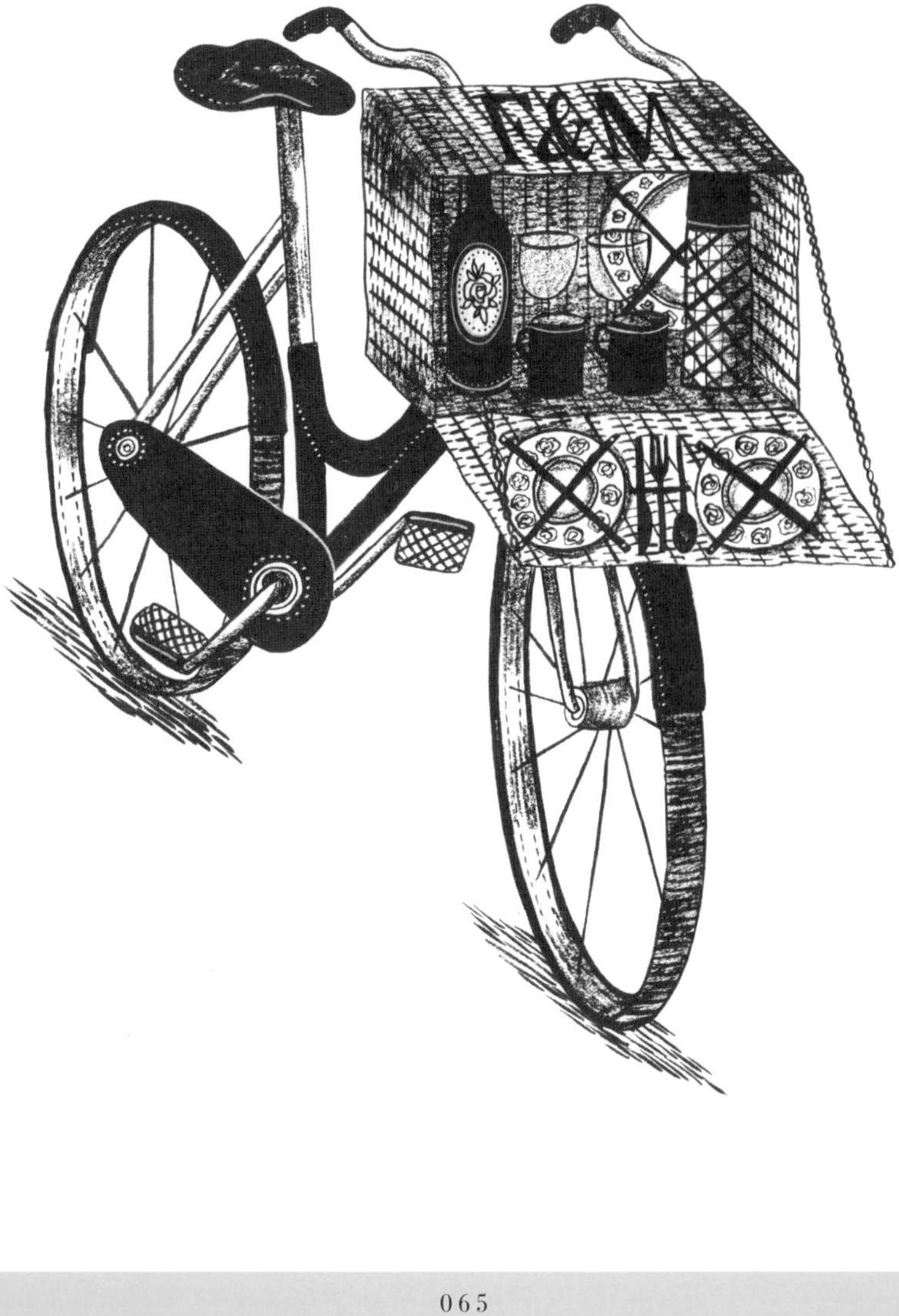
F&M

ラウド族の第八代氏族長、アラスデール・クロタック・マクラウドの右に出る者はいないだろう。一五三八年にスコットランド王ジェームズ五世が開いた晩餐会で、クロタックが「スカイ島にはもっと大きな広間とすばらしいテーブル、それに豪華なロウソク立てがある」と自慢したのが王の耳に入った。ぜひとも見てみたいというジェームズ五世の求めに応じて、夏になってからクロタックはスカイ島の館に王を招待した。日が暮れてから、ジェームズ五世の一行はヒーラブホール・モアの頂上に案内された。それは島にふたつある頂上の平らな丘陵のひとつで、たいまつを掲げた数百人の氏族の者が一同を出迎えた。クロタックはその場所を悠然と指さして言った。「陛下、わが大広間へようこそ。壁は大いなる山々、床は大海原、屋根は頭上に広がる空でございます」。肉をふんだんに使ったごちそうがバスケットで丘の上まで届けられた。頂上が平らなこのふたつの丘は、今ではマクラウドのテーブルと呼ばれている。

ピクニック好きな国民と言えば、フランス人も負けてはいない（一六九二年にフランスで初めて文献に登場したピクニックは、一種の持ち寄りパーティーを指していた）。一七世紀のフランスでは、貴族が意中の女性の気を引くために、「カドゥ（cadeau）」（文字どおりの意味は「贈り物」）と呼ばれる屋外の宴を開くのが流行した。食事は召使がバスケットに入れて運び、森の中や湖の側の景色の美しい場所を選んで敷物の上にきれいに並べられた。恋人たちはあらかじめ整えられた宴の場を、「偶然」見つける手はずになっていた。

ヴィクトリア時代になると、ピクニックはいっそう大切な行事になり、ライフスタイルにさえなった(ブリテン諸島の気候ほど屋外での食事に不向きなものはないが、それでひるむような人たちではなかった)。社会が階層によって厳格に区分され、食事から着る物まですべてが規則で定められている時代には、敷物の上にくつろいで外で食事をする(もちろんちゃんとした銀器やナプキン類を使って)機会は最高の気分転換になったに違いない。一九世紀末になると、ピクニックは上流社会の人々の間で大流行した。スポーツとピクニックの組み合わせ――クリケットの試合とお茶の会、ボート競技と昼食会――は大人気だった。

ヴィクトリア時代の屋外の食事は気楽な集まりだったが、決して簡素ではなかった。ビートン

【大富豪のピクニック】

宝飾品や革製品などの高級品を専門に扱うイギリスのアスプレイ社は、一九八七年にアメリカの大富豪ジョン・クルーゲのために現代史上もっとも贅沢なピクニックセットを作った。バスケットは小型コンテナほどの大きさがあり、車輪がついていて、トラクターや馬でけん引できる仕組みになっていた。このバスケットは全体が籐製で、中に真鍮の取っ手と革ひもがついた一五個の籐の箱が入っていた。その他に食べ物を保存する電池式の冷蔵容器と保温容器、飲料水ポンプ、一六人分のリモージュ製食器、バカラのクリスタルグラス、銀器を収めたケースもあった。

バーカウンター、折りたたみ式のマホガニー製テーブル二台、揃いの椅子が一六脚あり、椅子にはクルーゲのイニシャルのKのモノグラムが入っていた。

夫人は一八六一年に『ビートン夫人の家政読本』の中で、「四〇人分のピクニック・メニュー」を紹介している。冷ましたローストビーフ、ミートパイ四つ、ローストチキン四羽、ローストダック二羽、中くらいの大きさのロブスター六匹、チーズケーキ四ダース、大きいプラム・プディング一個。喉の渇きを癒《いや》すために、一クォート（約一リットル）入りビール瓶三ダースとクラレット、シェリー酒、ブランデー、シャンパンが用意された（これだけ山盛りのごちそうを運ぶのに、いったい何個のバスケットを使ったのだろうか）。

移動手段として自動車を使う人が増えてくると、百貨店のフォートナム・アンド・メイソンなどは、食べ物と食器類が入っていて、そのまま出かけられるバスケットを売り出した。明け方の四時になると、召使がバスケットを受け取るためにお使いに出された（ロブスター半身にほぼ同じ量のコニャックソースがかかったロブスターサラダが人気だった）。自動車会社は車とピクニックの組み合わせがいい宣伝になると考え、広告にもピクニックを登場させた（ロールスロイスやベントレーなどの高級ブランドは今でも品質のいい革や木材を使い、車内の豪華な雰囲気にぴったり合うピクニック用ボックスを販売している）。列車で遠出する人のために、駅では食べ物や食器類が入った籐やブリキのチェストが販売された。チェストと食器類は帰りに駅で返却する決まりだった。

大西洋の向こう側を見ると、一九世紀初期のアメリカでピクニックを楽しんでいたのはもっぱら余暇がたっぷりある中流層だった。最初は家庭にあるシンプルなバスケットに食べ物を詰めて出かけていた。しかし一九世紀後半になると、ニューヨークのヘンリー・C・スクワイヤーズなどの高級店が、イギリス式の「ピクニックセット」（ナプキン、ナイフやフォーク類、グラス、皿が揃ったバスケット）を「進歩的で裕福なアメリカの紳士」向けに売り出した。イギリスと同様にアメリカでも、自動車文化によってピクニックが社会の主流層に浸透した。昔の交通標識には、景観の美しい場所にドライバーを案内するために自動車クラブが立てた標識があった。

今日では食品衛生上の観点から、バスケットよりもクーラーボックスの方がよく使われる。私たちは普段、公園のベンチで食べる昼ご飯を紙袋に入れて持っていったり、紙容器に入ったチキンサラダをプラスチックのフォークで食べたりする。しかし、『楽しい川辺』の中でモグラのモールがピクニックに誘われて大喜びする場面を読めばわかるように、ごちそうへの期待に胸をふくらませてピクニックバスケットを開けるのは、とても文化的で魅力的な行為だ。どこにどんな目的で出かけたとしても、ピクニックバスケットを開けるときの楽しさは変わらない。

「ネズミは小舟を土手に寄せて固定すると、まだ足取りのおぼつかないモグラに手を貸して岸に上がらせてやり、それから昼食の入ったバスケットをひっぱりだした。「準備はぼくにまかせてもらえませんか」と、モグラが気をつかって言うと、ネズミはふたつ返事で了解し、友がいそいそとテーブルクロスを広げているのをよそに、草の上に長々と寝そべって休んだ。モグラは何が入っているのだろうとわくわくしながら包みをあけ、新たな中身が出てくるたびに、「うわっ！　うわっ！」と驚きつつ、クロスの上にきれいに並べていく」

――ケネス・グレアム著『楽しい川辺』（杉田七重訳）より

パンチボウル

パンチボウルは結婚祝いとしてプレゼントされるか、おばさんの遺品として譲られる機会でもない限り、最近はあまりお目にかからないという人がほとんどだろう。あなたがパンチボウルを最後に見たのは、高校の卒業記念ダンスパーティーの会場だったかもしれない。しかし、時代は変わろうとしている。パンチとそれに使う食器類が、今また表舞台に復帰しつつあるのだ。大勢のお客にひとりずつ好みの飲み物を出すために、バーカウンターの後ろにこもりきりになった経験がある人なら、よみがえったパンチの魅力に納得できるだろう。

インドとイギリスの貿易が大きく発展した一七世紀末に、パンチはヨーロッパの人々の前に突然現れた。インドからイギリスに流入した膨大な輸入品の中に、絹、綿布、インディゴ（藍）、茶、香辛料、アヘンがある。理論的には、その中にパンチも含まれていたはずだ。パンチという言葉はヒンディー語で数字の五を表す「panch（パーンチ）」が語源と考えられている。パンチの原型となったインドの飲み物が、アラック（そのままでは飲めないほど不快な味の酒だった）と砂糖、レモンかライム果汁、ナツメグなどの香辛料、水という五つの材料でできていたためにそう呼ばれていた。パンチは大勢で分け合って飲むために一度にたっぷり作られた。パンチを最初に作ったのが誰かを突き止めるのは、今となっては難しい。パンチの発明者の名誉は、心地よい酩酊《めいてい》状態の中で忘れられてしまったのだろう。一六七〇年代から一八五〇年代にかけて、パンチはヨーロッパでもっとも人気のある飲み物に躍り出た。

現代のよく冷えた（ときにはシャーベットを加えた）パンチと違って、初期のパンチは温かい飲み物だった。もっとも古いパンチボウルは銀細工師が腕を振るって作った作品や、切り子のクリスタルガラスではなく、美しい乳白色のクリームウェアと呼ばれる硬質陶器だった。クリームウェアは高温に耐えられる白色粘土と焼成フリントを混合し、釉薬をかけて焼いたものである。クリームウェアは洗いやすく、熱に強かった。

パンチの人気がインドからヨーロッパへ、そして北アメリカへと広がるにつれて、パンチボウルは家庭や酒場の必需品になった。実際、ほとんどの居酒屋ではお客が座るベンチの数とほぼ同じ数のパンチボウルがあった。

植民地時代のアメリカのパンチは、安価で手に入りやすいラム酒をベースにしていた。水と果汁を混ぜれば冷たい夏の飲み物になり、砂糖と香辛料を加えれば温かい冬の飲み物になった。当時、飲酒は男の領分と考えられていた。夕食後に女性たちが客間に移った後で、男性が飲むためにパンチボウルがテーブルの真ん中に置かれた。

【スポーツ界でもっとも有名なパンチボウル】

一八八八年にイギリスの政治家サー・フレデリック・スタンリーは、カナダ総督として着任した。彼はカナダの自然の美しさ、釣り、そして当時はまだ珍しいスポーツだったアイスホッケーの虜になった。息子たちがこのスポーツを始めると、スタンリー夫妻は熱心なファンになった。サー・スタンリーは息子を誇らしく思っていたので、アイスホッケーに選手権大会がなく、トロフィーすらないのを残念がった。

サー・スタンリーはアイスホッケーの発展のために何かしたいと考え、スタンリー・カップを創設した。彼は現在の価格で一〇〇〇ドル相当の銀製のパンチボウルをイギリスで購入し、片面に「ドミニオン・ホッケー・チャレンジカップ」と刻ませ、もう片面に「プレストンのスタンリー男爵」と彫らせた。彼が要求した条件はただ、毎年の選手権大会の優勝チームにこのカップが渡されることだった。

サー・スタンリーはこのカップが授与される場面を自分の目で見ることはできなかった。このカップを購入した翌月に兄が亡くなり、領地経営のために帰国しなければならなかったからだ。サー・スタンリーがふたたびカナダを訪れる機会はなかった。

一七世紀には驚くような大きさのパンチボウルが作られた。一六九四年にイギリス海軍提督エドワード・ラッセルは艦隊の乗組員六〇〇〇人を招いてクリスマスパーティーを開いた。彼はパンチボウルの代わりにデルフト焼きの巨大な噴水池を作らせて、そこに大樽四杯のブランデー、大樽八杯の水、レモン二万五〇〇〇個、ライム果汁七六リットル、砂糖六六〇キログラム、ビスケット三〇〇枚、ナツメグ二・三キログラム、マラガ産のワイン四八〇リットルを注がせた。パンチの池に浮かべた小舟を給仕が漕《こ》いでお客にパンチを配ったという。誰もが天にも昇る心地を味わっただろう。

一九世紀初頭には、お金に余裕がある人は銀製のパンチボウルを買うようになった。史上もっとも有名な銀製のパンチボウルは、一七六八年にアメリカの銀細工師ポール・リヴィアが「自由の息子たち」のために製作したものだ。「自由の息子たち」はイギリスの支配に抵抗する愛国者の秘密結社で、このパンチボウルには一五名のメンバーの名前と、イギリスがアメリカ植民地に課した抑圧的な諸法にマサチューセッツ議会が反対の決議をしたことを称える銘が刻まれていた。

一九世紀半ばになると、パンチボウルはヨーロッパで突然パーティーの必需品になったときと同じように、突然姿を消した。パンチに酔って大騒ぎする宴会がすたれたのは、おそらく蒸留技術が進歩したおかげだ。蒸留酒の味が向上して、いろいろな材料と混ぜなくてもおいしく飲めるようになった。手に入る酒の種類が増えたのも理由のひとつだろう。

今日では、パンチはふたたび人気を取り戻している。招く側にとって楽なだけでなく、パンチ

【アメリカン・オレンジパンチ】

一八二九年に第七代アメリカ大統領アンドリュー・ジャクソンの就任レセプションが開かれたとき、支持者がホワイトハウスに詰めかけて大混乱になった。スタッフがアメリカン・オレンジパンチの入ったボウルを芝生の上に置くと、それにつられてようやく群衆は外に出たという。ここに紹介するレシピは、「アメリカのカクテルの父」と称されるバーテンダーのジェリー・トーマスが一八六二年に発表したアメリカン・オレンジパンチに基づいている。

オレンジ　四個
粗糖　一五〇グラム（好みで増やしてもよい）
熱湯　一・七リットル
ブランデー　三六〇〜四八〇ミリリットル
ジャマイカ産ラム酒　三六〇〜四八〇ミリリットル
ポーター　ビール　二四〇ミリリットル
キュラソー、クレーム・ド・ノワイヨ、マラスキーノ・リキュールのいずれかを三〇ミリリットル（好みで）

❶ ピーラーか果物ナイフでオレンジ二個の皮をむく。
❷ オレンジの皮と砂糖を耐酸性の大きな耐熱容器に入れ、一時間おく。
❸ オレンジ四個の果汁を搾る。果汁と熱湯を砂糖とオレンジの皮が入った容器に注ぎ、三〇分おいて皮の成分を抽出する。
❹ 三の容器からオレンジの皮を取り除いてパンチボウルに注ぎ、ブランデー、ラム酒、ポーターを入れる。好みでリキュールを加える。味見をして、必要なら水や砂糖を加えて味を調える。
❺ 氷を入れてできあがり。

ボウルはスコッチをオン・ザ・ロックで飲むだけでは得られないお祭り気分をパーティーに与えてくれる。あなたにパンチボウルを残してくれたおばさんは、それがよくわかっていたに違いない。

テーブルクロス

洗濯機で洗える布が大量生産される現代になっても、テーブルに広げられたテーブルクロスの種類（あるいはテーブルクロスが使われていないという事実）によって、私たちはそのパーティーの性質を判断できる。チンツ加工（糊付けや蠟引きで生地に光沢を出す加工）された年代物のテーブルクロスが使われていれば、それは伝統的なブライダルシャワー・ティーパーティーだ。

生成《きな》りのリネンのテーブルクロスの上に黄麻布のテーブルランナーが載っていれば、素朴な田園風の結婚式を意味している。チェックのオイルクロスがかけられたテーブルは、裏庭のバーベキューの典型的な光景だろう。床まで届く白いテーブルクロスなら、そこは次の料理が出される前にウェイターがクラムスイーパー（テーブルの上にこぼれたパンくずを掃除する道具）を持って現れる高級レストランに違いない。

中世の人々が現代の気軽なテーブルリネンの扱い方を見たら、さぞかし驚くだろう。騎士とその妻にとって、上質なリネンは家柄のよさの象徴だった。むき出しのテーブルで食事をするのは農民のすることだった。お金に余裕のある家なら（あるいは余裕がなくても）、テーブルは白い布で覆わなくてはならず、見た目を美しくするために、布は下に垂れてひだが寄っている方がいいとされた。白以外のテーブルクロスは食欲を損なうと考えられていた（白一色のルールにも例外はあった。農村部ではカラフルな縞模様や格子柄やチェックの模様が織られた布地も使われた）。食事をする人はテーブルの片側だけに座り、人が座る側のテーブルクロスは床まで垂らされていた。これはお客をすきま風から守るためと、足の上に虫が這《は》い上がらないようにする目的があった。

中世の白いテーブルクロスは、一般的に連続した幾何学模様が織

り出されたダマスク織で作られた。ダマスク織は十字軍によってシリアのダマスカスからヨーロッパに伝えられた布である。ビロードや絹のダマスク織もあったが、テーブルの上を占めたのは、もっぱら光沢と白さが際立つ亜麻《リネン》で織られたダマスク織だった（亜麻のダマスク織は洗えるという利点もあった）。これほど魅力あふれるダマスク織だったが、値段は魅力的とは言いがたかった。国王でさえときには倹約を迫られた。フランス国王ルイ一五世は、白い綿生地に刺繍《ししゅう》をしてダマスク織に似せたテーブルクロスを作らせた。

素材は何であれ、布は長いままで購入し、必要に応じてちょうどいい長さに切って使った。城で働く女性たちはテーブルリネンの在庫を注意深く管理し、テーブルクロスに等級をつけた。最高級品は主賓席に、次の等級は主賓の次に重要なテーブルに、という具合に使うのである。亜麻布の寿命はかなり長く、最高級のテーブルクロスは使い込まれるうちにランクを下げて、最後はぼろぼろになって銀を磨く布として役割を終えた。

屋内配管が実現するまで、テーブルクロスを洗濯機に放り込んで乾燥機で乾かすことはできなかった。そのため、テーブルクロスの汚れが目立ってきたら、さっと裏返しにして使い続けた。ある人が宮廷で厚遇されているかどうかは、その人が食事をする席のテーブルクロスの状態を見ればわかった。汚れたテーブルクロスの前に座らせるのは、騎士の名誉を傷つける行為だった。さらに厳しい罰を与えるときは、騎士の座る席の右側と左側でテーブルクロスが断ち切られ、その騎士がもはや仲間ではないことが象徴的に示された。

それから数百年後のルネサンス時代になると、すばらしい晩餐会を開く腕次第で社会的地位がよくも悪くもなった。ルネサンス時代の大富豪は、パーティーの計画を立てる係を家に常駐させていた。この係（必ず男性だった）はスカロと呼ばれ、パーティーの場所からお客に配る記念品まで、すべてに目を光らせた。また、スカロはルネサンス時代の宴会のもっとも重要な儀式のひとつを任されていた。それはテーブルクロスを重ねておくことだ。三種類の料理からなる中流家庭の食事だろうと、一八種類の料理が出る上流社会の夜会だろうと、パーティーではニ枚の布がテーブルを覆っているのが普通だった。一枚目はお客が到着して席についたときにかかっているテーブルクロスで、食事が真ん中まで進むと一枚目が取り除かれ、二枚目が現れた。三枚目はデザートを食べるとき使われた（クロスとクロスの間には革が挟まれ、食べ物をこぼしても下のクロスに染み込まないよう工夫されていた）。一五二九年にイッポリート二

【手品の秘密】

九世紀の神聖ローマ皇帝カール大帝は、宴会の席でテーブルクロスを使って手品を見せた。食事が終わった後、カール大帝はお客の前でテーブルクロスを火にくべる。そのテーブルクロスはアスベスト製だったので、パンくずだけが燃えて、火から取り出されたテーブルクロスはまっさらになって次の宴会に使えるという仕掛けだった。

世・デステ枢機卿《すうききょう》は兄の結婚を記念して祝宴を開き、テーブルクロスの新記録を作った。果物が出された（果物は通常は九品のコースの最後に出される）後で三枚目のテーブルクロスが取り除かれると、さらに二枚のテーブルクロスともう九品のコースが控えていることが明らかになった。

ヨーロッパの洗練されたテーブルクロスの使い方が大西洋を越えて新世界に伝わるには、かなり時間がかかった。アメリカではテーブルクロスとナプキンの区別がなかなか浸透しなかった。アメリカ合衆国初代大統領ジョージ・ワシントンが一七五〇年頃にまとめた『社交と会話における礼儀と正しいふるまいの規則［*Rules of Civility and Decent Behavior in Company and Conversation*］』（一〇代のワシントンが一六世紀フランスのエチケット集をもとにして書いた手書きのノート）には、テーブルクロスで顔を拭いてはいけないと書いてある。それから一世紀たっても、アメリカを訪れた外国人はアメリカ人が口元をぬぐうためにテーブルクロスを使うのを見て驚いた。

ヴィクトリア女王の治世には、ダイニングテーブルがマホガニーなどの上質な木材で作られ、部屋を飾る家具になった。テーブルクロスはテーブルの美しい表面を保護する目的で使われた。夕食が終わると、磨き抜かれたテーブルの光沢がよく見えるように、使用人が白いテーブルクロスを取り除いた。それは食事が終わり、これからはお酒を楽しむ時間という合図だった。テーブルの木材そのものが人目を引く美しさを持つようになると、白いリネンのテーブルクロスが登場する回数は減った。

テーブルクロスがなくても食事はできるが、だからこそテーブルクロスをかけるのは食事をゆっくり楽しむ方法である。テーブルクロスのかかった食卓は、家族や友人と過ごす時間がいつでも特別なひとときであると思い出させてくれる。

時計

時間の経過を把握したいという私たちの願望は、数千年前までさかのぼる。紀元前一三〇〇年にはすでにエジプト人は一日を二四時間に分割し、日中の時間の経過を日時計で計っていた。夜間は特定の星の位置や、目盛りをつけた容器からゆっくりと滴り落ちる水の量で時刻を確かめた。

それからおよそ一〇世紀後、古代ギリシアの哲学者プラトンは水の力を利用した時計を発明した。プラトンの学園で学ぶ生徒たちが朝四時から学習を始められるように、その時計は明け方になると笛吹ケトルのような音をたてて生徒たちを起こした。この時計は、音を鳴らしたい時刻の六時間前に時計の上の容器に水を注いでおかなければならないのが欠点だった（上の容器から少しずつ水が流れ出し、下の容器がいっぱいになると、容器から押し出された空気によって笛が鳴る仕組みだった）。だから生徒たちだけでなくプラトンも六時間以上は眠れなかっただろう。この水時計を改良したものがギリシアやローマの法廷で使用され、割り当てられた時間内に証人が話し終えるように、発言の時間が計られた。時計を止めるには水が流れ出す穴を蠟でふさぎ、ふたたび時計を動かすときは、蠟が取り除かれた。プラトンは水時計の発明者でありなが

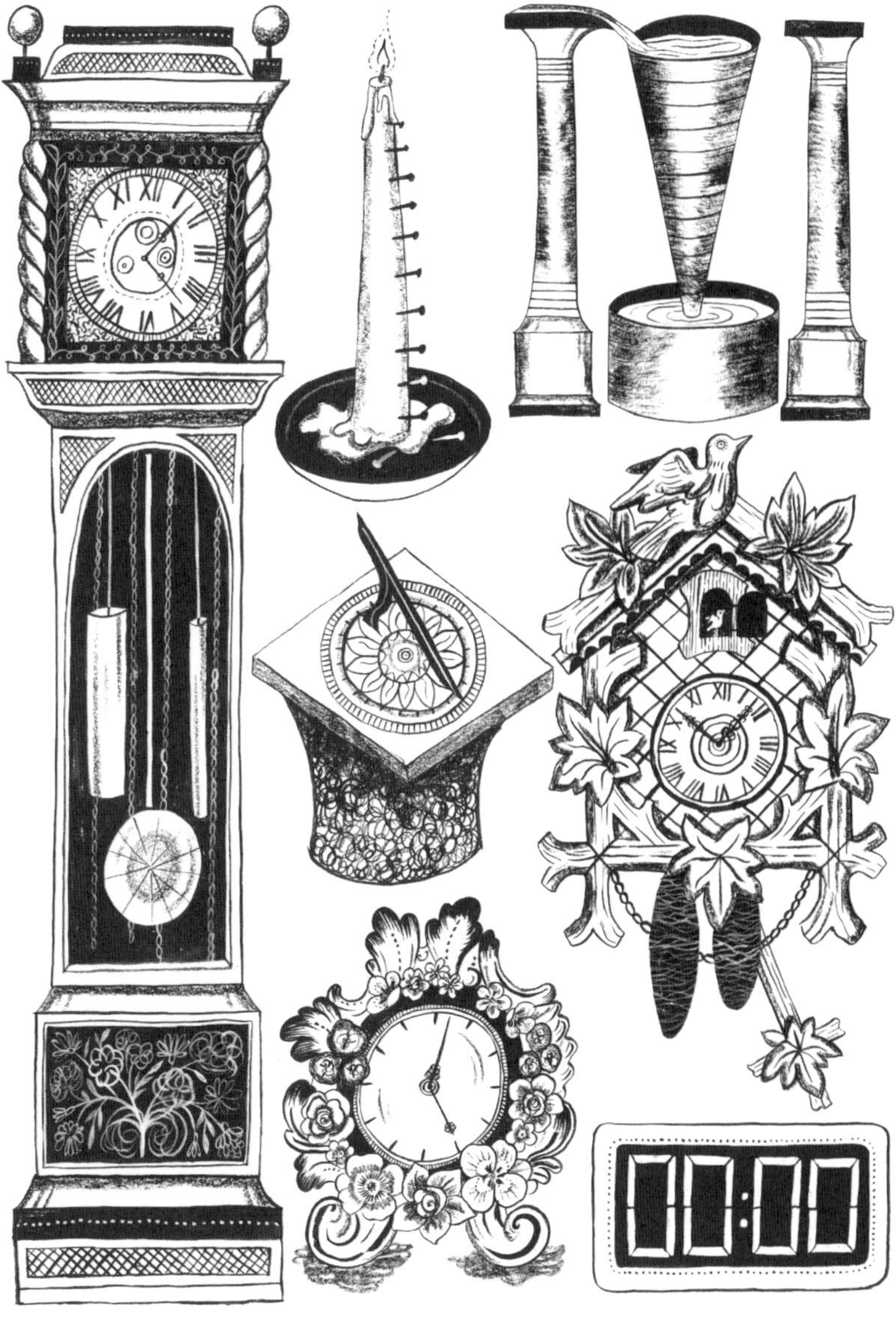
00:00

【ジェファーソンの大時計】

トーマス・ジェファーソンはヴァージニア州モンティチェロに邸宅を建設し、玄関広間に自分がデザインした大時計を設置した。この時計は時刻を示すだけでなく、天井から床に向かってゆっくりと下降する錘《おもり》の位置で曜日を知ることができた。時計の文字盤は正面玄関の内側と外側の両方にあり、正面玄関を出て庭園を散策していても、振り返れば時間がわかるようになっていた。

ら、裁判の弁護人について「水時計に急き立てられている……いつもせかせかしている」と嘆いた。それはいつの時代も変わらない光景のようだ。

同胞のギリシア市民が時間の奴隷になっているとプラトンが思っていたのなら、中国人がどれほど時間に取りつかれていたかを知ったらさぞかし驚いたに違いない。中国人の最大の関心事は王朝の維持だった。皇帝の世継ぎは占星術と天体の観測によって決定されたため、宮廷天文学者は皇帝の多数の子供たちがいつ懐胎されたのかを正確に知る必要があった。時計の精度を高めるために、中国人は水銀を使用して水時計を改良した。それでもまだ十分正確ではないと思ったのだろう。七二三年に数学的才能に恵まれた仏教の僧が、世界初の機械仕掛けの時計を発明した。この時計は水銀時計より正確だったが、歯車を水力で動かしていたため、わずか数年後には青銅と鉄でできた装置がさびてしまった。これでまた振り出しに戻った。

中国の時計製造技術がどんどん複雑で精巧になっていくのに対して、ヨーロッパでは時間を計測する方法は原始的な段階で留まっていた。九世紀のイングランドで、アルフレッド大王はロウソク時計を考案した。ロウソクに一定の間隔で重い釘を打っておき、時間がたつと蠟が溶けて、釘が金属製の皿に落ちる音で時間の経過を知る仕組みだった。ヨーロッパ人は全般的に時間を計ることにあまり関心がなかった。彼らは日の出とともに起床し、暗くなれば就寝した。しかし修道院では毎日の祈禱の時間が定められていたので、正確な時刻を知る必要があった。修道僧の要

【中国のからくり時計】

一一世紀の中国の天文学者蘇頌《そしょう》が作った「水運儀象台」は、天体観測のために建設された高さおよそ一二メートルの塔からなる天文時計だ。この時計は公共の場に設置されたヨーロッパの機械式の大時計や鳩時計の先祖と言える。塔は三つの階に分かれ（下から報時装置、天球儀、天体望遠鏡）、一番下の階は五重塔のように五層の円柱になっている。各層に開いた窓があり、一定の時間がたつと窓から木製のからくり人形が現れて、時刻を示す札を見せたり、楽器を奏でたりする。これらの仕組みは巨大な水車の回転によって動いていた。水車には三六個の受水箱がついていて、水槽から一定の速さで流れ出る水がこの受水箱にたまると、その重みで水車が回転する。水車が回転する力によって、報時装置や天球儀は一日一回転する。この時計は異民族の侵入によって破壊されるまで、三四年間止まらずに動き続けた。

求に応えるために時計作りの技術が進歩し、修道僧が自分で時計を作る場合もあった。

人口が増加するにつれて、集落は町になり、町は都市になった。一四世紀半ばになると、ヨーロッパのほとんどの都市に時計台のある大聖堂が建てられた。この時計は正時になるとチャイムを鳴らし、教会に出かける時刻、仕事を始める時刻、仕事を終える時刻を町の人々に知らせた。一六世紀になると、時間を知ることは非常に重要になり、都市の住民は時計を見ながら生活するようになった。夜中でさえ正時になると夜警が時刻を大声で叫んで知らせた。

時計が公共物から個人の財産になるまでには長い時間がかかった。最初の家庭用の時計は、弧を描いて揺れる振り子を内部に納めていたためにかなり大きかった。初期の時計では、振り子の方が歯車より正確だったのである。家庭内に時計を持っているのは、最初は王侯貴族に限られていた。彼らは時間を知る必要があるというより、最新の道具を所有することに喜びを感じていた。一八世紀になると、時計職人は振り子を小さくする方法を考案し、時計は一般的な家庭用品になった。

フランスで設計され、生産された時計は大人気だった。フランス製の時計は華美の極みを尽くしていた。貴婦人の寝室用には磁器製の花で飾られた時計が、暖炉の上に置くためには青銅をメッキした時計が作られた。フォンテーヌブローにあるナポレオンの居城には六六個の時計があった。多すぎると思うかもしれないが、この城には一五〇〇の部屋があったのである（皇帝といえども予算には限りがあり、全室に時計を置くわけにいかなかった）。この城の中で絶対に時計が置かれなかった唯一の部屋は、食事室だった。時計に煩わされることなく、ゆったりと食事を楽しむためである。何とも優雅な配慮と言えるだろう。

産業革命が起きると、日常生活の中でどうしても時刻を知る必要が生じた。工場労働者の多くは時計を買う余裕がなかったので、仕事に遅刻しないように、一か月に一ペニー払って目覚まし屋《ノッカーアッパー》に起こしてもらった。ノッカーアッパーは手提げランプと杖と時計を持って通りを歩き、お客の家の窓を杖で叩いて、彼らが仕事に遅れないように起こして回った。

一九世紀に入ると、公の場と同様に、家庭内でも規則的な生活が求められるようになった。イギリスの古典的な家庭運営の手引書『ビートン夫人の家政読本』の中で、ビートン夫人は次のように述べている。「台所には正確な時計が欠かせません。規則正しい生活と、あらゆる点で時間を守ることは……決しておろそかにしてはいけません」。食事の時間は決められ、信心深い家庭では、祈禱の時間も決められていた。うっかり夕食の時間を遅らせてしまうのは、主婦にとって世間に顔向けできない失態であり、帰宅が遅れるのも同じくらい大事件だった。伯爵令嬢で作家のシンシア・アスキースは、一九〇七年に初めて宮廷にデビューしたときの心境をこう書いている。「社交界デビューした私は、夕食に遅れやしないかという不安に常につきまとわれていました」

「魔法使いは決して遅れず、早すぎることもない。魔法使いは来ると決めた時間に正確に現れるものだよ」

——J・R・R・トールキン著『指輪物語』（映画版）より、ガンダルフの言葉。

花瓶

花屋の店先で作ってもらった花束でも、スーパーマーケットで買い物ついでに買った出来合いの花束でも、花は花瓶に生けるものだ。当たり前だと思うかもしれないが、ちょっと待ってほしい。ギリシア人やローマ人は、形もデザインも何とも言えず美しい壺を作ったが、それは花を飾るためではなかった。古代の人々が花や枝葉に興味がなかったわけではない。彼らには日頃から花や枝葉を愛《め》でる習慣があった。しかし彼らにとって、花は花輪《リース》や、花を帯状につないだ花綱《ガーランド》にして飾るものだった。壺はワインや水や香水を輸送する目的で作られた。

中世になると、花を飾る場所は壁からテーブルの上に移った。花を生けるために手近にある器が何でも使われ、その中に古代の壺もあった。人気があったのは蓋つきの壺で、蓋にも器本体にも透かし彫りの穴が開いているものだ。穴に一本ずつ花を挿せば、それぞれの花が重ならずよく見えるように生けられる。特別に栽培された花は非常に高価で、本物を飾るより花の絵を購入する方が経済的な時代だったから、このような生け方をするのは無理もないことだった。（美術館にあれほど多くの花の絵が残されている理由も説明がつく)。

高価なのは花だけではなかった。磁器が身の回りにあふれている現代では想像しにくいが、磁器が非常に珍しく、ほとんど魔法のようだと思われていた時代があった。磁器は数千年前に中国で発明されたが、ヨーロッパではまったく知られていなかった。ルネサンス時代に磁器と出会ったヨーロッパの人々は、その魅力の虜《とりこ》になった。しかし中国製の磁器なら何でもいいというわけではなかった。ヨーロッパ人の心をとらえ、いくら出しても手に入れたいと思わせたのは、明代《みんだい》に製作された壺だった。明の磁器は、白やクリーム色の地に明るい青の絵付けが特徴で、市場に出回っている他のどんな磁器よりも薄く透明感があった。

一三六八年に開かれた明王朝は一六四四年に滅んだが、明風の壺はその後も生産され、輸出された。磁器に対するヨーロッパ人の熱狂は一八世紀初期にピークに達した。ザクセン選帝侯フリードリヒ・アウグスト一世(在位一六九四〜一七三三年)は、プロイセン国王が所有していた一五一点の磁器をお金ではなく六〇〇人の兵士と交換した。

一八世紀のコレクターはよく知っ

ていたはずだが、壺は花が生けてあろうと空っぽだろうと、置いてあるだけで部屋に華やぎが生まれる。本物の明の壺は非常に貴重で、だからこそ値段も高い。二〇一二年にサザビーズで明の壺が一三〇万ドルで落札された。しかし、青花《せいか》と呼ばれる青と白の磁器に心を奪われた人は、あきらめる必要はない。七〇〇年前に青花が誕生した景徳鎮《けいとくちん》で、今は若い中国人の陶工が青花に新しい生命を吹き込んでいる。

噴火で埋もれた古代ローマの都市ヘルクラネウムとポンペイが一七〇〇年代半ばに発掘されると、ヨーロッパの芸術家やデザイナーはそれらの遺跡から新たなインスピレーションを得て、流行に変化が表れた。古代ギリシアやローマの古典的な壺の形が大流行し、製造業者は模造品を作って需要に応えた。しかし、もしお金に余裕があるなら、本物に勝るものはなかった。

一七六四年から一八〇〇年にかけてナポリ王国のイギリス大使だったウィリアム・ハミルトンは、本物を見る目と、本物のためなら気前よく財布のひもを緩める客をかぎ分ける鼻を持っていた。大使としての任期中に、ハミルトンは何隻もの船にアンティークの壺を満載してイギリスに輸送した。その中に二五センチメートルに満たない小さなガラス製の壺があった。透明感のある深い青の地にくすんだ白いガラスをかぶせて、七人の人物が浮き彫りにされた壺である。異なる色のガラスを何層か重ねて素地を作り、エッチング（酸などの腐食作用で模様を彫る技法）や彫刻によって模様を浮き彫りにするカメオ技法は、発明された当時は古代ローマの技術の頂点を極めるものだった。この壺は古代ローマの人々と同様に、一八世紀ロンドンの上流階級の心も射貫《いぬ》いた。

ハミルトンが買い手として狙いを定めたのはポートランド公爵夫人だった。夫人はアンティークの壺に目がなく、しかもイギリス一裕福な女性でもあった（エリザベス二世の六代前の祖先でもある）。ポートランド公爵夫人の友人は夫人について、「気どらない人柄で、浮ついたところは少しもありませんでしたが、壺にだけはわれを忘れてしまうのです」と語っている。夫人は何のためらいもなく四〇〇〇ポンド（現在の四七万五〇〇〇〜六一万ポンド）を支払って、そのお宝を手に入れた。

【壺のランプ】

古代中国では、ひょうたんは水を入れる容器として重宝されていた。大昔の陶工はひょうたんの形を真似て、上に行くほど細くなる口と、球根のような丸いふくらみがひとつかふたつある壺を作った。磁器が発明されると、光沢のある新しい素材で同じようにひょうたん型の壺が作られた。

一七〇〇年代にはひょうたん型の壺はヨーロッパ中で蒐集され、珍重されて飾られた。ジョゼフ・スワンが一八七八年に白熱電球を発明すると、ひょうたん型の壺に新しい役割が回ってきた。多くの裕福なイギリス貴族と同様に、ウィリアム・アームストロングは磁器のひょうたん型の壺をたくさん所有していた。彼は発明されたばかりの白熱電球を壺のひとつに据えつけ、机の上で卓上ランプとして使用した。これが世界初の電気のランプである。

その壺はポートランドの壺と呼ばれるようになり、イギリスの偉大な陶工ジョサイア・ウェッジウッドもその魅力にとりつかれたひとりだった。ウェッジウッドはすでに古代ギリシアやローマのカメオガラスの形状や色を模したジャスパーウェアと呼ばれる製品を生産し、大きな利益を上げていた。そして彼は四年の歳月と数千回の試行錯誤を重ねて、ジャスパーウェアでポートランドの壺の完全な複製を作りあげた。ジャスパーウェアは陶土を陶器よりも高温で硬く焼いたストーンウェア（炻器）で、釉薬がかかっていないので手触りは少しざらっとしている。ジャスパーウェアはウェッジウッドが達成した最大の技術革新である。ウェッジウッドは「世界に通用する陶器製造者」になりたいと語っていたが、その夢は見事に達成された。ウェッジウッドがジャスパーウェアで製作したポートランドの壺の複製をロンドンの展示会で披露すると、有料の展示会に観客が殺到し、入場を断られるお客もいるほどの人気ぶりだった。ウェッジウッドは陶器生産で名声を得て、莫大《ばくだい》な財産を築いた。

今日では主役は花で、花を生ける壺は脇役に回っている。磁器の壺を使う機会は減って、さまざまな形や大きさや色のガラス製の安価な花瓶がそれに取って代わった。コレクターが欲しがるような壺でなくても、花屋がサービスでつけてくれる段ボール製やプラスチック製の花瓶なら、二週間たって花が枯れたら花と一緒に捨てられる。しかし、少し探してみれば、吹き込みガラスやろくろを回して作った陶器、漆を塗った紙などで花瓶を作る工芸家に巡り合えるかもしれない。彼らの作る花瓶は、そこに生けられる花と同じくらい個性的で美しい作品だ。

鏡

家庭にある道具の中でも、鏡は私たちの自己意識の形成と何よりも深く結びついている。乳幼児の発達段階には、鏡像段階と呼ばれる時期がある。これは乳幼児が鏡に映る姿を見て、それが自分だと認識できるようになる発達過程を指し、自我の意識が芽生える重要な時期だと考えられている。

人間は昔から何かに映る自分の姿に引きつけられてきた。ギリシア神話には、若く美しい青年ナルキッソスが泉に映る自分の姿に恋をして、食事も忘れてひたすら眺め続け、とうとうやせ衰えて死んだという話が伝わっている。

穏やかな水面は周りの景色を映し出す。しかし人間は、自分の姿を見るためにもっと長く安定して使える道具がほしいと考えた。もっとも古い鏡は六〇〇〇年以上前に、光を反射する天然素材の黒曜石（黒い火山ガラス）や、青銅や銅などの金属を磨いて作られた。おそらく五〇〇〇年から八〇〇〇年ほど前にメソポタミアでガラスが発明されたおかげで、鏡作りは大きく前進した。鏡に用いられた初期のガラスは濃い青や緑や茶色っぽい色をしていたが、黒曜石や金属でできた鏡に比べれば、はるかにゆがみの少ない像を映すことができた。ガラスを使うことで、それまでより（わずかに）大きい鏡も作れるようになった。しかし、鏡の品質が一気に向上したわけではない。鏡はガラスに銀膜を吹きつけて作られるが、その過程でガラスが薄すぎて熱に耐えられずに割れることがよくあった。熱した銀でガラス表面に膜を形成し、さらにその上に熱した銅を吹きつけるのは高度な技術を必要とした。また、平らなガラス板の生産自体が難しかった。

ガラス製造技術は長い間あまり進歩しなかったが、一四五〇年頃、イタリアのヴェネツィア潟に浮かぶムラーノ島（ヴェネツィア本島の北東にありガラス製造で有名な島）で、これまでにないガラスの製法が発見された。この島で新たに作られるようになった無色で透明度が高いガラス製品はヨーロッパ中で大人気になった。

無色透明なガラスの製法（ガラスの主原料はシリカ、ソーダ灰、石灰で、ムラーノ島ではこれらの材料からできる限り不純物を取り除き、さらに消色剤として酸化マンガンを加えた）を発見した後、ムラーノ島のガラス職人は鏡の製造に着手した。ムラーノ島で作ったガラスにスズと水銀の膜を作ると、すばらしく明瞭な像が映る鏡ができた。人々は初めて、肖像画を描いてもらわなくても他人の目に映る自分の姿を自分で見られるようになったのだった。スティーヴン・ジョンソンなどの文化理論家は、鏡による新たな自意識の誕生が、ルネサンス時代の到来を招いた鍵のひとつであると述べた。

鏡を買える財力のある人々は、その魅力の虜になった。一七世紀末にフィエスク伯爵夫人はこう言ったと伝えられている。「私は小麦以外何も育たないやせた土地を売って、代わりにこの美しい鏡を手に入れました。奇跡のようだと思いませんか？　ほんのわずかな小麦がこんなに美しい鏡に変わったんですから」。伯爵夫人が土地を手放して鏡を手に入れた時代には、鏡の熱狂的な流行のあおりを受けて手放された資産が数多くあった。華麗な宮廷の主人公だったルイ一四世は、宮殿のヴェネツィア製の鏡のために年間一〇〇万ドル相当の出費を惜しまなかった。ジャン・バティスト・コルベールは財務総監に就任したとき、鏡に途方もない予算が割り当てられているのを知った。コルベールは国王に鏡の購入を減らすよう進言する代わりに、鏡職人をフランスに連れてくることにした。そして史上最大の産業スパイ事件と言える作戦が実行された。

ヴェネツィア政府は金のなる木の国外流出をあ

らゆる手段で阻止しようとしていた。ガラス職人は外国人と連絡を取ることを禁止され、国外への移動は反逆とみなされた。職人が禁を犯してヴェネツィアを出れば、国に残った家族は投獄された。それでも職人が帰国しなければ、ヴェネツィア政府は追っ手を放ってその職人を殺害した。しかしコルベールはあきらめなかった。秘密裏の交渉を二年間続け、大金を動かし、真夜中の脱出劇を指揮して、とうとうヴェネツィア人のガラス職人数名をパリの工房に招き入れた。一六七二年にようやくフランスの鏡工房がヴェネツィアに匹敵する品質の鏡を生産し始めた。

それは絶好のタイミングだった。ルイ一四世は父のルイ一三世がヴェルサイユに建てた狩猟用の館を自分の理想の宮殿に建て替えようと決心した。宮殿の最大の呼び物は、光り輝く鏡の間だった。ここが鏡の間と呼ばれるのは、大回廊の壁に並んだ何枚もの大きな鏡にちなんでいる。回廊をはさんで鏡と向かい合うように大きな窓があり、果てしなく続く鏡と窓は永遠の王国を象徴するかのようだった。この部屋を訪れた人は、窓と鏡がどこまでも続いているような錯覚に陥るが、この部屋にはもうひとつ、見る人に錯覚を与えるものがある。大きな鏡に近づいて（コルベールは嫌がっただろうが）よく見れば、一七枚の鏡の一枚一枚は、実際には二一枚の小さな鏡の組み合わせでできているのに気づくだろう。

高さ一・八メートルの継ぎ目のない鏡を作るというコルベールの壮大な夢は、当時はまだ実現できなかった。技術的な問題が解決できたのは一七世紀末で、フランスに移住してきたイタリア人のベルナール・ペローが吹きガラス技法ではなく、溶かしたガラスを金属製の型に流し込んで成型する鋳造技法を完成させたおかげである。一七〇〇年までに、ペローの工場では高さ二・七メートル、幅九一センチメートルの鏡を生産できるようになった。パリでは鏡が大流行した。鏡は椅子や机、ベッド、ロウソク立て、煙突、そして暖炉の装飾に使われた。ロウソクの光に照らされた世界では、鏡は電灯をつけるのと同じ効果をもたらした。日中は鏡が日光を反射して部屋がいっそう明るくなり、夜は部屋のあちこちに置かれた鏡にロウソクや炉の炎が反射してまばゆくきらめいた。フランス産の鏡はヨーロッパ中に、そして中国やラテンアメリカにまで輸出され、コルベールが開いたフランスの鏡工場は、売上を四倍に伸ばした。

今日では、壁やドア全体を（少し艶っぽい気分に浸りたければ、天井を）覆うほど大きい鏡もあれば、口紅の先につけられるほど小さい鏡もある。今日でも室内装飾家は薄暗い場所を明るく、狭い部屋を広く見せたいときに鏡を利用する。センスのよさで知られた室内装飾家のエルシー・ド・ウルフは一九一三年にこのように述べている。「鏡を取り入れてください。たくさん

【鏡を忘れずに】

エジプト人、アメリカ先住民、中国人、マヤ人、インカ人、アステカ人の支配階級は、死者に光を反射する道具を持たせて埋葬した。現世で鏡を手に入れられた者は、たとえ死後の世界でも鏡なしではいられなかったのだろう。

の鏡を、よりたくさんの鏡を使ってください。鏡はいくらあっても多すぎることはありません」。ルイ一四世はきっとウルフに賛成したに違いない。

「もし君が鏡のない人生について考えているのなら、人生について半分しか考えたことにならない」

——デイヴィッド・ホックニー

ロウソク

今日では誰もがスイッチひとつで夜を昼に変える魔法が使える。しかし、世界が今よりはるかに暗かった時代には、ロウソクは持ち主の社会的、経済的な評価を決める重要な道具だった。電気のない時代には、使用するロウソクの種類と量を見れば、その人の財産と地位を推し量ることができた。

一番大切なのは、どんなロウソクを使うかだった。もっとも原始的なロウソクは灯芯草（イグサの別名）を用いて作られた。古代エジプトから一九世紀まで（農村では二〇世紀になっても）使われていた灯芯草ロウソクは、灯芯草の皮をむいて取り出した髄を、溶かした獣脂に浸けて作る。このロウソクは細長くて軟らかいため、まっすぐ立てておくことができない。そのため、ロウソクをはさんで固定する金具がついた専用のロウソク立てが使われた。灯芯草ロウソクが金具の近くまで燃えたら、ロウソクを引き出して、火のついた先端を常に金具から離しておく必要があった。そうやって火が消えないように注意すれば、六〇センチメートルの灯芯草ロウソクはおよそ一時間燃え続けた。英語で「ロウソクの両端を燃やす」と言えば、「無理をして精力を使い果たす」

という意味だが、この言葉は灯芯草ロウソクに由来する。いつもより部屋を明るく照らしたいとき、灯芯草ロウソクは両端から燃やすことができた。

灯芯草ロウソクより価値が高いのは、油脂を型に流し込んで固める成型ロウソクだった。成型ロウソクも獣脂（牛脂か羊脂）から作られた。貧しい家庭ではしばしば獣脂を食べるか、燃やして明かりに使うかの選択を迫られたが、安価な手作りの成型ロウソクは貧しい人でも買える値段で売られていた。ローマ帝国の時代から、飢えた兵士が軍から支給されたロウソクを食べた（そして胃痛に苦しむ兵士を医者が治療した）という話はいくらでもある。

獣脂を固めたロウソクは臭くて煙も多く、屋外に長時間放置するとすぐに腐るという欠点があった。多くの人がこの成型ロウソクに閉口しながらも、イギリスでは二〇世紀になるまで使われていた。一八五九年生まれのイギリスの聖職者ヘンリー・チャールズ・ビーチングは、一九世紀の上流社会を風刺的に紹介した著書『書物と人物に関する評議会［*Conferences on Books and Men*］』の中で、「獣脂ロウソクはこの上なく不愉快なもので、上流社会ではそんなものがあることさえ知られていない」と述べている。

高級なロウソクの材料として使われたのは蠟だった。蠟でできたロウソクは、安定した明るい炎で燃える（そして獣脂の臭いがしない）ため、価値が高かった。蠟のロウソクが最初に作られた時期はわかっていないが、一世紀のローマですでに使われていたと記録されている。同じ頃、エジプトでは蠟のロウソクをねじって、現代のツイストキャンディのような形のロウソクが作られた。八世紀のスカンディナヴィアでは蠟は貴重品で、ヴァイキングはスラヴ人に蠟を貢物として差し出すように要求した。

初期の蠟のロウソクはほとんどが蜜蠟で作られた。一八世紀初めになると、マッコウクジラの脳から採れる鯨脳油を使ったロウソクが作られるようになった。マッコウ脳油のロウソクは高価だったが、明るく、長持ちし、結果的に捕鯨の爆発的な増加を招く原因となった。マッコウ脳油の需要によって一七七五年までに大きな捕鯨産業が形成され、アメリカ東部のロードアイランド州の港町ニューポートだけでも一五〇隻の捕鯨船が出入りしていた。

お客をもてなすとき、招く側は照明に力を入れた。一七三〇年代にイギリスの政治家トーマス・

ロビンソンが男性だけの狩猟パーティーに招待され、首相のロバート・ウォルポールの邸宅ホートン・ホールに出かけた。一六一九ヘクタールの敷地に建つ一〇六室の邸宅に入って、ロビンソンはダイニングルームを照らすロウソクの数に驚嘆し、立ち止まって数を数えた。一三〇本まで数えたところで、ウォルポールが一体どれくらいの金額を煙に変えているのかを正確に計算できた（一晩で一五ポンド、現在の価格にして一八一二ポンド、すなわち二三六〇ドルに相当する金額が照明に費やされていた）。ジョージ王朝時代のロンドンの上流社会では、莫大な数のロウソクを使うだけでは飽き足らず、品質も最高級でなければならなかった。蠟のロウソクを用いるのは当然で、できれば明るく燃えるマッコウ脳油のロウソクが望ましかった（ホートン・ホールを照らしたロウソクはまさにそうだったに違いない）。カットガラスのシャンデリア、鏡、金箔を施した家具、銀食器、そしてパーティー用の正装に織り込まれた金糸や銀糸、縫い付けられたスパンコールにさえロウソクの光が反射して、その場をいっそう明るくしたことだろう。

香水の香りに満ちたルイ一五世のヴェルサイユ宮殿からジョージ王朝時代のロンドンの家庭まで、ロウソクには部屋を照らすだけでなく、部屋にいい香りを漂わせる役割もあった。ヤマモモの一種であるベイベリーの実から採れる蠟で作られる浅緑色のベイベリーロウソクは、ヨーロッパで非常に人気があった。アメリカの植民地から輸入されるこの細長いロウソクは、アメリカ大西洋岸原産の低木ベイベリーの実から作られた。ベイベリーの実は蠟質の層で覆われ、実を煮ると湯の表面に蠟が浮かんでくる。この蠟を集めて作られるベイベリーロウソクは煙が少なく、明るく白い炎で燃え、ほのかないい香りがした。
今日でも、香り付きのロウソクを買うために何百ドルも払う人がいる。もっとも贅沢な香り付きロウソクは、パリで創業されたシールトゥルドン社のアロマキャンドルだ。一七世紀に創業されたこの店の数世紀にわたる顧客名簿には、ナポレオンやマドンナ、カトリーヌ・ドヌーヴといったそうそうたる人物が名を連ねている。同社の常務取締役ジュリアン・プリュボは、電灯がある現代でもロウソクが神秘的な魅力を失わない理由を次のように説明した。「昨今ではゆったり

【ロウソクの燃え残りから生まれた数百万ドルのビジネス】

ロンドンの超高級食料品店フォートナム・アンド・メイソンが今日の地位を築いたのは、ロウソクのおかげと言っても過言ではない。一七〇〇年代の初め、ウィリアム・フォートナムはケンジントン宮殿の従僕として働いていた。王室の使用人は半分燃え残ったロウソクを与えられる役得があった（宮殿で高級なロウソクを毎晩新しいものに取り替えたので、大量の燃え残りのロウソクが使用人に下げ渡され、地位や年功序列に応じて分配された）。フォートナムは自分の分け前を宮廷の貴婦人たちに売り、その利益を元手に家主のヒュー・メイソンと共同で一七〇七年に食料品店を開いた。フォートナムの鋭いビジネス・センスは実を結んだ。現在フォートナム・アンド・メイソンは英国女王御用達の食料品店になり、年間利益はおよそ一億一五〇〇万ドルに達している。

した時間を過ごすことがますます贅沢になっています。アロマキャンドルに火を灯すのは、身の回りの空間を豊かにするものを自分で選び、そのよさをゆっくり時間をかけて味わう意味があります。室内を照らすロウソクの明かりにまさる贅沢はありません」

「ロウソクがなければ、すべてが恐怖に包まれるだろう」

——一六世紀の祈禱文

暖炉

原始人が火を発見して以来、炎はすべての人を魅了してきた。「暖炉(fireplace)」を意味するラテン語の「focus」が英語では「焦点、集中」を意味するところからも、炎の魅力の強さがよくわかる。

今でこそ暖炉は主として部屋の装飾と人が集まる場所の役割を果たしているが、何千年もの間、暖炉は屋内の暖かさと明るさの源だった。つましい農民の小屋であれ、堂々としたイギリスの領主の館であれ、中世の住居はすべて、単純なむき出しの炉を中心にして建てられていた。家の真ん中でキャンプファイヤーをしているようなものだ(煙を吸い込まないように気をつけよう!)。家族はこの炉の周りに集まって煮炊きし、食べ、話し、眠った。炉の火は日々の生活に欠かせなかったので、絶対に消してはならなかった。何世代も火を絶やさないように受け継いでいる家庭もあった。

一四世紀半ばには、炉は家の中心から壁際に移されて暖炉となり、居間に加えて寝室にも暖炉が作られるようになった。この重要な進歩が実現したのは、質のいい硬いレンガが生産されて、耐火性能のいい煙突が作れるようになったからだ。さらに、石炭や薪を載せる火格子の上に煙を集めるフードが作られ、現代のコンロの上についている排気フードのような役割を果たした。暖炉は効率よく空気を取り込むことができなかったので、かつての開放的な炉ほどの暖かさは期待できなかった。炎が大きくなれば少しは暖かさが増したので、暖炉は次第に大型になった。中には家族ができるだけ火の側に寄れるように、内部にベンチが置けるほど大きな暖炉もあった。こうした巨大な暖炉は大量の燃料を必要とし、多くの家庭では一年に一トンから二トンの薪を消費した。

それから三〇〇年間は、暖炉の構造や性能はほとんど変化しなかった。しかし室内を美しくデザインするという観点から、暖炉の装飾は機能と同じように重視されるようになった。デザイナーは暖炉の上部と側面を囲むマントルピースを室内装飾の新たなチャンスととらえ、緻密な彫刻が施されたマホガニー材や色のついた大理石、金メッキされた装飾などの素材を使ってマントルピースを作った。マントルピースの上に鏡を配置する今も人気の組み合わせは一六九〇年までさかのぼる。この組み合わせが可能になったのは、この頃にフランスで全身が映る大きさの鏡を製造する技術が発達したおかげだ。まもなく、大理石のマントルピースと大きな鏡は主要な部屋には欠かせない要素になった。マントルピースの上に鏡があることによって、火の周りに座っている人々は、顔を上げれば部屋の中で起きていることを一目で把握することができた。マントルピースは値打ちのあるものを披露する場所でもあった。小さな置き時計（今でもマントルピース・

クロックと呼ばれている）は、この目的のためだけにデザインされた時計である。磁器の花瓶、ロウソク立て、枝付き燭台などは、マントルピースの一番目立つ場所に飾られた。

マントルピースは立派になったが、暖房技術はまったく進歩せず、人々はあいかわらず寒さに震えていた。暖炉は部屋全体を均一に暖めることができず、逆に外から冷たい空気が部屋に吹きこんだ。煙と灰は、明るい色の織物が流行した一八世紀には特に悩みの種だった。一七五〇年一一月にフランス国王ルイ一五世の愛妾ポンパドゥール夫人は、新築したばかりのベルビュー城でパーティーを開いた。暖炉の性能が悪く、どの部屋もいつも煙たかった。パーティーは数日間続く予定だったが、煤《すす》だらけの最初の夜を過ごした後、招待された人々はきれいな空気を求めて早々に城を後にした。

一九世紀になると、建築業者は暖炉に関する限り、大きいことが必ずしもいいことではないと理解し始めた。煙突の開口部が大きくなればなるほど、煙道から熱がどんどん外へ逃げてしまう。暖炉の代わりにもっと効率

のいい薪ストーブが大陸ヨーロッパやスカンディナヴィア諸国、そしてアメリカで使われ始めた（イギリスでは薪ストーブはあまり使われなかった）。薪ストーブは居間と台所を兼ねた部屋の主役で、多くのストーブには調理用の天板がついていた。

建物の一か所で蒸気や温風を発生させて、それを各部屋に送るセントラル・ヒーティング方式

【バーチャルの炎】

アメリカのクリスマスシーズンにテレビ放送されるユールログ・ショーは、伝統的なクリスマスソングをバックに暖炉で薪が燃える映像を延々と流し続ける番組で、五〇年以上もクリスマスの風物詩になっている。今も愛されるこの番組は、一九六六年にニューヨークのテレビ局WPIXチャンネル11で、年末の放送スタジオの人手不足を解決する手段として考案された。三時間にわたるこの番組は、ニューヨーク市長官邸グレイシー・マンションで撮影した一七秒間の暖炉の映像を繰り返し映し出している。

この番組は毎年クリスマスに放送されてきたが、コマーシャルのない番組はテレビ局の利益にならないという理由で一九九〇年に中止された。しかし、復活を望むファンの声に押されて、二〇〇五年にユールログ・ショーはテレビで再開され、ＹｏｕＴｕｂｅやＮｅｔｆｌｉｘ、Ｈｕｌｕでも配信が始まった。今では携帯端末でテレビを見る人もプラズマテレビで見る人も、ユールログ・ショーを映しながら暖炉の前で過ごすクリスマス気分を味わえるようになった。

が使えるようになっても、炎が生み出す独特の暖かさと光は捨てがたく、暖炉は二〇世紀になっても家庭の必需品だった。建築家のフランク・ロイド・ライトは、「住宅に作りつけの石造りの暖炉の奥で燃える火を見る」のが何よりも好きで、彼が設計した建物のほとんどすべてに広い暖炉を（ときには四つか五つも）設けた。建築家としての生涯の間に、ライトは一〇〇〇個を超える暖炉を設計した。

二〇世紀になると暖炉を暖房のために使う必要はなくなり、住宅所有者は暖炉がある部屋の居心地のいい雰囲気は好きでも、薪を燃やす手間は嫌がるようになった。一九七〇年代の終わりに天然ガスやプロパンガスを燃料にする暖炉が発売され、一九八〇年代の初めには本物そっくりの「炎」が燃えているように見える電気式暖炉が登場した。

今では暖炉で家を暖めたり、料理したりする必要はなくなり、暖炉は家庭的な温かさや家族の絆《きずな》の象徴として残るだけとなった。暖炉は贅沢には違いないが、あるとうれしいものだ。不動産の専門家は、暖炉があると住宅の再販価格が一万二〇〇〇ドルは高くなると予想している。床より高い位置に設置されたすっきりしたデザインの電気式暖炉であれ、昔ながらの石壁に囲まれたガス式暖炉であれ、暖炉はどんな部屋にも炎の魔法をかけることができる。フランク・ロイド・ライトが言うように、暖炉は「家族の要《かなめ》であり、建物自体の心臓である」

小物

地球儀

マゼランが世界一周航海を達成し、地球は丸いとはっきり証明するよりかなり前に、古代ギリシア人は天と地は球体だという説を唱えていた。実際、プラトンもアリストテレスも地球は丸いと信じていた。ナポリ考古学博物館の彫刻展示室に行くと、高さおよそ二メートルのファルネーゼのアトラス像がある。一五〇年頃に制作されたこのアトラス像は、ヘレニズム時代（紀元前四〜一世紀）のギリシアの像をローマ時代に複製したもので、筋骨たくましいアトラスが天の重さに耐えかねてひざまずく姿を表している。彼が肩で支えているのは、現存する最古の天球儀だ。

大地が球体であるという知識は一〇〇〇年以上の間失われていた。この知識が再発見されたのは、科学が花開いたルネサンス時代である。ルネサンス時代の初期の地球儀は、人の手によって描かれ、彩色されるか、球体の表面に彫刻されたものだった。一五世紀半ばに印刷機が発明されるとともに、地球儀の製作に要する工程は劇的に短縮された。しかし、こうした技術的進歩はあったが、地球儀を製作するにはまず地図を印刷し、それを慎重に切り、石膏か張り子細工の球体の上に手作業で糊付けするという、何段階もの緻密な作業が必要だった。

世界を巡る探検家（この時代にコロンブスが大西洋を航海した）から新しい知識がもたらされ、人々が好奇心の赴《おもむ》くままに地理学と天文学の知識を広げるにつれて、地球儀の需要は急増した。地球儀は地軸に取りつけられていたが、初期の地球儀は、地球が宇宙の中心にあって動かないという説を前提に作られていた。地球儀の地軸は地球の自転を再現するためではなく、一年のある時期に、特定の緯度の地域で何時に日が昇るかを計算しやすくするためにあった。地球儀は道具というよりも、自然界に対する最先端の知識の持ち主だということを周囲に示す手段だった。ルネサンス時代の肖像画に

は、地球儀が地位の象徴として描かれている。

大西洋の向こう側、一八世紀のアメリカには、地球儀を置いている家庭はほとんどなかった。地球儀があったとすれば、おそらくロンドンの製造業者から買ったのだろう。状況が変わったのは、ジェームズ・ウィルソンという人物のニューイングランド旅行がきっかけだった。農業を営みながら、木工師や鍛冶屋の仕事もしていたウィルソンは、一七九五年にヴァーモント州ブラッドフォードの自宅を出発し、旅行の途中でダートマス大学に立ち寄った。彼はそこで地球儀と天球儀を見て魅力にとりつかれ、自分で作ってみようと決心したのだった。

ウィルソンは全一八巻の『ブリタニカ百科事典』を購入する資金一三〇ドル（現在のおよそ三四〇〇ドル）を捻出するために、一〇〇エーカーの農場で飼育していた家畜をすべて売り払った。翌年、彼は表面に紙を貼ってペンとインクで手書きした最初の自作地球儀を完成させた。ウィルソンはそれから一〇年以上かけて地元の地図製作者から地図製作技術を学び、地図を印刷する方法、銅板に彫る方法を覚え、特製のインクまで作った。一八一〇年に、ようやくウィルソンはボストンやニューヨークなど近隣の都市で地球儀の販売を始めた。もっとも小さなものは五〇ドルで、イギリスからの輸入品に比べてはるかに安かった。

子供の教育が家庭ではなく地域の責任になるにつれて、地球儀の需要は減少した。地球儀は教室になくてはならない備品になったが、家庭では学習の道具というより装飾品としての意味合いが強くなった。現在でも手作りの地球儀ほど想像を掻き立てるものはない。ロンドンにある地球

【地図のないグローブ】

スノーグローブは、地球儀《グローブ》と同じように球体《グローブ》だが、地球儀と違って地図が描かれているわけではない。世界初のスノーグローブ（スノードームとも呼ばれる）は一八七八年のパリ万国博覧会で、ペーパーウェイトとして展示された。このときはそれほど話題にならなかったが、一九〇〇年にオーストリアのアーウィン・パージーがスノーグローブを作り始めてから人気が高まった。当時、技師だったパージーは電球の明るさを向上させる工夫を重ねていた。彼は水を入れたガラス玉をロウソクの前に置いて、明るさが増すかどうか実験した。そしてガラス玉を通る光を散乱させてみようと思いつき、粗挽きした粒の硬い小麦（パスタの原料になるセモリナ粉）を試しに水に入れてみた。するとガラス玉の中で小麦が雪のように浮遊し、思いがけなく美しい光景にパージーの目は釘付けになった。幸運な偶然はこれだけではなかった。パージーは観光地で土産物を売っている友人に頼まれて、聖母マリア生誕教会のピューター製のミニチュアを製作していた。そこで彼はセモリナ粉を入れたガラス玉の中にこの教会のミニチュアを置き、賢明にもこのアイデアの特許を取った。第二次世界大戦後、パージーが誇らしげに命名したオリジナル・ウィーン・スノーグローブ社は、教会の横に雪だるまとクリスマスツリーが並ぶ典型的なスノーグローブのオリジナル作品を発表した。今日では、同社はおよそ三五〇種類のユニークなデザインのスノーグローブを作っている。ガラス玉の中を舞う雪の材料は、パージー家の門外不出の秘密である。

儀専門メーカーのベラビー社は、すべて手作業で地球儀を製作している。その方法は一〇〇〇年以上前に地球儀が作られたときからまったく変わっていない。ベラビー社は現在、ルイ一四世がフランシスコ会修道士で地図製作者のヴィンチェンツォ・コロネリに命じて作らせた巨大な天球儀を復刻する作業にとりかかっている。コロネリの天球儀はパリの国立図書館に展示されている。直径およそ三メートルの天球儀に使われたオリジナルの銅板は、三〇〇年以上も保存されてきた。ベラビー社はこの銅板から新しい天球儀を製作し、かつてルイ一四世の王宮だったルーヴル美術館の大階段の天井に吊り下げる予定だ。

あなたの部屋にコロネリが製作したオリジナルサイズの地球儀や天球儀を置く場所はないとしても、ベラビー社は卓上サイズの製品も販売している。およそ一三〇〇ドルもする高価なものだが、しょっちゅう品切れになるほどの売れゆきだ。パソコンで地図が見られる時代になっても、地球儀は私たちを魅了し、世界がいかに広いかを思い出させてくれる。ロンドンの工房に注文した特製の地球儀だろうと、中国で作られたプラスチック製だろうと、地球儀はあなたがその手で世界をつかむのを可能にしてくれる。

宝石箱

きらきら光るアクセサリーが詰まったビロード張りの宝石箱ほど魅力的なものがあるだろうか？　オルゴール付きのものからティファニー・ブルーの革製のものまで、宝石箱はほとんどすべての女性が例外なく持っている装飾品のひとつだ。

宝石箱の歴史は、おそらくその中にしまう装身具の歴史と同じくらい古い。だが、ここでは中世から話を始めよう。金庫も貸金庫も（それどころかドアの鍵さえも）まだ存在しなかった時代には、家庭の安全はもっとも憂慮すべき問題だった。当時、泥棒から貴重品を守る箱を作るには、鉄がもっとも頑丈な素材だった。しかし、引っ越さなくてはならないときを考えると、鉄は実用的な選択肢とは言えなかった。中世の生活様式では、持ち運びのしやすさはもっとも重要な条件だったのである。貴重品を保管する箱は、ほとんどが表面に革を張った木製で、安全性を高めるために鉄の帯が巻かれていた。

中世には、花婿が許嫁《いいなづけ》に多数の装身具を入れた宝石箱を（またはこれからたくさんの宝石をプレゼントすると約束して、空の宝石箱を）贈る習わしがあった。この宝石箱をいっそう意義深いものにするために、表面の革に適切な銘や、恋人同士の求婚の場面を描いた絵が型押しされた。人気があったのは、一二世紀の詩人クレティアン・ド・トロワの作品からの引用で、「奥方様、あなたは私の喜びを秘めた手箱とその鍵と錠を手にしていらっしゃる」（『クレティアン・ド・トロワ「獅子の騎士」』菊池淑子訳）という一節だった。結婚を控えた男性は、紋章の枠だけがついた箱を購入して、後から自分の家の紋章を手で描き入れることもできた。

貴婦人に婚約と同時に宝石箱を贈る習慣は、ルネサンス時代まで続いた。フィレンツェでは、麝香《じゃこう》（別名はムスク）の香りがする長方形の箱に金箔を貼り、その上に狩猟の場面を描いたものが流行した。傷ついた雄鹿は官能的な情熱の象徴だったから、この贈り物は贈り主のはやる心をほのめかす意味もあった。

ルネサンス時代の女性たちは、男性から宝石を（あるいは宝石箱を）贈られるのを必ずしも待つ必要はなかった。多くの女性の寝室には、小さな鏡の横に壁に取りつけられた箱があった。高さ三〇センチメートルほど箱の中には、宝石を入れた小さな箱と、身だしなみに必要な化粧道具、おしろい、スポンジやヘアピンが入れられていた。

一八世紀は大きいものが尊ばれる時代だった。ルイ一六世は結婚の贈り物として、マリー・アントワネットに小型のテーブルほどの大きさの宝石箱を贈った。木目の美しいユリノキ材で作られた宝石箱は、ゆるやかな曲線を描く猫脚で支えられ、磁器の飾り板がはめ込まれ、手描きで花が描かれていた。しかし、いかに大きな宝石箱といえども、未来のフランス王妃の宝石は収まりきらなかった。フランス王家には、歴代の王妃の宝石を花嫁にすべて与える伝統があった。たとえばパリの豪邸が一軒買えるほど値打ちのあるダイヤモンドのブレスレットもそのひとつだった。宝物を収納するために、マリー・アントワネットは巨大な「ダイヤモンド・キャビネット」を作らせた。高さ二・六メートル、幅一・八メートルのこのキャビネットは螺鈿《らでん》細工と緑色の大理石を使い、緻密な金メッキの装飾が施されて、中に入れる宝石と同じくらい輝かしくきらめいていた。

マリー・アントワネットがダイヤモンド・キャビネットを持っていたように、メキシコの女性は「セクレタ」（スペイン語で「秘密」）を持っていた。セクレタは丸いずんぐりした脚のついた背の低い

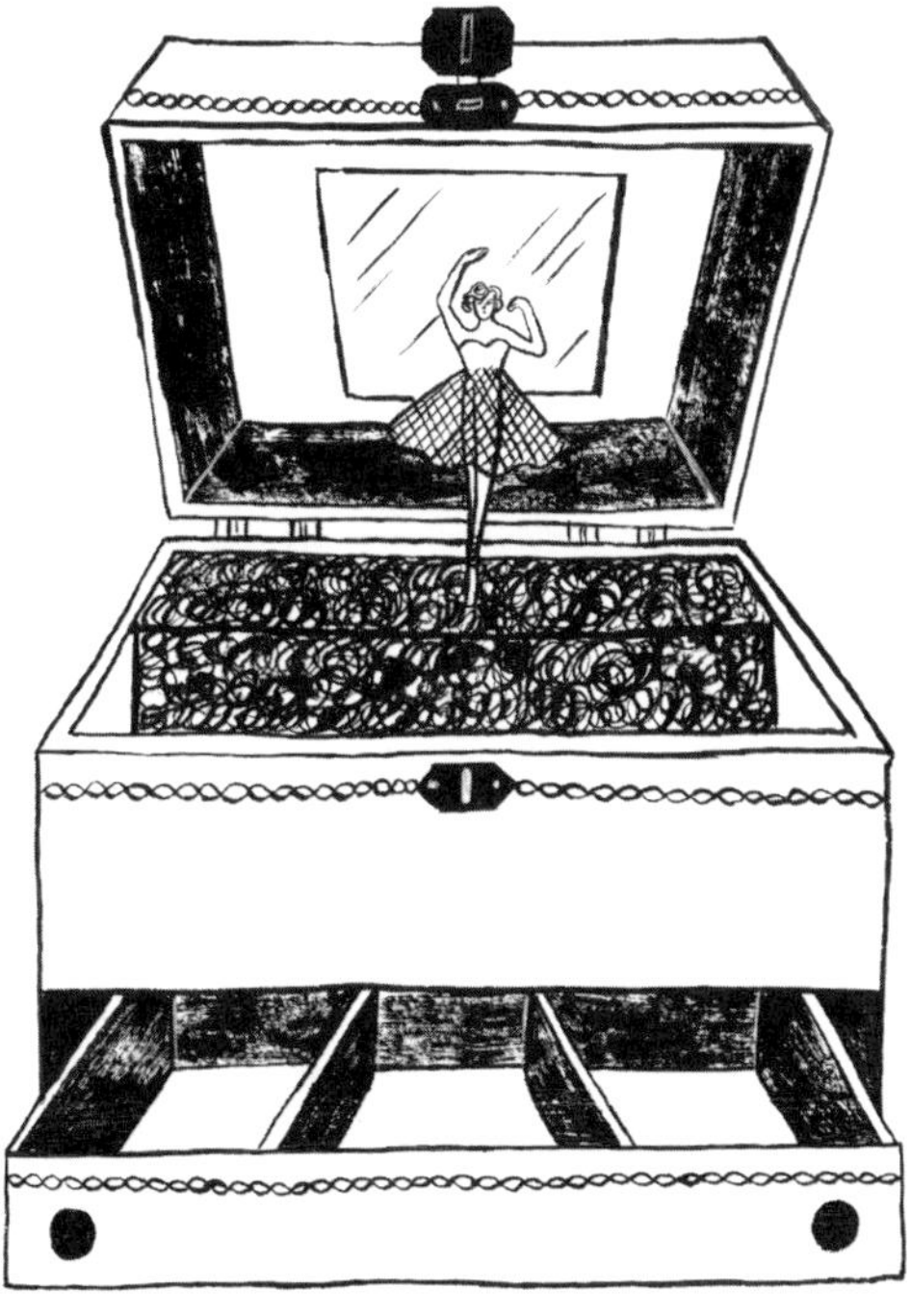

四角い箱で、亀の甲羅や骨や鏡が幾何学模様に象嵌《ぞうがん》されていた。飾ってもいいほど美しい箱だが、盗まれるのを恐れてベッドの下や秘密の隠し場所にしまわれることが多かった。

きらきら光る装飾品を精巧な細工の箱にしまっておくのは女性だけの特権ではなかった。若い男性もまた、ちょっとした輝きを放つものに夢中になった。スコットランドのアソル公爵は学業の締めくくりとしてヨーロッパを巡り、教養に磨きをかける旅を終えた後で、ローマの神殿をかたどった小さな箱を注文して作らせた。その箱は蓋を開くと、いくつかの小さなトレイが現れる構造になっていて、公爵のコインやメダルのコレクションが収納されていた。公爵のお気に入りの楽しみは、ディナーの後でそのコレクションをお客に披露することだった。宝石箱そのものも自慢の一部だった。凝った作りの宝石箱を自慢するのは、もっとも華麗な王家であるフランスのルイ王朝から続く伝統である。ルイ一五世はキャビネットと呼べるほど大きい宝石箱を所有していた。引き出しは青いビロード張りで、王はそこに自分の治世中の偉業を称える記念硬貨のコレクションをしまっていた。ルイ一五世の孫にあたるルイ一六世は、いくつかのすばらしいメダルで飾られたマホガニー製の宝石箱を所有していた。大きさや装飾の点でも王妃マリー・アントワネットの宝石箱に勝るとも劣らない名品だった。宝石箱を飾るメダルは蝶や鳥や植物をかたどって、蜜蠟と羽毛や羽根を使って作られていた。

一七九六年にスイスの時計職人アントワーヌ・ファーブルが、宝石箱の新たな可能性につながる機械を発明した。それはオルゴールで、それまでの非常に大型なオルゴールに対して、ファーブルは調律された櫛歯《くしば》をはじいて音を出す仕組みを開発し、携帯できる小さなオルゴールの製作に成功したのである。この仕組みが一九世紀に宝石箱に組み込まれた。オルゴール付き宝石箱の中には音楽が鳴るだけでなく、蓋を開けるとくるくる回転するバレリーナやさえずる小鳥のような機械仕掛けの人形がついた製品も誕生し、買い手の心をそそった。

オルゴール付きの宝石箱も、そうでないものも含めて、贅沢品が白い目で見られた第一次世界大戦中は、宝石箱の売上はがた落ちになった。一九二〇年代にココ・シャネルがコスチューム・ジュエリー（ファッション性を重視したイミテーションのアクセサリー）を流行させてから、手ごろな値段の装飾品の黄金時代が始まった。それ以来、どんな女性でも多数の装飾品を買い集める楽しみに手が届くようになった。ダイヤモンドが（本物でも人造でも）女性の最愛の友であるなら、もちろんそれをしまっておく場所がなくてはならない。

ピアノ

リビングルームの一角に陣取ったティンパニや、出窓の脇に鎮座するコントラバスを見る機会はめったにないだろう。世界中のあらゆる楽器の中で、なぜピアノだけが現代のリビングルームに何の違和感もなく置かれているのだろうか。

その秘密は、イタリアの楽器製作者バルトロメオ・クリストフォリがトスカーナ大公子フェルディナンド・デ・メディチに雇用された一六八八年までさかのぼる。チェンバロ（主に一五世紀から一八世紀まで演奏されていた鍵盤楽器）製作者であり音楽家だった当時三三歳のクリストフォリにとって、これは人生の大きな転機となった。フィレンツェのメディチ家は三〇〇年にわたって偉大な芸術家や思想家のパトロンになってきた。メディチ家の保護を受けた芸術家に、ミケランジェロやボッティチェリ、ジョルジオ・ヴァザーリ、ベンヴェヌート・チェッリーニがいる。フェルディナンドの情熱は音楽に向かった。彼は一流のチェンバロ奏者で、どんな曲でも楽譜を見れば初見で弾ける腕前で知られていた。

一説によれば、クリストフォリが雇われたのはフェルディナンドが蒐集《しゅうしゅう》したチェロ、ヴァイオリン、ダルシマー（弦をハンマーと呼ばれるスティックで打って演奏する楽器）をはじめとする七五の楽器の手入れをするためだったという。メディチ家のピッティ宮殿には部屋いっぱいのチェンバロがあったが、クリストフォリはそれらの楽器の管理だけでなく、まったく新しい楽器の製作を求められ（資金と時間も与えられ）ていた。クリストフォリは自分が熟知している楽器、つまりチェンバロをもとに新しい楽器の開発を進めようと考えた。

チェンバロは見た目こそピアノに似ているが、音色はピアノとはかなり違う。チェンバロの鍵盤のひとつを押すと、弦がはじかれて、ギターによく似た音を出す。演奏者は音の強弱の調節ができず、チェンバロの音はオーケストラと一緒に演奏しても引けを取らないほど大きい。クリストフォリが目指したのは、演奏者のタッチによって音の強弱がつけられる新しい楽器だった。しかもフェルディナンド・デ・メディチが好んで指揮していたオペラで演奏できるほどの音量が必要だった。クリストフォリは、一本の弦をそれに対応するハンマーで叩く構造を開発した。弦を叩いたハンマーは反動で元の位置に戻り、弦は振動を続ける。演奏者が鍵を強く叩けば、鍵に連動したハンマーが弦を強く叩くので、大きな音が出せる。

一七〇〇年にクリストフォリが発明した新しい楽器は、「グラヴィチェンバロ・コル・ピアノ・エ・フォルテ」（強弱のつけられる鍵盤楽器）と名づけられ、フェルディナンドが毎年プラトリーノのヴィラで開催する音楽の祭典でお披露目された。当時、新しい楽器を所有するのは、今で言えば最新の携帯電話を（発売前に！）持っているようなものだった。「ピアノフォルテ」と呼ばれるようになった新しい楽器は、所有者の進取の気性（と富）の証に他ならなかった。略して「ピアノ」と呼ばれるようになったこの楽器は、まもなくポルトガルやスペインの宮廷に取り入れられた。プロイセン宮廷のフリードリヒ大王もピアノを購入した。ヨハン・セバスチャン・バッハが一七四七年にプロイセンを訪問した際、フリードリヒ大王はピアノを弾いてみるように熱心に勧めた。

その後一〇〇年間は、ピアノは宮廷音楽で奏でられる珍しい楽器の域を出なかった。続いていくつかの技術革新が重なって、演奏者が音をもっと自在にコントロールできる（鍵の反応速度が向上したのに加え、ダンパーで音を持続させられる）ようになった。また、中流階級が成長した（余暇とお金の余裕が生まれた）おかげで、ピアノの人気はかつてないほど高まった。それまで王族やパトロンの歓心を買う曲作りに励んでいた作曲家は、大衆を喜ばせる努力をし始めた。ベートーベンをはじめとして、作曲家たちは自分の曲を新たな聴衆に聴かせるために、華やかで装飾的なアレンジを施すようになった。超絶技巧で聴衆を魅了できる演奏家は大スターになった。作曲

【レッスンの時間】

陶磁器生産で莫大な富を築いたジョサイア・ウェッジウッドの孫娘エマ・ウェッジウッドは、子供の頃ポーランドの作曲家フレデリック・ショパンからピアノのレッスンを受けていた。成長したエマはチャールズ・ダーウィンと結婚し、夫を楽しませるために日々ピアノを演奏した。妻のピアノ演奏はダーウィンの科学的発見にも貢献している。ダーウィンのミミズを使った実験には、エマの協力がおおいに役立った。ミミズが音に反応するかどうかを確かめるために、エマは大きな音でピアノを弾いた。反応はまったくなかったので、ミミズは完全に音が聞こえないとダーウィンは結論を出した。

家兼ピアニストのフランツ・リストはヨーロッパ中で聴衆の心をつかみ、演奏会では現代のコンサート会場にも引けを取らないほどファンの熱狂を巻き起こした。女性たちは文字どおりリストに襲いかかった。リストが着ている服を引きちぎり、ピアノから引き抜いた弦や、肩まで伸びたリストの巻き毛を奪い合った。リストに憧れて、自宅でピアノを習い始める人が急増した。

この時代の若い女性にとって、お客を（そして願わくは求婚者を）楽しませるために楽器が弾けることは、字が読めるより大切な能力だった。ピアノは歌の伴奏をするためにひとりで演奏してもいいし、合奏もできるところが好まれた。家庭用に四角いテーブルのような形の小型ピアノが作られ、その後アップライトピアノが誕生した。

一九世紀には生産工程の進歩によってピアノの価格は下がったが、それでも一般家庭がピアノを買うには一年がかりで貯金しなければならなかった。ピアノは人生の成功や教養の象徴になった。一八六七年にアトランティック・マンスリー誌は、「立派な家庭を築いた夫婦のほとんどが、ピアノは台所のかまどと同じくらい、家庭になくてはならないものだと考えている」と報告した。高まる需要に応えるために、ピアノメーカーは狭い家にも置けるピアノを生産し始めた。イギリスには戸棚や本棚のような形のピアノがあった。ドイツやオーストリアでは、置く場所を節約するためにグランドピアノの弦の部分を縦型にした背の高いピアノが作られ、キリンに似た外見からジラフピアノ（ジラフは英語でキリン）と呼ばれた。蓋を閉めると裁縫台になるピアノさえあった。

何世紀もの間、ピアノは家族の娯楽に必要な道具だった。しかし今日ではボタンひとつでありとあらゆる曲が聴ける時代になり、家庭でピアノを弾く習慣はすたれるのではないかと心配する人もいる。しかしスピーカーから流れる音楽に合わせて合唱するのは難しいし、これまでピアノの上に飾っていた家族写真をスピーカーの上に飾るわけにもいかない。だからこれからも新学期になると子供たちはピアノを習い始め、大人は今年こそピアノが弾けるようになりたいと新年の誓いを立てるだろう。幸いにも世界にはすばらしいピアニストがたくさんいる。これからも彼らに触発されてピアノを弾き始める人はいるだろうし、ピアノは教養のある家庭の必需品であり続けるだろう。

タッセル

あなたが初めてタッセルと出会ったのは、高校の卒業式でかぶった角帽だろうか。あるいはタッセルのついた革靴や、ハンドバッグだった可能性もある。高級ホテルに泊まったときに衣装簞笥《たんす》の扉にかけてあったり、カーテンの留め具として使われたりしていたかもしれない。

タッセルとは、糸やひもなどの素材が結び目から房となって垂れている飾りである。本来は生地がほつれるのを防ぐために使われる技術だが、衣類やメッシュベルト、宝飾品などを飾る簡単な方法としても用いられる。

大きくて華やかなタッセルもあれば、小さくて控えめなタッセルもあるが、どちらにしてもタッセルは長い歴史のある装飾品である。タッセルは旧約聖書にも登場する。神はイスラエルの民の着物の裾に房飾り《タッセル》をつけよとモーセに命じた。タッセルは東方の信仰でも重要な役割を果たしている。日本の神道では神官がお祓《はら》いをするとき、紙の房をつけた大幣《おおぬさ》という棒を振って罪や穢《けが》れを祓う。イスラム教やヒンドゥー教では珠《たま》を連ねた祈りの道具にタッセルをつけるし、仏教では数珠にタッセルがついている。

中国人は絹の着物にタッセルをつけた。家臣が皇帝に近づくときは、ゆったりした袖の中に武器を隠し持っていない証として、宮廷用の正装についているタッセルを両手で掲げた。東ローマ帝国の皇帝ユスティニアヌスは、五五〇年代初めにふたりのネストリウス派の僧に命じて中国から蚕《かいこ》を密輸した。それまでシルクロードを経由して中国から輸入していた絹織物の入手が難しくなったため、ユスティニアヌスは密輸した蚕を利用して東ローマ帝国内に養蚕技術と絹織物業を発達させた。皇帝が絹織物の発展に力を入れた理由のひ

とつに、西欧世界の貴族の間で人気があった絹のタッセルをもっと手軽に手に入れたいという欲求があった。東ローマ帝国に根付いた絹織物産業は、中世に帝国が滅亡するまで、ヨーロッパ中に絹織物を提供し続けた。

タッセルが身につけるものから吊るして飾るものに変化したのは、フランス人の審美眼のなせるわざだ。フランスでは、装飾品の製作は重要な仕事だった。徒弟は七年間の修業の末に、やっと親方になれた。フランスで作られる新しいタッセルは、三〇〇本以上の絹糸や金糸、銀糸を使っていた。ひとつ製作するのに九〇〇時間もかかるのはざらで、しかもすべて手作業だった。カーテンや布張り椅子など、あらゆる室内装飾品が庶民の手の届かない贅沢だった時代にあって、タッセルは道楽の極みだっただろう。きらめくダイヤモンドが貴婦人の美しさに最後の磨きをかけるように、芸術的に配置されたタッセルは、布張りのベッドやビロードのクッションのような当時の流行の家具に何とも言えない魅力を与えた。

タッセルは特権階級の生活を彩る重要な装飾であり、ヴェルサイユ宮殿ではタッセルを巡るミステリアスな事件も起きた。ルイ一四世の儀礼用ベッドは、ヘッドボードもカーテンも大きなタッセルで飾られていた。金糸と銀糸を編んで作ったダチョウとサギの羽根が垂れ下がり、ところどころに金糸で作った花がちりばめられた豪華なタッセルである。ある日、このタッセルのあまりのすばらしさに目がくらんだ泥棒が、ひとつ残らず切り取って持ち去るという事件が起きた。その夜の晩餐で、もうすぐデザートが出るというときになって、何者かが大きな包みを国王の前にどさっと置いた。召使は大騒ぎしたが、ルイ一四世は軽く首を傾げただけで、「これは余のタッセルであろう」と言った。犯人は（そして盗んだ理由も、すぐに返却したわけも）わからずじまいだった。

装飾品に関してはいつもそうであるように、フランス人がタッセルを粋で上品だと判断すれば、ヨーロッパ中がそれにならった。タッセルは主としてフランスのユグノー派（プロテスタントの宗派）によって生産されていた。一七世紀にカトリック教徒による迫害を逃れてフランスを出たユグノー派は、イギリスやオランダなど、プロテスタントに寛容な国に移住し、そこでタッセル作りの技術を伝えた。

タッセル熱は衰えを見せなかった。一九世紀に台頭した商人階級にとって、きらびやかなだけで何の役にも立たないタッセルは、新しく獲得した富を誇示する絶好の手段だった。馬や馬車、クッション、カーテン、鍵にいたるまで、タッセルはほとんどあらゆる場所に飾られた。ナポレ

【タッセル計算機】

昔、日本の南西に位置する琉球諸島では、藁をタッセルのように束ねた藁算と呼ばれる道具が計算や数を記録するために使われていた。藁の結び目や、藁を編んだ縄の太さや長さの違いによって、一〇〇、一〇、五、一などの位を表し、その組み合わせで住民の数や米の量を記録したのである。

オンは豪華な金のタッセルを玉座にも寝室にも飾った。装飾品に目がなく、抑制心を露ほども持ち合わせなかったヴィクトリア時代の人々は、絹のタッセルに夢中になった。「ヴィクトリア時代の人々は、ちっぽけなタッセルでふんだんに飾り立てられた小さな織物で室内のあらゆる場所を覆うのを好んだ。……さぞかしたくさんのほこりを集めそうな素材をわざわざ選んでいるように見える」と作家のラルフ・ネヴィルは一九三〇年の著書『陽気なヴィクトリア時代［*The Gay Victorian*］』に書いている。

人々は次第にごてごてと飾り立てられた家具に飽きて、二〇世紀初めには装飾のないすっきりしたシルエットが主流になった。しかしタッセルの使用が完全にすたれたわけではない。タッセルは世界各地の地方文化の中に、文化的、芸術的な価値のある装飾として残っている。一九六〇年代にアメリカ政府が発展途上国支援の目的で派遣した平和部隊は、アフガニスタン、アフリカ、アジア、アラビアからその土地で作られたタッセルを持ち帰った。まもなく輸入品店やカウンターカルチャーの品物を扱う店がこうした民族的なタッセルを売り始め、室内装飾家がふたたびタッセルに関心を示すようになった。

クリスタルシャンデリア

シャンデリアは日々の生活に華やぎと夢のような魔法をもたらす。初期のシャンデリアは、ビザンティン帝国の首都コンスタンティノープル（現在のイスタンブール）で一一世紀に作られた。職人が作ったきらびやかな円形の枠にオイルを入れる容器が固定され、燃やしても煤の出にくいオイルを入れて、大聖堂の天井から吊るせるようになっていた。

当時、ヨーロッパの教会は金属製の釘がついた飾り気のない十字架型のロウソク立てに、獣脂ロウソクを立てて室内を照らしていた。シャンデリアという言葉はロウソクを意味するフランス語の「chandelle（シャンデル）」に由来し、十字架型のロウソク立てはシャンデリアと呼ばれた。ヨーロッパで使用されたこの昔のシャンデリアは、煤や悪臭でひどく不快なものだったため、一六世紀のフランスでは、きわめて不潔な状態をたとえて「木製のシャンデリアのようだ」という表現さえ生まれた。

一二世紀に聖地回復を目的として中東に遠征した十字軍が帰還すると、彼らが現地のモスクで

【華麗な照明】

ルネサンスの軍人で、お客を完璧にもてなすことで有名なイッポリート・デ・メディチは、大邸宅パラッツォ・サン・フランチェスコの完成を祝うパーティーを計画した。しかしシャンデリアの数が足りず、このままではお客を感心させられないと考えた彼は、友人から一四個のシャンデリアを借りることにした。三人の大工が一日がかりでシャンデリアを吊るし、四日かけてシャンデリアの腕木に吊るす金色の紙製の飾りを作った（それぞれに主要な招待客の紋章が描かれていた）。仕上げとして、イッポリートはロウソクを自分の紋章の色である濃い赤とオレンジに塗らせた。

見た洗練された照明がヨーロッパに伝えられた。それから五〇〇年間かけてヨーロッパのシャンデリアは次第に大きな王冠型の鉄製の器具になり、教会や荘園領主の館、宮殿の大広間を明るく照らした。一五世紀にはディナン（現代のベルギーの都市）の設計技師が新型のシャンデリアを披露した。大きな真鍮の球の周りを優美に弧を描く何本もの腕木が取り巻き、ロウソクを空中で支える構造で、真鍮の球はロウソクの明かりを反射して輝いた。ルネサンスの画家ヤン・ファン・エイクの傑作、『アルノルフィーニ夫妻像』を見ると、ふたりの男女の後ろにこのシャンデリアが描かれている。

一五世紀から一六世紀にかけて、真鍮のシャンデリアはヨーロッパのあらゆる上流家庭に浸透した。同じ頃、イタリアのミラノの宝石研磨師が、透明な石英を六角柱の結晶《クリスタル》の形に仕上げる技術を作り上げた（「結晶」を意味する「crystal（クリスタル）」は、ギリシア語で「氷」を意味する「krystallos（クリスタロス）」に由来し、「水晶」を指す言葉としても使われる。古代ギリシア人は、水晶とは絶対に溶けない固く凍った氷だと考えていた）。水晶は加工が難しい鉱物だが、完全に無色透明な水晶は、当時のくすんだ灰色のガラスよりはるかに美しかった。水晶のシャンデリアはロウソクを立てる腕

木の周囲に小さな水晶が数珠つなぎにぶら下がり、小粒のダイヤモンドをちりばめたようなきらめきを放った。そして大粒のきらきら輝く水晶を吊り下げると、シャンデリアから光の滴がしたたり落ちているように見えた。このまばゆいシャンデリアは贅沢の象徴であり、フィレンツェのメディチ家やフランスのルイ王朝、イングランド国王の宮殿を飾った。

一六七四年にロンドンのガラス商人ジョージ・レイヴンズクロフトが、鉛クリスタルガラスと呼ばれる新しいガラスの特許を申請した。このガラスには酸化鉛が含まれているため、鉛クリスタルと呼ばれている。当時の普通のガラスより輝きも透明度もすぐれていただけでなく、鉛クリスタルは水晶よりわずかに軟らかかった。そのため、カット面の数を増やして装飾的な形にカットしやすく、カット面が多ければそれだけ光を反射して輝いた。ヴェルサイユ宮殿の鏡の間は、鉛クリスタルを使用した初期のシャンデリアで埋め尽くされている。

シャンデリアは非常に多くのロウソクを燃やすため、部屋を明るく照らすには大変な費用がかかったので、特別な機会でなければ使えなかった。一七七九年にイギリス国王ジョージ三世がポートランド侯爵夫人を訪問したときの様子を、芸術家のディレイニー夫人はこう書き残している。「侯爵夫人はお屋敷をこの上なく豪勢に照らしていらっしゃいました。大広間のシャンデリアに火が灯ったのは二〇年ぶりでした」。当時の凝った細工のシャンデリアが現代まで無傷で残ったのは、おそらくそれらがほとんど使われなかったためだろう。アンティーク好きな人にとっては運がよかったと言える。

現在よく見かけるクリスタルシャンデリアは、ボヘミアのガラス製造業者ダニエル・スワロフスキーが精巧なガラス研磨機を開発した一八九二年から作られるようになった。彼が創業したスワロフスキー社は、クリスタルガラスをちりばめた宝飾品でたちまち有名になった。
恋愛も贅沢も、タイミングがものをいう。スワロフスキー社が室内装飾に参入したのは、ちょ

【ムード作り】

バーで飲んでいるとき、閉店時間になって明るい照明がつくのを経験した人なら、無粋な照明がロマンチックなムードを一瞬で台無しにするのがわかるだろう。マルクス・アントニウスを誘惑しようとしたクレオパトラも照明の力をおおいに活用した。クレオパトラは花や香水、食べ物、装飾品をふんだんに用意したが、何よりも力を入れたのは照明だった。古代ギリシアの歴史家プルタルコスは、マルクス・アントニウスが晩餐の席に案内されたときの情景をこのように描写している。

「言い尽し難い用意がなされていたが、とりわけ灯火の数の多いのに驚嘆した。というのは、そのような灯火が備えられて……互いの角度と位置から四角や円になるように配置されていたので、これに勝る美しい観物はほとんどないようであった」(『プルタルコス英雄伝』村川堅太郎編)。シェイクスピアはプルタルコスの描写によほど感銘を受けたらしく、戯曲『アントニーとクレオパトラ』にプルタルコスの言葉を一字一句そのまま取り入れている。

うどニューヨークのリンカーンセンターにメトロポリタン・オペラの新しい劇場がオープンするときだった。一九六六年九月一六日、スワロフスキー製の二一個のクリスタルシャンデリアが劇場に運び込まれた。舞台上に吊るされたこのシャンデリアは、星々が爆発したように見えるデザインで知られている。劇場のこけら落とし公演でアメリカの作曲家サミュエル・バーバーによる『アントニーとクレオパトラ』の幕が上がると、観客の視線の妨げにならないように、舞台上のシャンデリアはウィンチによって厳かに引き上げられた。メトロポリタン・オペラハウスで最初にスタンディング・オベーションの栄誉を与えられたのは、作品でも歌手や作曲家でもなく、シャンデリアだった。

タイル

タイルと言えば、浴室や台所などの床を機能的で掃除しやすくする便利な素材というイメージだが、実はタイルには装飾の材料として数千年にわたって使われてきた長い歴史がある。記録に残る最古のタイルはエジプト製で、紀元前四〇〇〇年までさかのぼる。アッシリアやバビロニア、そしてイスラム帝国でも、タイルは室内の（そしてときには屋外の）壁や床、天井に用いられた。

古代ギリシアでは、タイルのモザイクで飾られた床は美しく装飾された部屋に欠かせない要素だった。紀元前二世紀には、美的センスにたけた人にとってモザイクの床ほど上品でしゃれたものは考えられなかった。玉石や素焼き陶器、ガラス、ときには黄金をモルタルで接着する技法を用いて、熟練した芸術家は床や壁に見事な作品を創造した。もっとも有名なモザイク画家はソスス（紀元前二世紀に現在のトルコのペルガモンで活躍した）で、『掃除されていない床』と題する作品には人を引きつけて離さない力がある。この作品には果物の切れ端や魚や肉の骨のなどが、たった今食卓から落ちたばかりのように描かれている。ソススが制作した水盤に集まって水を飲む鳩のモザイク壁画はあまりにも真に迫っているため、本物の鳩が仲間入りしようと飛んできたという逸話が残っている。

モザイク床の美しさに魅了された点では、ローマ人もひけをとらなかった。ユリウス・カエサルは遠方での戦いに出かけたときでさえ、故郷と同じ贅沢な環境を少しでも整えるために、携帯可能なモザイク床を運ばせた。この携帯用のモザイク床は板にタイルを貼ったもので、組み立てと解体が簡単にできた。

機能性と美しさを兼ね備えたタイルは、中世、そしてルネサンス時代になっても人気が衰えなかった。スペインのグラナダにあるアルハンブラ宮殿は、驚くほど緻密な幾何学模様が描かれたモザイクで有名だ。二〇世紀オランダの画家マウリッツ・コルネリス・エッシャーはアルハンブラ宮殿のモザイク壁に影響を受けて、同じ図形が繰り返し描かれる幾何学的な作品を生み出した。アルハンブラはムーア人の城塞として建設され、後にスペイン王国のフェルナンド二世とイサベル一世夫妻の宮殿となった。クリストファー・コロンブスは、大西洋航海への支援をスペイン王室に願い出るためにアルハンブラ宮殿を訪れたとき、壮麗な大使の間のタイルに覆われた通路を通っただろう。

ルネサンス時代には、タイルは主として床に用いられた。よく知られた例外は、一六七〇年にルイ一四世が愛妾モンテスパン侯爵夫人への愛情の証として建築した豪華な離宮、グラン・トリアノンである。この離宮はヴェルサイユの敷地内にある大運河の端に、モンテスパン夫人の贅沢な好みに合わせて建設された。ルイ一四世はこれまでヨーロッパにはなかった異国情緒あふれる宮殿を造るように命じた。宮殿の屋根は何千枚もの輝く陶器のタイルで覆われた。この陶器のタイルは明代の中国で作られた白磁に青で絵付けをした青花と呼ばれる磁器に似せて作られたもので、その外観から、この宮殿は磁器のトリアノンと呼ばれた。宮殿の内部はさながら磁器の宇宙を歩くようだった。床はタイルで覆われ、白い壁は青花磁器を思わせるコバルトブルーで模様が描かれていた。いたるところに置かれた家具にも一見磁器を思わせる白地に青の絵柄が描かれていた。この宮殿はおとぎ話の王子と姫君のロマンスのために建てられたおとぎの城だった。一六七三年に建築史家のアンドレ・フェリビアンはこの宮殿を見て、「見るものすべてを虜にする宮殿だ」と評した。

ルイ一四世とモンテスパン夫人の愛の巣がどれほど魅力的だったとしても、北ヨーロッパで装飾タイルの使用が内装に限られていた理由は、グラン・トリアノンを見れば一目瞭然だった。南ヨーロッパでは、タイルは建物の内装にも外装にも用いられるが、寒冷な気候の北ヨーロッパでは、多孔質で吸水しやすい陶器タイルに霜が降りると割れてしまうのだ。二〇年後、タイルに覆われたルイ一四世のグラン・トリアノンは修復不能なほど損傷が激しかったので、取り壊さなければならなかった。

現代においてもっとも親しまれ、普及しているタイルは七・五×一五センチメートルのシンプルなタイルだろう。このタイルはニューヨークの地下鉄のホームの壁面を覆うために作られたもので、「サブウェイタイル」と呼ばれている。白い長方形のサブウェイタイルは、一九〇四年に建築家のジョージ・C・ヘインズとクリストファー・グラント・ラ・ファージによって製作され、ニューヨークの最初の地下鉄駅、シティ・ホール駅の構内に使用された。タイルは衛生面と美観の両方の要求を満たしていた。つやつやした白いタイルは光を反射して地下空間を明るく照らし、モザイクで飾ることもできた。現在ではサブウェイタイルはさまざまな色で販売され、台所や浴室でよく使われている。

現在は建物の外装にタイルが使用されることはめったにないが、家の中にはいたるところにタイルが使われている。メキシコ産の四角いテラコッタタイルは、台所の床にさらっとした踏み心地を与える。釉薬をかけて光沢を出したカリフォルニア産の手作りの陶磁器タイルや、モロッコ産の幾何学模様のセメントタイルは、暖炉の周辺や、台所の油汚れを防ぐタイル壁に変化や温かみをもたらす。ガラスタイルはごく普通のシャワーをスパのような楽園に変える。住宅所有者の中には、玄関ホールに特別あつらえのモザイクを作らせる人もいる。木材のように見えるタイルは家中に使用できる。色彩豊かでいろいろな使い方ができ、時代を超えた普遍性のあるタイルは、昔も今も変わらない輝きを放っている。

トランプ

カードゲームのカードは、製紙技術を持っていた唯一の国、中国で誕生した。記録に残る最初のカードは九世紀に唐王朝で作られたもので、ドミノの牌に近い大きさだった。中国ではカードゲームは社交に役立つだけでなく、じっくり考えて競う楽しみを味わえ、知的な面でもよい娯楽として人気があった。九六九年に遼《りょう》の皇帝穆宗《ぼくそう》は、二五日にわたる宴会の締めくくりに、妃とカードゲームを楽しんだ。皇帝は自分のお気に入りの気晴らしがシルクロードを経由してインドやペルシアに伝わり、ヨーロッパでトランプとなって大流行するとは予想もしていなかっただろう。

トランプがヨーロッパの人々を虜にすると、後を追うようにトランプ禁止令が出された。トランプは賭け事に利用されるため、善良なキリスト教徒の価値観にそぐわないと考えられたのだ。スイスのベルンは貪欲ないかさま師から市民を守り、労働者が仕事を怠けるのを防ぐために、一三六七年に最初の禁令を発した。翌年、バーゼル、シエナ、フィレンツェ、ウィーンがそれに追随した。一三七九年にイタリアの都市ヴィテルボは、日曜日にはトランプをしてはならないと定める法律を可決した。

一三九四年にパリは下層階級が平日にトランプをするのを禁止した。一四二三年に、シエナのフランシスコ派の修道士ベルナルディーノはトランプを悪魔の発明と非難し、悔い改めた人々にトランプを燃え盛る炎に投げ込むように命じた。「虚栄の焼却」と呼ばれたこのかがり火で、化粧品やトランプ、芸術品など、虚栄心や不道徳の罪とみなされた品々が燃やされた。

それでもトランプメーカーや愛好家はひるまなかった。実際、法を犯して密かに作成されたトランプの多くは芸術品である。当時のトランプは版木に彫った絵をスタンプのようにカードに押して、手で彩色して作られた。特定のテーマを選んで作られたトランプもあった。ニューヨークのクロイスターズ美術館には鷹狩を描いたタペストリーがあるが、それと同じように鷹狩の情景をテーマにしたトランプがある。四つのスート（スペード、ダイヤなどに相当するマーク）には角笛、犬の首輪、猟犬の綱、獲物を吊るして運ぶ縄が描かれた。

今日知られているハート、クラブ、スペード、ダイヤという複製しやすいスートを考案したのは、フランスのカードメーカーである。それまではカード一枚につきひとつの精密な版木を彫っていたが、フランスではキング、クイーン、ジャック、と数字の版木をひとつずつ作り、まず絵柄と数字をカードに刷って、後からそこにスートをスタンプする方法に変わった。ドイツ、イタリア、スペインのカードメーカーがひとそろいのトランプのたった一枚を作る間に、フランスのメーカ

ーは一〇〇セット作って売ることができた。
この生産速度の向上のおかげで、フランスのカードメーカーは圧倒的な競争力で優位に立ち、一五世紀にフランスはヨーロッパ随一のカード生産国になった。一四四〇年に、活版印刷技術の発明者ヨハネス・グーテンベルクがトランプの生産工程をさらにスピードアップした。グーテンベルクは聖書の印刷者として歴史に名を残しているが、彼の活版印刷技術が生み出した印刷物のうち、もっとも大衆を熱狂させたのは何といってもトランプである。
絶対王政期のフランス貴族は、下層階級と違ってトランプ禁止令とは無縁だった。彼らは夜になるとトランプの会を開き、明け方までゲームに興じた。王族のトランプ熱はこの国のあらゆる階層にじわじわと浸透した。完壁にセットされたかつらが買えるほど高貴な身分の人々は、増えていく（または減っていく）コインや磁器製のチップの山に無関心を装いながら、賭けトランプに熱中した。高い身分の者はそれに見合う豪勢なパーティーを開くのが当然とみなされていたが、賭けに勝った幸運の持ち主は、賭けの儲けでパーティーを開けるほどだった。

一七世紀にはスペイン発祥のオンブル（hombre）が流行し、これが急速な変化を遂げて現在のブリッジやホイストが誕生した。オンブルは、切り札を宣言する人が「Yo soy el hombre」（英語で「I am the man」）と言うのでこの名前がついた。ルールは難解で、得点の計算は複雑きわまりないが、ヨーロッパの人々はこのゲームに夢中になった。実際に手札を持ってゲームに参加しなくても、お楽しみに参加することはできた。見物しているだけでもプレイするのと同じくらい楽しめたのだ（そしてはるかに安上がりだった）。一八世紀にはゲームを観戦するために見物用の椅子が作られた。この椅子は背もたれの上にクッションがついていて、見物人は背もたれをテーブルに向け、座面に膝をついて、背もたれの上に腕を載せてゲームを観戦した。

印刷機で印刷された最古のデッキ（ひとそろいのトランプ）として知られているのは、カルテ・ダ・トリオンフィ、つまり「勝利のカード」と呼ばれる七八枚のデッキで、ブリッジに似たゲームに使われていた。他のゲームで使用する五二枚のデッキと区別するために、カルテ・ダ・トリオンフィは次第にタロッキ（フランス語ではタロット）と呼ばれるようになった。

フランスでカードゲームが大流行した一八世紀に、カードが占いに使われるようになった。まず一七七〇年に、本名をジャン・バプティスタ・アリエットといい、エッティラと名乗っていた占い師が、最初の著書『カードのパックで楽しむ方法［*Etteilla, or a Way to Entertain Yourself with a Deck of Cards*］』を出版した。これは占い師を目指す人に標準的なデッキで占う方法を教える本だった。続いて一七八一年にアントワーヌ・クール・ド・ジェブランとド・メレ伯（ド・ジェブランはパリの著名な考古学者だが、ド・メレ伯について他に知られていることはほとんどない）が著書を出版し、タロッキは古代エジプトの秘儀に起源があり、未来を予測できると主張した。

　四つのスートに均等に分けられる現代の五二枚のデッキは、身分の高いフランス人が（占いではなくゲームを楽しむために）使っていたトランプに起源がある。あなたの家のどこかにトランプがしまわれているとしたら、それは青か赤のバイスクル・ブランド（バイスクルは自転車の意味）のトランプかもしれない。このブランドのトランプは一八八五年にシンシナチで初めて製造された。当時はサイクリングが目新しい娯楽として注目されていた時期で、このトランプのジョーカーのカードに自転車に乗ったキングの絵が描かれているのでこの名前がつけられた。裏面に自転車に乗った天使がデザインされているカードもある。バイスクルのトランプはラスベガスのカジノで好んで使用されている。一般的なカジノで年間三〇万パックのトランプが消費されていると考えると、バイスクルのトランプがどれくらい売れているのか想像できるだろう。

　あなたのお気に入りのゲームがカナスタ、ブリッジ、ポーカー、あるいはゴーフィッシュのうちどれだろうと、幸運の女神は昔も今も見守っていると信じよう。

枕

枕がいつから毎晩の眠りに欠かせないものになったのか、正確に知るのはまず無理だろう。私たちは寝ている間もひっきりなしに枕を折り曲げたり、向きを変えたり、ふくらませたりして、何とか寝心地のいい位置を見つけようとしている。だから枕の柔らかさが今ほど重視されなかった時代があったということは、なかなか想像できない。しかし古代のアフリカ、アジア、オセアニアでは、枕は今日私たちが安心して頭を載せているふかふかのクッションのようなものではなく、小さな台やテーブルに近かった。

世界中の博物館には、彫刻が施された木や石の「枕」が展示されている。それらは持ち主と一緒に埋葬された状態で発見された。エジプトの首枕の起源は第三王朝（紀元前二六八六年頃～二六一三年頃）までさかのぼる。一本の脚の上に湾曲した楕円形の皿が載ったような形で、一見すると子供用の椅子に見える。この枕は頭ではなく首を支えるもので、おそらく当時流行していた手の込んだヘアスタイルを保護する目的で使ったのだろう。

古い日本の枕は基本的に軽い長方形の木の箱で、大きめのレンガ程度のサイズだった。そば殻を詰めた小さな楕円形のクッションが箱の上に置かれ、その上に枕カバーの代わりとして軟らかい紙が重ねられた。紙とクッションは、箱から外れないようにひもで結んで固定された。中国の陶磁器製の枕には小さな穴が開いていて、冬にはお湯を、夏には冷たい水を入れられるものがあった。アヘン窟《くつ》でアヘンを吸引する客が枕の中に貴重品を入れておけるようになっている陶磁器製のアヘン枕もあった。日本の箱枕や中国の陶磁器製の枕は――アヘン枕は別として――今

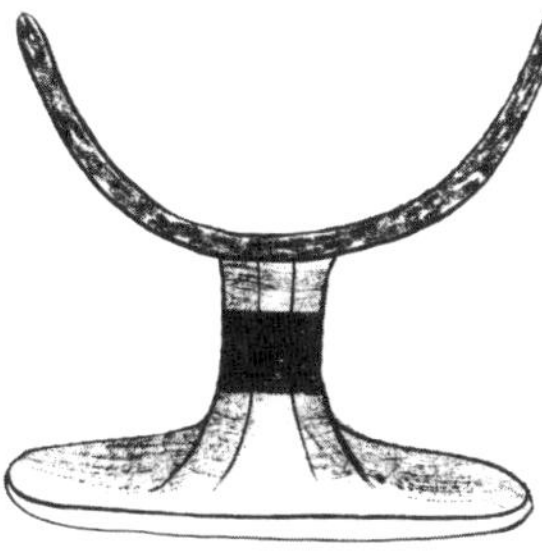

エジプトの枕

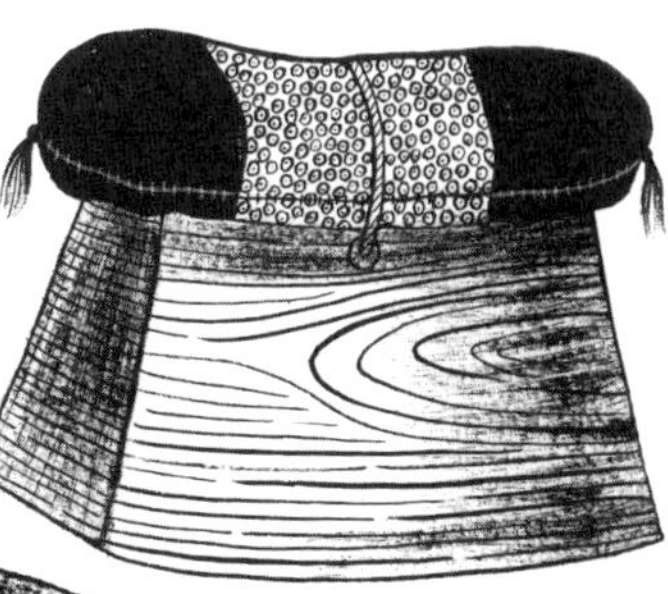

日本の箱枕

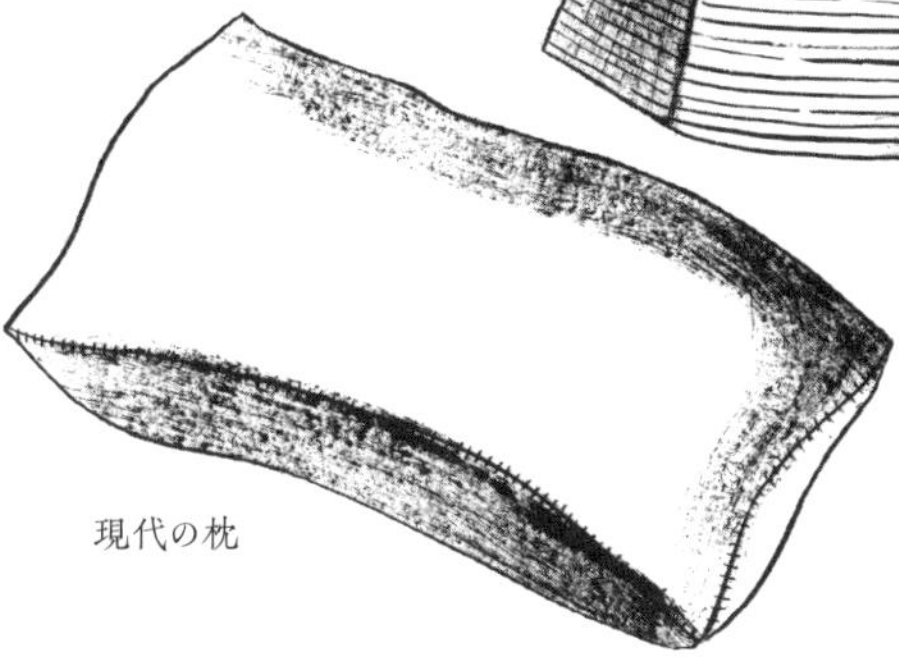

現代の枕

でも愛用者がいる。

ローマ人は身体的快楽と財力をひけらかすための贅沢に目がなく、軟らかい綿《わた》か羽毛を詰めた枕に頭も体も委ねるのを好んだ。中世の豊かな中産階級や貴族も、ローマ人の例にならった。彼らはベッドの幅と同じ長さの円筒状の長枕にクッションを重ねて、その上に頭を載せた。しかし、こうした心地よさに眉を顰《しか》める人もいた。一六世紀後半の文筆家で聖職者であり、エリザベス朝のイギリス社会を記録した年代記作家でもあったウィリアム・ハリソンは、その当時のイギリスの枕は柔らかすぎると嘆いた。あのように体を甘やかすものは、昔は「産褥《さんじょく》期の女性」だけのものだった。今では時代が変わって、男でさえ「頭の下に昔ながらの長枕」を置くだけでは満足しないとハリソンは書いている。

一七世紀には、ベッドに入ったまま来訪者を迎えるのが王侯貴族の慣例となった。サロンの女主人として名高い公爵夫人ルイーズ・ベネディクト・ド・ブルボンは、真紅と金色に彩られたバロック様式の大きなベッドの中で、クッションに背中を預けてお客を迎えた（妊娠中も、寝室にいながらすばらしい仮面舞踏会の指揮を執った）。公爵家では夫人の愛犬でさえ美しい犬小屋に女主人の真紅のベッドのミニチュア版が用意され、そこに体を横たえた。

産業革命以前は、枕はマットレスの詰め物の残り——羊毛か（できれば）羽毛——を詰めて作られ、本当の贅沢品と考えられていた（当時はマットレスの材料を揃えるだけでも大変だった）。産業革命によって織物の大量生産が可能になった後、一八〇〇年代後半になってようやく詰め物をした柔らかい寝具が誰でも買えるようになった。一八九七年にアメリカの通信販売会社シアーズ・ローバックは、カタログに六三種類の枕と詰め物の選択肢を掲載した。価格は四五セントから六ドル一〇セントのものまであった（現在の一二ドル二七セントから一六六ドル三九セントに相当する）。

だが、それはまだ序の口に過ぎなかった。今日では贅沢品から日用品まで、目がくらむほど多

【甘い心遣い】

高級なホテルでは、疲れてホテルに帰ってくる旅行者のために、夕方にベッドを寝やすく整えてくれるターンダウンサービスがある。そんなホテルのうれしい心遣いは、客室係が枕元に置いてくれる小さなチョコレートだ。このサービスが誕生したのは、俳優のケイリー・グラントのおかげである。一九五〇年代初めに、グラントはセントルイスのメイフェア・ホテルに泊まった。そのとき彼は（合計五人の妻のうち、三番目のベッツィ・ドレイクと結婚していたが）ある女性と密会する予定があった。グラントはこの最新の恋の相手の気を引くために、ホテルのペントハウスの居間から寝室の枕元までチョコレートを並べて道を作った。その仕事を任されたホテルのスタッフは、この思いつきに心を動かされたのだろう。それ以来、すべての客室の枕元にチョコレートを置く習慣ができた。グラントの意中の女性が同じように心を動かされたかどうかはわからないが、このサービスはその後も続けられた。

種多様な枕が作られている。シアーズは現在、五〇〇種類以上の枕を販売している。多数の枕を載せて美しく飾り立てられた現代のベッドは、過剰なほどのクッションを載せたバロック様式の寝室の名残だ。フランスの貴族と違って、私たちは枕に寄りかかってお客を迎えるような真似はしないが、ほんの少し最新技術の手を借りれば、寝室にいながらにして世界と交流できる。家族や友人とつながり、最新のファッションを買い、人気ドラマを一気に視聴できる。しかも、パジャマを着たままで。

チェスセット

チェスは現代まで生き残った最古のボードゲームのひとつだ。現代のチェスの起源は、古代インドのチャトランガ（「四肢」を意味するサンスクリット語で、体をまっすぐ伸ばして四肢で支えるヨガのポーズの名前でもある）と呼ばれるゲームにさかのぼる。このゲームは五〇〇年頃に発達し、最初は四人で対戦するゲームだった。どの駒（現代のチェスと違ってクイーンはいなかった）を動かすかは、プレーヤーが振るサイコロの目によって決められた。

後にチャトランガはふたりでプレイする形に変わり、サイコロも使われなくなって、運任せではなく頭を使うゲームになった。チャトランガは二人制の頭脳ゲームとしてインドからペルシアに伝わった。アラブ人は七世紀にペルシアを征服してチャトランガに出会い、このゲームに夢中になった。一世紀後、アラブ人がヨーロッパ南部を侵略したとき、チェスの原型となるこのゲームがヨーロッパに伝えられた。

クイーンの駒は中世ヨーロッパで誕生した。一二〇〇年頃には、クイーンはヨーロッパ中でチエスセットに加えられた。キングを狙うゲームの盤上にクイーンがすんなり受け入れられた理由のひとつは、実際に王家の女性たちがこのゲームでよく遊んでいたからだ。中世には姫君たちに結婚祝いとしてチェスセットを贈るのが流行した。中世の裕福な家庭には、必ずチェスセットが置かれていた。チェスをたしなむのは、読み書き、楽器、ダンスと同様に、地位や家柄の象徴とみなされた。私室や庭で異性と密会するときは、チェスがいい口実になった。

女性たちは結婚後もチェスに楽しみを見出した。一一九四年にシチリア王国の女王コンスタンツァ・オートヴィルは四〇歳で最初の、そして唯一の子供、未来の神聖ローマ皇帝フリードリヒ二世を出産した。当時の貴婦人は赤ん坊を乳母に預けるのが普通だったが、コンスタンツァは幼い王子に自分で乳を含ませた。彼女は女官たちとチェスをしながら、長時間ベッドの中で過ごした。他の貴族の女性たちもコンスタンツァの先例に倣《なら》ったため、まもなくチェスセットは、特に産後の女性に向けて売られるようになった。

一八四九年までチェスの駒に決まった形はなく、セットによって形が違っていた。見慣れた駒を使って親しい仲間同士で対戦するだけなら、それでも問題はなかった。しかし競技会では、ルークとポーンの見分けがつかないのは大問題である。一九世紀半ばには、上流階級が集うチェスクラブはイギリス社会の定番になった。クラブのメンバーは、対戦相手が持ってきたチェスセットでプレイするのを嫌がった。紳士が集まるクラブの中で、そんないさかいが起きるのは困ったことである。

スタントン・チェスセット

この問題の解決に乗り出したのは、週刊新聞イラストレイテッド・ロンドン・ニュースの編集長ナサニエル・クックだった。この新聞にはイギリスのチェスの第一人者、ハワード・スタントンが記事を書いていた（スタントンは一八五一年に最初の国際チェス・トーナメントを開催した人物である）。クックとスタントンは協力して新古典主義的なデザインの駒を作成し、スタントン・チェスセットと命名した（これはクックにとっても利益のある話だった。彼はクロッケーや卓球などのゲーム用品を製造販売するジャック・オブ・ロンドンという会社の所有者と義理の兄弟関係にあり、スタントン・チェスセットはこの会社から発売された）。現在私たちがよく見るチェスセットは、ほとんどスタントン・チェスセットのデザインを踏襲《とうしゅう》している。チェスの国際ルールに基づいて、スタントン・チェスセットはトーナメントで使用するデザインとして認められた。

　スタントン・チェスセットはチェスの競技連盟の標準となったが、変わったチェスセットを手に入れたいという人々の願望がなくなったわけではない。元ビートルズのリンゴ・スターは一九七三年に、英国王室御用達の宝飾品会社アスプレイの銀細工師に依頼して、指輪をはめた自分の手をモデルに、金と銀のチェスの駒を作らせた。ビショップはキリストの祝福を意味する手の形（親指、人差し指、中指を立て、残り二本の指を折り込んだ形）で、ルークは握りこぶしの形に作られた。リンゴ・スターのチェスセットほど個人的な作品でなくても、普通とは違うチェスセットが欲しい人は、ジョナサン・アドラーのチェスセットはどうだろうか。有名なインテリアデザイナーのアドラーがデザインし、彼の直営店で販売されたアクリル樹脂製のチェスセットは、一九七〇年代を代表するファッションデザイナー、ホルストンのシンプルで洗練された魅力を思い出させる。

今日では、あらゆる素材のチェスセットが作られている。金、銀、ブロンズ、象牙、琥珀、ヒスイ、シマメノウ、ラピスラズリ、大理石、木材、ガラス、プラスチック、そして磁器。チェスセットは、プレイした後で箱に片づけられることのない数少ないゲーム盤のひとつだ。チェスセットはたいていコーヒーテーブルや机、あるいは本棚の上に、自慢げに置かれている。「モノポリー」（盤上で不動産を取得し、資産を増やしていくボードゲーム）ではそうはいかないだろう。

壁紙

旧石器時代のラスコーの洞窟壁画、エジプトの壁画、ポンペイのフレスコ画、中世の城やルネサンス時代の王宮の壁を飾った精緻《せいち》なタペストリー。それらを見ると、壁を飾り、自分好みの空間を作りたいという欲求は、人類の文明と同じくらい古い歴史があるのがわかる。

中世とルネサンス時代には、持ち運びのしやすさがデザイン上もっとも重視される点だった。壁の装飾や家具は部屋から部屋へ移動され、大所帯の領主一族が領内の城館から次の城館へ移動する際も持ち運ばれるのが普通だった。取り外しできる壁布は装飾を容易にした。一か所に長く滞在しないときや、急いで出発しなければならないときにも便利だった。

何世紀もの間、タペストリーは壁を飾る最高の装飾品だった。装飾品として、また実用品として、タペストリーはすきま風が吹き込む城の冷たい灰色の壁を華やかにし、断熱材の役割を果たした。ルネサンス時代には、ミケランジェロやラファエロ、ダ・ヴィンチなどの偉大な芸術家はそろってタペストリーをデザインした。いいことずくめのタペストリーだが、欠点は高価なこと、

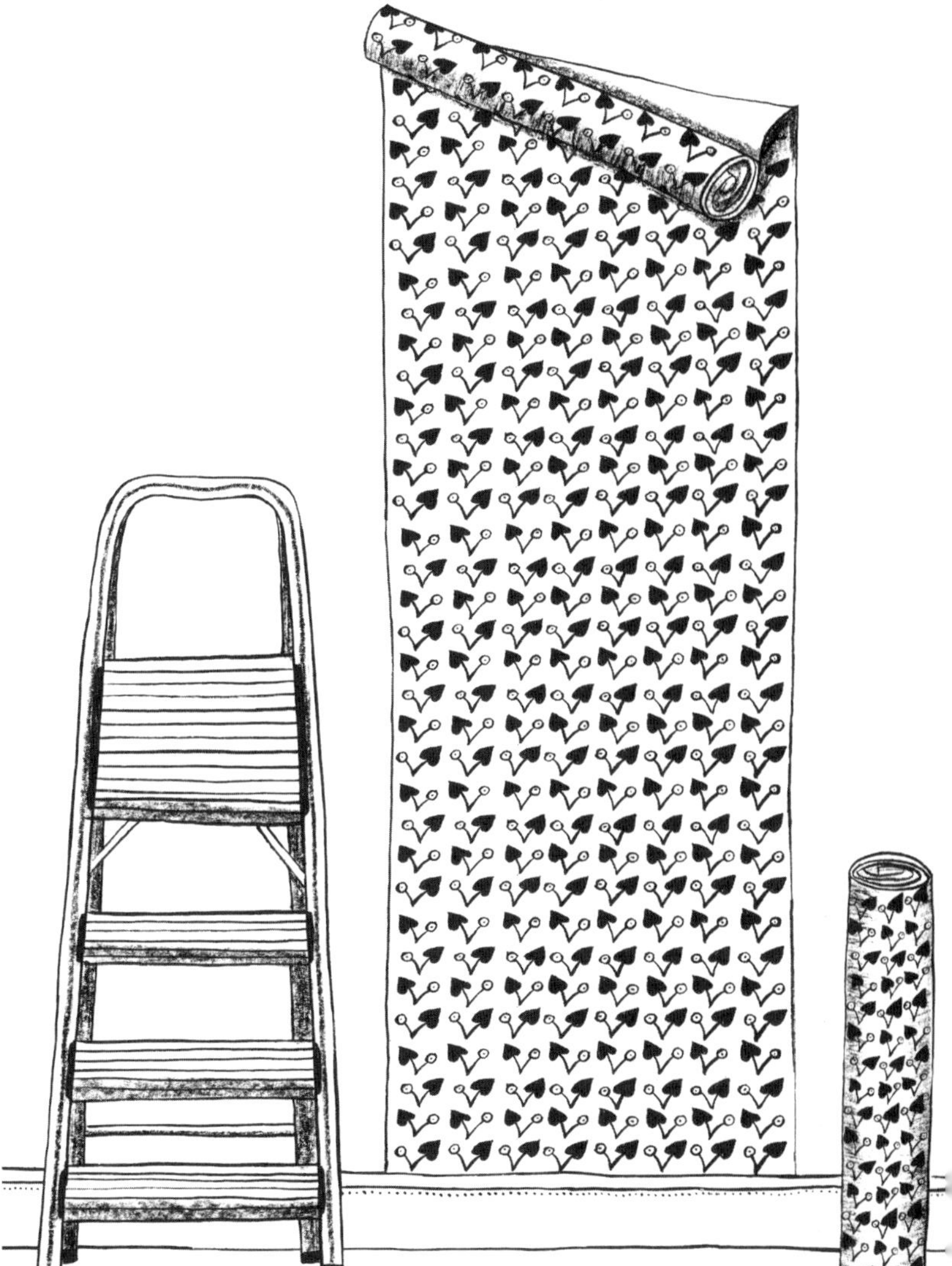

そして製作に数年を要することだった。

一四八一年にルイ一一世は名案を思いついた。彼は宮廷画家のジャン・ブルディションに命じて、旧約聖書の詩篇第八九編の最初の数行を、五〇枚の紙の巻物にラテン語で書かせた。国王はその巻物を寝室の壁にかけた。壁紙を壁に糊で貼りつける代わりに、巻物をロールスクリーンのように壁に吊るして、持ち運びできる壁紙にしたのである。ルイ一一世は現代のカーテンレールに似た天使の形の吊り具を作らせ、巻物を簡単にかけたり外したりできるようにした。

一六世紀の茶の商人は、売り物になる新しい商品を常に探していた。彼らが中国の美しいライスペーパー（クワ科のコウゾやカジノキの樹皮から作られる紙）に目をつけ、茶を運ぶ貨物船に載せて輸入し始めると、ヨーロッパの人々は目をみはった。西洋で壁紙が誕生する何千年も前から、中国人は家系図や神々の姿や風景画を描いたライスペーパーを壁にかけていた。ライスペーパーには、レオナルド・ダ・ヴィンチがデザインしたタペストリーほどの暖かさはなく、ルイ一一世が所有していた美しい手書きの文字の巻物ほどの格式はなかったが、価格が安く、すぐに手に入るという利点があった。

装飾に国王級の予算をかけられない人々のために、一七世紀のフランスの職人は美しい模様が描かれた「ドミノ」と呼ばれる三五・五×五〇センチメートルの紙を生産した。ドミノは木版で黒の線画を刷った紙に、ステンシルで彩色される。それらを壁に貼り合わせれば、ひと続きの大きな模様ができた。タペストリーや一枚の大きな壁紙よりも安く上がるドミノは、壁の装飾として大流行した。ドミノは本の装丁や箱の内張りとしても使われた。

模様を手で刷った紙や手描きした紙は高価で製作に時間がかかったため、壁紙を貼れるのは富裕層の中でもごく一部に限られていた。一八世紀になると、イギリスの裕福な女性たちの間で「版画室」が流行した。「版画室」は、集めた版画を展示するための部屋で、壁を大きなカンバスに

【ビロードの手触り】

紙の上に短い繊維を接着してビロードのような風合いを持たせたフロック加工の壁紙は、一九七〇年代にもてはやされたが、あまりに多用され過ぎたせいでそれ以降は飽きられ、敬遠されてきた。しかし、最近はフロック加工の流行が復活している。

毛織物工場で出る羊毛の短い繊維をフロックという。一六〇〇年頃、流行のビロード地の安い代用品を作るために、紙にフロックを接着した壁紙が考案された。フロック加工をするには、彩色した紙に乾きが遅い接着剤を使ってステンシルで模様を描く。その上にフロックを散布すれば、接着剤の部分だけに繊維が付着してビロードのような手触りになる。

ビロードの風合いを持つ壁紙は一七一五年から熱狂的に流行し始めた。富裕層はこぞってそれを自宅に取り入れた。ルイ一四世の愛妾で流行に敏感なポンパドゥール夫人も、ヴェルサイユ宮殿の居室にフロック加工の壁紙を貼らせた。流行は一九世紀半ばまで続いたが、ヴィクトリア時代になると、掃除が大変で毛羽の部分にばい菌がつきそうなフロック加工の壁紙は嫌われ、拭き掃除が簡単で「衛生的な」壁紙が好まれるようになった。

見立てて好きな版画を壁に直接貼るのである。これは一種のＤＩＹの趣味で、女性たちは全体の統一感や見栄えを考慮しながら版画の周りに紙のフレームや縁取り、紙製のリボンやガーランドなどの装飾を施し、ニスを塗って仕上げた。この作業は外出できない雨の日に、友人と一緒に楽しむのにぴったりだった。友人と集まって写真を切り抜いたり飾りつけたりしてアルバムを作る現代のスクラップブックパーティーのようなものである。

産業革命が起きて、ようやく壁紙が安く大量生産できるようになり、どんな階級の家庭でも手に入れられるようになった。しかし、安いものには落とし穴があるものだ。初期の大量生産の壁紙にはとんでもない問題があった。一九世紀末まで、イギリスの壁紙の八〇パーセントはヒ素が含まれる緑色の顔料を使用していた（ヒ素は鮮やかではっきりした緑色を出せる。ヒ素の毒性は知られていたが、当時は口から摂取しなければ害はないという誤った考えが広まっていた）。人々は自分の家で、知らないうちに次第にヒ素に侵された。「転地療養」がしばしば慢性的な病気の回復に効果を上げたのは、それが理由のひとつだった。いくらお金と権力があっても、ヒ素中毒を免れることはできなかった。オスカー・ワイルドはパリのホテルで死の床にあったとき、「私とこの壁紙は死を賭けて闘っている。こいつが死ぬか、私が死ぬかだ」と言った。ワイルドがこう言ったのは、最期を迎えたパリ六区のホテルの壁紙の醜さを心底嫌っていたためだ。彼の死因は梅毒で、ヒ素中毒ではなかった。しかし当時の壁紙の大半は本当に死を招く危険があった。

ナポレオンはそれを身を持って体験した。ナポレオンは五一歳で亡くなる三週間前、幽閉されたセントヘレナ島から送った手紙の中で、「私は志半ばで死ぬだろう。イギリス政府の暗殺者によって殺されるのだ」と訴えている。ナポレオンは確かに志半ばで世を去ったが、彼の命を奪ったのはイギリス政府ではなかった。ナポレオンの幽閉先の寝室に貼られていた鮮やかな緑色の壁紙を現代の技術で調査すると、ヒ素が大量に含まれているのが判明した。セントヘレナ島の暑くて湿気の多い気候では、かなりの有毒成分が壁紙から放出されていたに違いない。

壁紙を貼った部屋は、流行したりすたれたりを繰り返している。ここ数年は壁紙の流行が戻ってきているが、安心してはいけない。壁紙の接着剤がやっと乾いたと思ったら、壁紙はもう「時代遅れ」だと宣言されて、あわてて壁紙をはがす羽目になるのは歴史が証明している。

「室内に何を飾るとしても、まず壁紙について考えなければならない。家と家庭を作るものは壁紙だからだ」

――ウィリアム・モリス

ポプリ

室内をかぐわしい香りで満たすには、庭から新鮮で香りのいい植物を摘んでくるのが一番手っ取り早い方法である。古代エジプトに住んでいたヘブライ人の家庭では、土を固めた床にミントの葉をまいた。ローマでは床にバーベナやギンバイカなどの香りのいい葉をまいて、お客がその上を歩いて踏みつぶすたびに香りが立ち上るようにした。インドではベチベルというイネ科植物の根茎を乾燥させたもので日よけを作り、暑い日の昼間は日よけに水をかけた。すると水が蒸発して家の中が涼しくなり、同時にいい香りを漂わせるのだった。

中世ヨーロッパの主婦たちは、つぶすとうっとりするようなリンゴの香りを放つカモミールを好んだ。甘い香りの葉をクッションの後ろに忍ばせておけば、座るたびに香りが立ち上った。あるとき誰かが、植物を乾燥させても新鮮な植物と同じ香りを放つことに気づいた。そこで花やハーブを匂い袋に入れて、衣類の虫よけや香りづけのために衣類用のチェストにしまう習慣が生まれた。

富裕層を顧客に持つ調香師は、城から城へ移動して仕事をした。注文に応じて乾燥させた葉や花びらのブレンドを作り、そこにしばしば異国のスパイスを加えた。調合した植物を粉砕してパウダーにすると、香りが凝縮され、いっそう強くなった。治療効果があると信じられたブレンドもあった。一四世紀に黒死病（ペスト）がヨーロッパに蔓延《まんえん》すると、室内の消毒になり、病気を寄せつけない力があると信じられていたカンファー（ショウノウの別名）やクローブが使用された。

　ポプリに何を入れるかは、個人の好みや時代の流行によって変化した。ルネサンス時代には、ジャコウジカやジャコウネコから採れる動物性のムスク

の香りが流行した（ムスクを得るには、これらの動物の体内にある分泌腺から分泌物を取り出す必要があった）。イングランド国王ヘンリー八世と娘のエリザベス一世は、バラとムスクのブレンドを好んだ。フランス国王アンリ四世は粉末にしたニオイアヤメの根とサンダルウッドのブレンドを城内のリネン類の香りづけに用いた。一七世紀フランスの外交政策の鍵を握った宰相リシュリュー（アレクサンドル・デュマの小説『三銃士』では主人公の敵役として登場する）は、自室を消毒するために毎日植物をすりつぶした粉末をふいごを使って散布した。

衛生状態がお世辞にもいいとは言えなかった時代には特にポプリが役に立った。お風呂に入る習慣がない人間の体臭や、下水同然の街路の臭いがどれほどひどかったか想像してほしい。一七世紀半ばのイングランド国王チャールズ一世の時代には、ポプリ・リング——香りのいいパウダーを入れる蓋つきの小さな箱がついた指輪——が男女を問わず流行した。この指輪を身につけている人は、さりげなく手を鼻の先に持っていき、親指でふたを開けていい香りを吸い込んだ。穴が開いていて、蓋を開けなくてもいい香りがする指輪もあった。部屋の中や同席する人々からどれほどむかつく臭いが漂ってこようと、指輪をつけていれば、少なくとも自分は心地よい香りに包まれていられた。

ポプリがパウダーや匂い袋から、容器に入れて香りを楽しむものに変化したのは、イギリスでふたつの流行が重なった結果である。ひとつは一八世紀の磁器ブーム、もうひとつは植物性の香り、とりわけジャスミンの人気だった。当時、ヨーロッパでは東洋で生産される贅沢品の人気は高く、特にスパイス、紅茶、絹の需要が爆発的に増加した。これら三つの製品は海水が染み込んで傷まないように船の喫水線より上に積まれたので、船倉の下の方には多数の磁器の壺が積み込まれた。これらの壺はジャスミンの香りのポプリを入れる容器としてうってつけだった。乾燥させた植物にジャスミンのエッセンシャルオイルを染み込ませて作ったポプリは、香りが長持ちした。古代ローマの骨壺に似た形の背の高い（およそ九〇センチメートル）壺に、香りを発散させる穴の開いた蓋がついたポプリ入れは、たちまち大人気になった。

ヴィクトリア時代の人々は心の底からポプリを愛した。主婦や若い令嬢たちは乾燥させた植物

【現代に愛される古代の香り】

ヴォーグ誌の編集長や、オリヴィア・パレルモ、イネス・ド・ラ・フレサンジュのようなファッションリーダー、キャサリン・ゼタ＝ジョーンズのような映画スター、そしてモナコのカロリーヌ王女などの王族が、サンタ・マリア・ノヴェッラのポプリに夢中になっている。サンタ・マリア・ノヴェッラは世界最古の薬局だ。フィレンツェで一六一二年に創業して以来、大きなテラコッタ製の桶を使い、昔と変わらない方法で伝統的なポプリを作り続けている。代表的なポプリはサンダルウッドとオレンジが香るスパイシーでありながら上品な香りで、この店が所有する庭園で育てられる花やハーブを使って秘密のレシピで作られ、人の手で刺繍された絹のサシェに詰められている。

やエッセンシャルオイルを用いてポプリを作ったり、テイラー・オブ・ロンドンのような専門店で既製品のポプリを購入したりした。テイラー・オブ・ロンドンで顧客の注文に応じて調合されたポプリは、香りが五〇年間持続するという保証つきだった。過剰な装飾が施されたヴィクトリア様式がすたれて、すっきりした直線が特徴のエドワード様式が流行すると、ビロードのソファの房飾り同様に、ポプリも時代遅れとなった。

ポプリは完全に姿を消したわけではなかったが、スプレー式芳香剤のようにもっと現代的な（そして便利な）ルームフレグランスに主役の座を奪われた。ポプリを見たこともない人が増え、一九七四年にニューヨークで開かれたカクテルパーティーでは、数人のお客がポプリを目新しいトレイルミックス（ナッツやドライフルーツを混ぜたスナックで、栄養価が高いため登山などに携帯される食品）か何かのようにほおばって、室内装飾家のバーバラ・ミロ・オーバックを唖然《あぜん》とさせた。一九八〇年代になると、ポプリは大衆市場向けの日用品となった。人工的に香りづけされ、自然界にはありえない色で着色された木片で増量された安価なポプリが出回るようになった。

今日では、室内をいい香りで満たすには、香りづけされたキャンドルに火を灯すか、電気式のアロマディフューザーを使う方が一般的だ。しかし、簡単で心を豊かにしてくれるものを手作りしたい気分になったら、自分らしいポプリを作ってみるといい。さまざまな色や香りの花やハーブを集めて、きれいな容器や深めの皿に入れて飾ってみよう。あなたの部屋をあなたの城にするために、これほど自分の好みが発揮できる方法はないだろう。

お香

今日では、お香といえば町角の行商人や小さな売店で売られているパチュリの香りのする細い棒を思い浮かべるかもしれない。しかし香り高い物質を燃やすのは、室内にいい香りを漂わせるためにもっとも古くから伝わる方法のひとつである。古代の多くの文化では、お香を焚くのは神々と交流する方法だと信じられてきた。

煙が天に祈りを届け、香りが願いごとを聞き入れてもらいやすくするのだと考えられていた。ヒンドゥー教、仏教、イスラム教、古代ユダヤ教など、ほとんどすべての主要な宗教で、お香は似たような役割を果たしてきた。香りは地域によって異なっていた。カトリックやギリシア正教の教会では、乳香《にゅうこう》をベースにしたお香（没薬《もつやく》とブレンドされることが多い）が、今でも礼拝の大切な儀式の一部になっている（乳香や没薬はエジプト人やローマ人にとっても、非常に貴重でなくてはならないお香だった）。

古代の人々にとって、お香は神々と直接つながる手段であるだけでなく、神の降臨を示す印でもあった。エジプト人に女神イシスの生まれ変わりだと信じられていたクレオパトラは、彼らの信仰をいっそう強めるため、そして男性を虜《とりこ》にするために、香料を用いた。クレオパトラはマルクス・アントニウスと会見するためにエジプトからおよそ一一〇〇キロメートル離れたタルソス（現在のトルコ）に向かったとき、目的地の一六キロメートル手前まで迫ったところで、乗船していた屋形船の甲板に香炉を並べた。船が川を上るにつれて、香炉から漂う香りが川岸を満たした。歴史上、これほど華やかな入港シーンは他になかっただろう。マルクス・アントニウスはクレオパトラの美貌に陥落する前に、すでに香りに魅了されていたに違いない。シェイクスピアはふたりの出会いの瞬間を、「帆には紫の絹を張り、焚きこめられた香のかおりを慕って、風は気もそぞろの恋わずらい」（『アントニーとクレオパトラ』福田恆存訳）と描写した。

お香にはもっと実用的な用途もあった。古代ローマでは、家庭用の香料はすぐれた家庭管理の一部とみなされていた。家庭用品を備蓄しておく貯蔵室で線香や抹香、円錐形のお香を焚くのはふたつの意味があった。ひとつはしまわれている品物にいい香りをつけること、もうひとつはネズミを寄せつけないことだ。ローマ人は嫌な臭いが病気を運んでくると信じていた。そこで病気を、そして迷信深い人間にとっては不運さえも運んでくる空気を浄化するために、お香の煙を用いた（英語で香水を意味する「perfume」は、ラテン語では「煙を通じて」という意味があり、お香の煙が邪気を祓うという言い伝えに起源がある）。貧しい家庭でさえ、外部の有害な空気が家の中に入り込むのを防ぐために、入り口にお香を絶やさなかった。アラブ首長国連邦では今日でも香料は個人の体の手入れや家庭管理の重要な一部であり、すべての部屋が（浴室とキッチンを除いて）毎週乳香で香りづけされ、お祝いの機会には沈香《じんこう》が焚かれる。

八世紀後半（奈良時代）になると、日本ではお香を使って時間を計る道具（時香盤または常香盤と呼ばれる）が誕生した。木箱に敷き詰めた灰に長い溝を刻み、そこに抹香を帯状に敷く。抹香の先端に火を点けると、火は抹香を伝わって一定の速度で燃え進んでいく。火がどこまで達したかで時間がわかるように、灰の上に札を立てたり、途中で抹香の種類を変えて、香りの変化で時間の経過を知ったりした（香りで時間を計る方法は、芸者に払う料金を計算するためにも使われた。客をもてなした時間を線香一本が燃え尽きる時間で計算したのである）。

【過ぎたるは及ばざるがごとし】

ヴォーグ誌の伝説的編集長でファッションの伝道師だったダイアナ・ヴリーランドは、何でもとことんやらなければ気が済まない性格で、インテリアはもちろん、室内の香りまで徹底的にこだわった。ヴリーランドはニューヨーク市内の自宅を完璧に飾りつけ、香を焚き、ポプリを置き、アロマオイルを染み込ませたリングを電球にかぶせるディフューザーで香りを発散させた。それらすべての香りが一度に室内にたちこめた。それでもまだ足りないと思ったのか、愛用の香水をソファに吹きつけさえした。香水はヴリーランドの際立った個性を象徴する重要な小道具だったので、彼女の孫息子が最近になってヴリーランドに捧げる香水を発売した。

線香は時間を計る以外にも使われた。一六世紀末までに、日本では香道（香りを鑑賞する芸道）が発達した。香道では香りを聞き分ける聞香《ききこう》という遊びを楽しむ。磁器の香炉で加熱された香木の薄い破片から立ち上る香りをかいで、香木の名前を当てるのである。

今日では、日本古来の香りが世界でも楽しめる。フランスの陶磁器メーカー、アスティエ・ド・ヴィラットは、「忘れられかけたもの」をよみがえらせたいと考えて、日本の香司《こうし》（お香作りの専門家）が淡路島で手作りしたスティック型のお香を販売している。言い伝えによると、その昔、淡路島に流れ着いたかぐわしい香りのする流木を島民が発見し、朝廷に献上した。聖徳太子はその香木で観音像を作ったと言われる。世界中の高級店で売られるアスティエ・ド・ヴィラットのお香は、一二五本入りで五〇ドルもする。ドラッグを扱う店や露天商で買える品物と比べれば少々高いが、それだけの値打ちがあるのは間違いない。

「とても残念なことですが、この世には限られた人しか手に入れられないものがなければなりません。すばらしい香水もそのひとつです」

――ダイアナ・ヴリーランド

花のセンターピース

結婚披露宴のテーブルに素敵なセンターピース（生花などテーブルの中央に飾るもの）を飾りたいと考えている人や、何の変哲もないガラス瓶に庭の草花を挿してテーブルにちょっとした彩りを添えようとしている人は、テーブルに花を飾るのが歓迎されなかった時代があると知って驚くかもしれない。

一九世紀まで、イギリスではテーブルに花を飾るのは一般的な習慣ではなかった。一八五〇年代になるまで、正式なランチやディナーはア・ラ・フランセーズ（フランス式サービス）と呼ばれるスタイルで給仕されていた。すべての料理を大皿に盛り、一度にテーブルに載せてしまうのがフランス式で、食事をする人は近くに置かれた皿から（誰かが好きな料理の皿を回してくれれば、その皿から）料理を取り分けて食べた。大皿で埋まったテーブルに生花を飾る余地はまったくなかった。テーブルを飾るものは精巧な砂糖細工や磁器製の人形に限られ、ときにはそこに造花も加わった。本物の花を飾るのは上品な趣味ではなく、安っぽいとさえみなされた。

一九世紀半ばにサービス・ア・ラ・ルース（ロシア式サービス）が大流行して以来、テーブルの情景は一変した。料理は一皿ずつ順番にコースで出されるようになった。給仕はお客に個別に料理を出し、食べ終わった椀や皿はテーブルから下げる。すっきりした見た目よりも過剰な装飾を好んだヴィクトリア時代の人々は、テーブルに新しく生まれた空間を何かで埋めなければ落ち着かなかった。この時代にはガーデニングが流行し、人々はヨーロッパ諸国の植民地、特に南アメリカや南アフリカから入ってきた新しい植物（エキゾチックなシダやランなど）に夢中だった。テーブルは新しく手に入れた植物を披露する場になった。人々はディナーパーティーに招いたお客を驚かせるために、木を植えた植木鉢を銀製のワインクーラーに入れてテーブルの中央に飾った。ときには熟した実がなっている木もあった。一八六〇年代になると、フランスの影響を受けて、切り花をさりげなく生けた籠を置くのが流行した。

サフォーク州の大邸宅ソーナム・ホールで庭師の責任者を務めていたジョン・パーキンスは、一八七七年に『食卓に飾る花［*Floral Designs for the Table*］』という本を書いた。これは朝食やクリケットの試合中のランチタイムの食事、そして家族の夕食など、さまざまな状況に合わせた花の種類と飾り方を解説した本である。パーキンスはテーブルを上から見て鑑賞するための飾り方を提案したことで知られている。彼はツタなどの緑の葉を直接テーブルクロスの上に置き、そこにキクのような小さな花をちりばめた。花を生けた小さな花瓶や燭台、フルーツを盛った皿の周りにツタや花が模様を描くように美しく配置されたテーブルには、ひとり分の食器をセットする場所は端の方しか残っていなかった。

一九世紀の花の手引書には、日常的な花の飾り方として、もっと保守的な方法を提案した本もあった。たとえば着色された低めの亜鉛のボウルにツタなどの緑の葉があしらわれた。一八六一年に、ビートン夫人は有名な『ビートン夫人の家政読本』の中でこのように説いた。「テーブルには常に花を飾らなければいけません。花はたいした出費にはならないので、毎日花を飾らない理由はありません」

フォーマルな会食を催すときは、女主人（と花屋）は腕を振るって凝った装飾を作り上げた。小道具として鏡や小さな噴水やロウソクがよく使われた。人を驚かせるのが好きな女主人は、お客を「あっと言わせる」ために、テーブルに穴を開けてヤシの木を（ときには何本も）通し、まるでテーブルを突き抜けてヤシの木が「生えている」ように見せた。大邸宅では、花のセンターピースはいっそう重要な地位を占めた。ファーディナンド・ド・ロスチャイルド男爵が一八七四年に建設したヴィクトリアン様式のワデスドン・マナーでは、ヨーロッパ一の大富豪のテーブルを飾るために四〇の温室でラン、ツバキ、カーネーションが栽培された。

テーブルに飾られた花が大きすぎて、向かい側の人と話ができない（それどころかお互いに顔が見えない）のはよくある光景だった。一方で、個人的な事情とは関係なく儀礼的に席順が決められる場面では、出席者同士の気まずい雰囲気を防ぐために花が一役買った。一九〇五年にドイツのヴィルヘルム皇太子の婚礼に出席した日本の有栖川宮《ありすがわのみや》とロシアの大公は隣りあわせの席に案内された。残念ながら両国は当時戦争状態にあった。ふたりの間には大きな花束が置かれて、衝立のような役割を果たした。

二〇世紀初めに冷蔵技術が発達すると、一年を通じてさまざまな種類の花が手に入るようになった。しかし当時はセンターピースを一種類の花でまとめるのが流行していた。違う種類の花を交ぜるのは悪趣味なだけでなく、一種類の花を花瓶一杯分買うだけの金銭的な余裕がない証拠とみなされた。「いろいろな花を交ぜる」ことがふたたび受け入れられるようになったのは、一九三四年にフラワーデザイナーのコンスタンス・スプライが『花の装飾［*Flower Decoration*］』を出版したのがきっかけだった。当時流行していたの

は花を針金で固定する堅苦しいデザインだったが、スプライはそれを嫌って、草や木の実のように従来なら捨ててしまう自然な素材を使い、動きのある自由なアレンジメントをするのを好んだ。スプライの手にかかれば、野菜さえアレンジメントの素材になった。花を生ける容器も伝統にこだわらなかった。スプライはアレンジメントを依頼されると、依頼人の家の食器棚をあさって、ジャムの瓶からケーキの焼き型まで、手当たり次第に花器として利用した。

今ではスプライのアレンジメントは少しも奇抜な感じがしないかもしれないが、当時は文字どおり人目を引きつけて離さない魅力があった。一九三〇年代に、スプライはロンドンの高級なボンド・ストリートの香水店の依頼で、ウィンドウを真紅のバラと赤いケール（アブラナ科の野菜で青汁の原料になる）で飾った。それを一目見るために大きな人だかりができ、交通整理をするために警察が駆けつけた。

ほんの少し想像力を働かせるだけで、花はすべての人の生活を豊かにするとスプライは考えていた。今日では、テーブルの中央に花が飾られていなければ、おしゃれなパーティーとは言えないだろう。イギリスの邸宅のフォーマルで豪華なアレンジメントもいいし、コンスタンス・スプライ風の自由で自然なアレンジメントもいい。どんな花でもテーブルの光景が新鮮なものに映るはずだ。

トルコ絨毯とペルシア絨毯

一五四三年にフォンテーヌブロー城の宮廷でひとつの愛憎劇が展開され、一枚のトルコ絨毯が名脇役を演じた。フランス国王アンリ二世の愛妾ディアーヌ・ド・ポワティエは、絨毯の上で愛する国王の腕に抱かれていた。その真上の部屋で、王妃カトリーヌ・ド・メディシスは床にあけた覗き穴を通じて、悔し涙にくれながら一部始終を見ていた。当時の宮廷生活について回想録を残した口さがない作家のブラントームによれば、王妃は「色白な美貌の女性が半裸のなまめかしい姿で……数えきれないほどの技巧を凝らして愛人を喜ばせ、相手もまた彼女に同じようにしているのを」見たという。

ブラントームは、カトリーヌがその光景から目を背け、夫であるアンリ二世が「あれほど私に優しくしてくれたことはない」と悲痛な嘆きを漏らしたと書いている。

当時、絨毯を床に敷くのは、その上でふらちな行為をするのと同じくらい考えられないことだった。ヨーロッパの人々は十字軍から帰還した兵士や騎士が持ち帰った絨毯を見て、深みのある色合いで複雑な模様が織り出されたトルコやペルシアの絨毯と初めて出会った。それらの絨毯は地位や富、権力の象徴としてたちまち引っ張りだこになった。あまりに貴重で高価だったため、もったいなくて絨毯の上を歩くことはできなかった（その上でいちゃつくなどもってのほかだった）。

オリエンタル・ラグ、あるいはイスラミック・ラグとも呼ばれるこの豪華な手織りの絨毯《ラグ》に驚嘆したのは、十字軍が初めてではなかった。古代ギリシアでペルシア絨毯の品質の高さに最初に触れたのは、紀元前四〇〇年頃のクセノフォンの著作である。クセノフォンはソクラテスの弟子で、ペルシア国王の弟に雇われたギリシア傭兵《ようへい》としてペルシアに渡った。彼はそこで見たペルシア絨毯のなめらかな手触りに感嘆し、この絨毯は足の下で「へこむ」と驚いている。それから十数世紀たって、ヴェネツィア商人のマルコ・ポーロはビザンティン帝国のアナトリア地方を旅行中の一二七一年に見た絨毯に目を奪われ、「世界でもっとも美しい絨毯である」と書いている。

絨毯生産地帯《ラグベルト》（北アフリカ、中東、中央アジア、北インドにまたがる地域）と呼ばれる一帯の国々では、町や村の住民や遊牧民によって手織りの絨毯が生産されてきた。トルコやペルシアもその一部だ。ペルシア絨毯は織機に張った経糸《たていと》に色糸を結んで毛羽《パイル》を立たせる技術によって、柔らかいフリース地のような手触りを生み出している。絨毯の織り手は女性が多い。織り手は水平方向に一列ずつ織り進んでいき、経糸に結びつけた色糸の端をナイフでカットして、柔らかい毛羽を作る。経糸に結んだ一本の羊毛の糸の色が、モザイクで言えばひとつのタイルに相当する役割をする。すばらしい絨毯を作るのに必

要な技術は、何世代もの女性の織り手によって受け継がれてきた。絨毯には君主の支援を受けた由緒正しい歴史がある。紀元前五〇〇年頃、キュロス二世の娘でダレイオス一世の妻となったアルテュストネは、絨毯を製造する工房を設立した。

ペルシアやトルコの文化では、絨毯は実用品（床や壁の覆いや礼拝用の敷物に使う）でもあり、贅沢品でもあった。ときには絨毯が象徴的な役割を果たした。ペルシアの皇帝が歩くときは、足が直接地面に触れないように、皇帝の前に何枚もの絨毯が敷かれた。ペルシアの風習にならって、一九〇二年にニューヨーク・セントラル鉄道が「世界最高の列車」と銘打った二〇世紀特急の運行を開始したとき、列車まで赤い絨毯を敷いて乗客を誘導した。乗客は車内でも最高級のもてなしを受けたので、二〇世紀特急の特別サービスは、「レッドカーペット（赤い絨毯）級」と評価された。

ヨーロッパでは、中世からルネサンス時代を通して、貴重なオリエンタル・ラグは壁に吊るすか、書き物机やダイニングテーブルにかけるものだった（ダイニングテーブルにかけられた絨毯は、食事中は白いテーブルクロスで保護されたり、食事前に取り除かれたりした）。絨毯が床に敷かれるのは、持ち主が（たいてい裕福で高名な人物だった）肖像画のモデルとしてその上に立つときだけだった。たとえば一五六三年に描かれたエリザベス一世の肖像画で、女王は真紅のドレスによく合うビロードのような赤いトルコ絨毯の上に立っている。しかし実際には、女王が暮らしたグリニッジ宮殿の床は藁で覆われていたのだった。

ヨーロッパではオリエンタル・ラグの需要がますます高まり、ほんのわずかな輸入品や、戦利品だけではとうてい足りなかった。需要に応えるため、一六〇〇年代に織物工房が次々と設立された。特に多かったのはスペインで、工房には多数の織機が置かれ、一台にひとりの織り手がついて、ペルシアの王女アルテュストネの工房と同じ技術で絨毯が製作された。それらの工房では中東の絨毯と同じものを作ろうと試みたが、深みのある色合いやデザイン、本物の手触りは再現できなかった。ヨーロッパ製の絨毯の品質は本物にはかなわなかったが、それでも高価で、王侯貴族や富豪しか買えない高級品には違いなかった。一七〇〇年代になっても絨毯は贅沢品だったが、以前よりは普及し、価格もやや下がった。供給量が増えるにつれて、絨毯は次第に壁から床

【世界でもっとも豪華な絨毯】

古代の世界でもっとも贅沢な絨毯は、六世紀にペルシア王ホスロー一世のために作られた。七・八平方メートルの大きさで、羊毛と絹糸を合わせた織地に金糸と銀糸が織り込まれ、宝石で豪華に飾られていた。この絨毯は「冬の絨毯」と呼ばれ、その上を歩けば当時のペルシアで知られていたあらゆる花が咲き乱れる美しい庭園を散歩するような気分になれた（そのため「春の絨毯」とも呼ばれる）。この絨毯は自然すらも支配する国王の力を象徴していた。六三七年にアラブ人がペルシアの首都クテシフォンに侵攻し、宮殿を破壊したとき、ホスロー一世の絨毯は細切れにされ、兵士たちに分配された。

【ペルシア対トルコ】

ペルシア絨毯とトルコ絨毯は織りの構造や図案、デザインが似ている上に、どちらも赤い色が印象的に使われているため、見分けるのはとても難しい。主な違いは、まず生産地である。ペルシア帝国は、一時はエジプトからインダス川流域にいたる五〇〇万平方キロメートルに及ぶ領域を支配したが、今日のペルシア絨毯はほとんどが現代のイランで作られている。トルコ絨毯は、もちろんトルコ産だ。二番目の違いは、結び目にある。一本のパイル糸（色糸）を一本の経糸の周りに結ぶのがペルシア結びで、一本のパイル糸を二本の経糸の周りに結ぶのがトルコ結びだ。では、専門家でなくても手織りの絨毯と機械織りの絨毯を見分ける方法はあるだろうか？　手織りと機械織りの違いは、絨毯の裏面を見ればわかる。裏面にも模様がはっきり出ていたら、その絨毯は実際に手で織られたと考えていい。

に移動し始めた。

産業革命をきっかけに、製造業者は私たちが今日使っているような絨毯を、より手頃な価格で生産できるようになった。一八〇一年にジョゼフ・マリー・ジャカールはパリの産業博覧会に自動織機を出品した。この織機はひもでつながった何枚もの木製のパンチカードから絨毯の模様を「読み込む」ことにより、カードのパターンどおりの模様を織り上げる。その仕組みは初期のコンピューターがパンチカードを「読み込む」のと同じ方法だった。織る工程が部分的に自動化されたおかげで、ジャカード織機（ジャカードはジャカールの英語読み）はひとりの織り手が数か月から数年がかりで織っていた複雑な模様を数日間で再現できた。現在では、自動織機と合成繊維のおかげで、二・四×三・四メートルの「オリエンタル風」絨毯が一〇〇ドル以下で手に入る。絨毯メーカーはどんなサイズや素材の絨毯でも自由自在に製造できるようになり、家庭に絨毯を敷くのはもはや当たり前になった。機械生産の絨毯が安価で簡単に手に入る現代では、手織りの絨毯がいっそう価値あるものに思える。

ドールハウス

一五五七年にバイエルン公アルブレヒト五世に四階建てのミニチュアの城が贈られた。アルブレヒトには七人の子供がいたが、これは子供が汚れた小さな手で遊ぶために作られたものではなかった。このミニチュアの城は、記録に残る最古のドールハウスである。これは子供の玩具ではなく、アンティークと美術品の熱心な蒐集家だった公爵を喜ばせるために作られた「驚異の部屋」（驚異の部屋は珍しいものを陳列する部屋や飾り棚で、一六世紀から一八世紀にかけてヨーロッパの貴族の間で流行した）である。

台所にはピューター製の皿や、鶏をあぶり焼きにする器具があり、舞踏室には銀製の脚のついた長テーブルが置かれていた。すべてのミニチュアは細部まで本物そっくりに作られていた。ミニチュア作りはそれから数百年の間にますます盛んになった。

当時、身分の高い紳士の間では珍しい自然物や風変わりなものを蒐集し、それを飾り棚に収めて披露するのが流行していた。それらの飾り棚は紳士たちの教養の広さ（と財力）を、目に見える形で誇示する方法だった。

一方、裕福な女性の間で人気があったのは、家庭内の部屋を縮小して作った模型の「ベビーハウス」（一八世紀末までドールハウスはベビーハウスと呼ばれていた）である。「ベビーハウス」は小さな家という意味で、赤ちゃんが遊ぶ玩具ではない。ベビーハウスは持ち主の女性の家を忠実に再現して作られていた。

生活空間だけでなく、その周囲に広がる世界までミニチュアにした女性もいる。ドイツの公爵令嬢アウグステ・ドロテア・フォン・シュヴァルツブルク＝アルンシュタットは、数十年かけて自分が暮らす宮殿と町、そして周辺の田園風景をミニチュアで再現した。「モン・プレジール」（フランス語で「喜び」）と名づけられたこの模型には、店や家屋、町の人々がところ狭しと並べられた。これを完成させるために、アウグステはかなり借金をしたという。

ベビーハウスはディナーに招待したお客の目を楽しませるだけでなく、若い女性に家庭の切り

【夢の家】

オランダの裕福な未亡人だったペトロネラ・オートマンは、二〇年近くかけて作り上げたドールハウスを一七〇五年にアムステルダムの自宅の居間で友人たちに披露した。ペトロネラの名前が今も記録に残っているのは、このドールハウスのおかげである。オランダの高級なドールハウスの例にもれず、ペトロネラのミニチュアの部屋は小さな建物ではなく、飾り棚に収められている。この飾り棚は、ピューターを象嵌した鼈甲《べっこう》で作られていた。扉を閉めると、飾り棚の中に夢の世界が広が

っているとは、外から見ただけではわからなかった。

招かれた人々は、人形たちが作りだす絵のような光景を飽きることなく眺めた。ドールハウスの内装は、ペトロネラが暮らす九部屋の邸宅を忠実に再現していた。このドールハウスを作るのに、アムステルダムのもっとも高級な運河沿いの地区に建つペトロネラの邸宅の値段に匹敵する費用がかかったという。ペトロネラが実際の生活で所有しているものは、すべてドールハウスの中に縮小して再現されていた。だから招待客はドールハウスをちらっと眺めただけで、この邸宅の女主人がどれほどの富の持ち主なのかを知ることができた。

小物はひとつひとつ細部まで綿密に手作りされた。玄関ホールの床は実際と同じように大理石張りで、天井には暁の女神アウローラが描かれた。応接室は床から壁まで壁画で装飾された。描いたのはオランダの一流画家ニコラエス・ピエモントである。室内には一一脚の布張りの椅子とバックギャモン・テーブル、そしてティーテーブル（折りたたまれて天板が見えている）が置かれた。女中部屋さえも正確に作られ、大きな食器棚のような箱に入ったベッド、磁器製のおまる、足温器（箱の中に熱した石炭を入れて温める）、紡ぎ車があった。陶器のタイルは中国から取り寄せたもので、ナイフやフォークは銀でできていた。小さなナプキンにもベッドのシーツ類にもペトロネラのイニシャルが刺繍されていた。この驚くべき家は見る人を魅了し、作家のジェシー・バートンはこのドールハウスにヒントを得て、世界的ベストセラー小説『ミニチュア作家』を執筆した。このドールハウスは現在はアムステルダム国立美術館に常設展示されている。

盛りを教える目的にも使われた。一六三一年にドイツのアンナ・ケーファーリンは版木職人の夫に高さ二・七メートルのベビーハウスを作らせ、女の子が家事を学ぶ教材として宣伝し、見物料を取って一般に公開した。

一六世紀に最初のドールハウスが登場してから三〇〇年間、精巧な細工を施された自分だけのドールハウス作りは大人の趣味として続いた。近代になって「子供」という概念が社会に定着（中世まで子供は「小さな大人」とみなされ、子供時代に特有な遊びや育て方があるとは考えられていなかった）するにつれ、ドールハウスは女の子の玩具として広まった。ドールハウスは家の中で静かに遊ぶのにちょうどよかった。一八〇〇年代初めに、職人は玩具屋で売るためにドールハウスを作り始めた。ドールハウスで再現された住居の形はさまざまで、郊外のひとり住まいの部屋から豪華なタウンハウスまで、ほとんどあらゆる建物が作られた。やがて一般の商品と同様に、ドールハウスとその中に収める小物類は工場で生産されるようになった。産業革命のおかげでミニチュアが大量生産されるようになると、コレクションの熱気は失われた。

近代に作られた大量生産ではないドールハウスの代表的な例は、一九二〇年代に建築家のエドウィン・ラッチェンスが制作したメアリー王妃のドールハウスである。このドールハウスは数千人に及ぶイギリス最高の芸術家、職人、製造業者が協力して作ったミニチュアのコレクションであり、国民の間で大きな話題となった。ドールハウスは一九二四年の大英帝国博覧会で公開され、一六〇万人が観覧に訪れた。現在でもウィンザー城に展示され、観光の目玉となっている。観光客はドールハウスの前に列をなし、モノグラムが刺繍されたリネンや、弾倉を外して銃弾を装塡《そうてん》できるショットガン、そして実際に走らせることのできるエンジンつきの車が何台もガレージに並んでいるのを見て、感嘆のため息を漏らす。

バラ

これまでの歴史の中で、バラほど崇拝され、愛された花はない。古代ギリシアの詩人サッフォーはバラを「花の女王」と呼び、古代エジプトの時代からバラのうっとりするような香りと姿は王や詩人、平民を等しく虜にしてきた。

クレオパトラは恋人のマルクス・アントニウスを有頂天にさせ、意のままに操るために何度も宴会を開いた。宴会を催す広間の床にバラの花びらを六〇センチメートルもの深さに敷き詰めるという趣向もこらした。クレオパトラはアントニウスという人物をよくわかっていた。ローマ人はバラの香りには抗《あらが》えないのである。イタリアには、ローマにバラを供給するために町全体がバラ園になっている場所があった。ギリシア人はバラにつぼみがつくとすぐに温かい水を散布して、花を早く咲かせる方法を発見した。ローマのバラ栽培者はこの技術をさらに発展させて、熱湯が流れるパイプをバラ園に張り巡らし、そこでバラを育てて一年中花を咲かせた。

古代ローマの人々のバラに対する欲望は果てしなかった。ローマの詩人で文明批評的な作品も残したホラティウスは、生産者がバラに夢中になるあまり、ブドウ畑やオリーヴ園の世話をおろ

そかにするのを心配した。ローマ人は凱旋《がいせん》パレードでバラを投げ、ヴィラ（上流階級の別荘）をバラで飾り、枕に花びらを詰め、頭にバラの花冠を載せた。裕福なローマ人はバラの花びらを敷き詰めたベッドでくつろぎながら食事をし、ワインにも花びらを入れた。食事の時間は「バラの時間」と呼ばれた。テーブルの上にバラが吊るされていたら、食事中に交わされる会話は「極秘」という印だった。現在でも英語で「under the rose（バラの下で）」と言えば、「内密に」という意味になる。ローマではバラを称えるために、ロザリアという祭りまで開かれた。

ローマ帝国滅亡後も、バラはヨーロッパの貴族や富裕層を魅了し続けた。一七世紀のフランスで、贅沢を愛し、太陽王と呼ばれたルイ一四世は、自室をバラの香水とマジョラム（ハーブの一種）の香りで満たす仕事をする専門の召使を使っていた。マリー・アントワネットはバラを愛してやまなかった。バラが懐かしい思い出を呼び覚ましたのかもしれない。フランス王太子ルイ・オーギュスト、後のルイ一六世と結婚するために故郷のウィーンからヴェルサイユへ向かう旅の途中で、一五歳のマリー・アントワネットはフランスのナンシーの町で泊まった。湧き上がる不安を鎮めるために、彼女は摘みたてのバラの花びらを敷き詰めたベッドで眠った。そのバラはロサ・ガリカ、別名フレンチローズと呼ばれるバラだった。マリー・アントワネットはたびたびヴェルサイユ宮殿の模様替えをしたが、必ずどこかにバラのデザインを入れさせた。

イギリスではシェイクスピアが、「バラは他のどんな名前で呼んでも、同じようにかぐわしい」とジュリエットに語らせた。それより一〇〇年以上前、イギリスではバラ戦争を経て新しい王朝が誕生している。ヨーク家とランカスター家の王位継承を巡る戦いは、ヨーク家の紋章が白バラ、ランカスター家の紋章が赤バラだったので、バラ戦争と呼ばれた。ヨーク家のリチャード三世がボズワースの戦いでランカスター家の血筋のヘンリー・テューダーに敗れて、バラ戦争は終結した。ヘンリー・テューダーはヘンリー七世としてテューダー朝を開き、ランカスター家の赤バラとヨーク家の白バラを組み合わせたテューダー・ローズを紋章とした。

ジェナス・ローザ、つまりバラ属の植物をことのほか愛した人物に、ナポレオンの皇后ジョゼフィーヌがいる。結婚前の名前はマリー・ジョゼフ・ローズ・タシェ・ド・ラ・パジュリで、家族からはローズと呼ばれていた。ナポレオンは彼女の名前のジョゼフをジョゼフィーヌに変えさせたが、ローズと呼ばれた少女のバラへの強い愛情は消せなかった。ジョゼフィーヌはマルメゾン城のバラ園に莫大な資金をつぎ込み、二〇〇種類以上のバラを育てた。特に気に入ったバラの絵を、お抱えの植物画家に描かせさえした。その絵はフランスのバラのすばらしい宣伝になった。彼女の皇后としての影響力と尽きない情熱によって、フランスは一八世紀から一九世紀にかけて、世界最大のバラ生産国に成長した。ジョゼフィーヌが一八一四年に亡くなって間もなく、大きな花弁がフリルのように波打つ香りの強い濃いピンク色のバラが、「皇后《エンプレス》ジョゼフィーヌ」と命名された。

大胆な色彩と模様を組み合わせる「マキシマリスト」のインテリアデザイナー、ドロシー・ドレーパーは、一九三〇年代にバラをアメリカの一般家庭に持ちこんだ。ジョージア・オキーフの有名な花の絵にヒントを得て、ドレーパーは八重咲きの大輪の花を咲かせるバラ、ローザ・センティフォリアをあしらった生地を有名な生地メーカーのF・シューマッハ社のためにデザインした。この生地の大胆なスタイルは、明るく陽気な雰囲気を求める人々の心をとらえ、大人気商品となった。今でもこの生地は同社のベストセラーのひとつである。

一九四一年にロサンゼルスの陶磁器会社フランシスカン・チャイナ社は、バラ好きな大衆の要望に応えるために、ピンクのバラに緑の葉をあしらった陶器の食器を発売した。デザートローズと呼ばれるこの絵柄はアメリカの食器類の中で最大の人気商品となり、一九四一年から一九六四年までに六〇〇〇万枚売れている。

バラは庭の植物としても装飾としても他の花とは比べ物にならないほど愛され、バラの模様は枕からシーツ、壁紙、磁器製品にいたるまで、あらゆるものに描かれている。キャンドルやアロマディフューザーにもバラの香りは欠かせない。これほど熱狂的な愛好家や特別な歴史を持った花は、他にはありえないだろう。

リースとガーランド

紀元前四世紀にペルシア帝国最後の皇帝ダレイオス三世は、ペルセポリス（現在のイラン）の宮殿に四六人のリース（花輪）職人を雇い入れた（宮殿にはワインを注ぐのが専門の召使も七〇人いた。ダレイオス三世はくつろぎのひとときをとても大切にしていたようだ）。アレクサンドロス大王はペルシア帝国を征服後、宮殿の召使の命を助け、彼らを強制的に召し抱えた。リース職人たちは早速、新たな王の軍事遠征を祝うリースやガーランドを作った。昼間は戦い、夜は宴会で酒を酌み交わすアレクサンドロス大王軍の陽気なイメージはいっそう高まった。

花で飾られたにぎやかな大王の宴に招かれた人は、入り口でアイビーとパセリを編んだ花冠を渡され、お祭り騒ぎが終わるまでパーティーハットのようにそれをかぶった。ガーランドに使われていた枝葉や花、特にバラとギンバイカの香りには、悪酔いを防ぐ効果があると考えられていた（花の香りは大王には効き目がなかったようだ。酔っぱらったアレクサンドロス大王が起こす騒動は、戦場での勇猛な戦いぶりと同じくらいすさまじかった)。

アレクサンドロス大王の軍隊はペルシアで捕虜にした人々をギリシアに連れて帰った。リース職人が花や枝葉で飾りを作る技術をギリシアに伝えたので、まもなく花飾りはギリシア文化の重要な一部になった。今日私たちが美術館で鑑賞するギリシア彫刻も、当時のパーティーではガーランドで飾られ、花冠をかぶせられていた。スポーツの勝者には葉を編んで作った冠が授与され、彼らの栄光が称えられた。リースが頭にかぶるものの

から壁を装飾するものに変化したのは、実はこれらのスポーツマンたちのおかげである。誇り高い彼らは、努力の末に手に入れた月桂冠を玄関にかけて、隣人たちにさりげなく自分の業績を自慢した。同じ習慣が、アテネでは晴れがましい男児の誕生を告げるために使われた。男の子が生まれるとオリーヴの枝で作られたリースが玄関のドアに掲げられた。女の子なら、その子が将来担う家庭の義務の象徴として羊毛の房が飾られた。

ローマ人にとって家族の社会的地位は、その家の男性がどれほど公共に奉仕したかによって決まった。ドアの上に彫られたリースは、その家の男性が戦争で他のローマ市民の命を救った栄誉の証だった。ローマの初代皇帝となるアウグストゥスが紀元前三一年にアクティウムの海戦でマルクス・アントニウスとクレオパトラを破ったとき、元老院は彼の屋敷の正面玄関に石の月桂樹とオークのリースを彫って、その功績を称えた。この頃には月桂樹のリースは一時的な流行から

【初々しい花嫁の花】

一八四〇年にヴィクトリア女王がアルバート公と結婚したとき、女王が髪にオレンジの花冠を飾ったのがきっかけで、イギリスでは白いドレスにオレンジの花冠の花嫁姿がブームになった。オレンジの花は結婚式のイメージと深く結びつき、「オレンジの花を摘む」と言えば「妻になる女性を探す」という意味になった。

恒久的な栄誉の象徴に変わっていたと考えられる。

中世にはリースが愛の象徴になった。貴婦人は愛の印として恋人にバラの花冠を与えた。画家が若い恋人たちを描くときは、ふたりが分かち合う愛の象徴として、リースを首にかけた姿で描いた。今日でも多くの新婦が花冠をかぶって祭壇に向かって歩むのは、この伝統の名残である。

国や時代が違っても、花や枝葉は愛や栄誉の象徴として共通の意味を与えられている。西洋文化がリースやガーランドを愛するように、花の首飾りは今も昔もインドに深く根差した文化のひとつだ。インドの結婚式で、新婦はジャスミンの花を編んだ髪飾りをつけ、新郎新婦はヴァルマラと呼ばれる花輪を式の間に三度交換して、結婚の承諾と、永遠のパートナーとなったことを周囲に表明する。ヒンドゥー教の寺院では、神々の像に色鮮やかでかぐわしい花飾りが飾られている。ヒンドゥー教の神や女神には、それぞれを象徴する葉や花がある。ラリタ・トリプラ・スンダリ（ヒンドゥー教の主神シヴァ神の妃パールヴァティーの化身）はハイビスカスの葉、戦いの女神カーリーはハイビスカスの花、ヒンドゥー教の最高神のひとりヴィシュヌ神は、芳香があり薬用に使われるトゥルシー（英語ではホーリーバジル、和名はカミメボウキ）である。

一八世紀にギリシア・ローマの古典芸術の復興を唱える新古典主義が台頭すると、リースやガーランドが大流行した。生花や造花をひも状につなげた飾りが、絵画や彫刻、ドアや窓枠などいたるところに吊るされ、パーティーに欠かせない装飾になった。古代ローマの風習を真似て、出入り口や壁や窓にリースが描かれたり、彫刻されたりもした。イギリスのシャーロット王妃が国王ジョージ三世の即位記念日を祝って一七九三年に舞踏会を開いたとき、王妃はお気に入りの娘のエリザベスに装飾を任せた。エリザベス王女は友人や王室の女性たちの協力を得て九〇〇メートルを超える長さの造花のガーランドを作った。続いて王女は建築家を雇って、このガーランドを活かした装飾を一週間がかりで完成させた。

現代ではスポーツ選手や英雄の偉業を称えるために授与されるのは、月桂冠ではなくメダルになった。しかし、リースは今もなお訪問客を歓迎する役割を果たしている。春は色とりどりの花、秋は色づく枝葉や、葉を落とした優美な小枝で作られるリースは、新しい季節を祝う気持ちにあふれている。今ではイースターにはパステルカラーに塗られた卵、ハロウィーンには黒いコウモリ、感謝祭には七面鳥の飾りをつけたリースやガーランドが、季節の行事の楽しさを演出している。そしてもちろんクリスマスには常緑樹のリースが飾られる。それは新年の幸福を祈って、元日に青々とした枝を輪にして飾ったローマ時代から続く風習だ。永遠の都ローマから続く幸福のシンボルもまた、永遠に受け継がれることだろう。

モノグラム

自分の所有物を他人のものと区別したいという願望は、人類の歴史と同じくらい古くからある感情である。財産に印をつける一番簡単な方法がモノグラムだ。モノグラムはふたつか三つの文字を組み合わせて装飾的な図案にしたもので、名前の頭文字が使われることが多い。

歴史上もっとも古いモノグラムは、ギリシアやローマの支配者が使っていた君主の署名で、コインに刻まれている。モノグラムはコインの上下を打ち型で挟み、ハンマーを打ち下ろして刻印された。コインに刻まれたモノグラムは、そのコインが本物だという証明になり、作られた場所を示す役割も果たした。それから数百年後の八世紀に、フランク王国の国王でローマ皇帝でもあるカール大帝が発行したコインが伝播《でんぱ》した道筋を見れば、カール大帝のヨーロッパ征服の跡をたどることができる。

中世になると、モノグラムは所有権を示す実用的な印になった。この時代には、多くの町で洗濯は村全体の行事として、決まった曜日に共同の洗濯場に集まって、全員の衣類やシーツ類を一

一斉に洗う習慣があった。当時は色や生地、デザインがみな似ていたから、取り違えを防ぐために文字や印を刺繍しておく必要があった。

モノグラムはフランスで大きな発展をとげた。一五四七年にフランス国王アンリ二世は愛妾のディアーヌ・ド・ポワティエにロワール渓谷にあるシュノンソー城を贈った。上品で粋な趣味の持ち主だったディアーヌは、この城に彼女の洗練された好みを反映させたいと考えた。ついでにアンリ二世が自分に注ぐ深い愛情を誇示できればなおさら好都合だった。ディアーヌは自分とアンリ二世の頭文字のDとHを組み合わせたモノグラムを作らせ、それをあらゆる場所に用いた。ドアノブ、ベッド、リネン類、暖炉、さらには絨毯までがふたりの愛の証で飾られた。ディアーヌにとって不幸なことに、アンリ二世は馬上槍試合で負った怪我がもとで亡くなり、王妃カトリーヌ・ド・メディシスはディアーヌをシュノンソー城から追放した。カトリーヌは城のいたるところにあったHとDの組み合わせ文字からDをはぎ取り、代わりに自分の頭文字のCを入れさせた。

同じモノグラムでも、ベッドにイニシャルを刻むのと、地形を作り変えるのとではまったくレベルが違う。何世紀も続いたオスマン帝国の代々のスルタンは、トゥグラと呼ばれる複雑で装飾的なモノグラムを使用していた。一九世紀にアブデュルハミト二世は、自分のトゥグラの形に似せた湖をユルドゥズ公園に造らせた。トゥグラの空白の部分には島を造り、そこにライオンやキリン、シマウマなどの異国の動物を集めた動物園を建てた。今ではもう動物たちはいないが、ピクニックに訪れた人たちは、昔は限られた人しか出入りを許されなかった極楽のような場所でサンドイッチをほおばることができる。

目につく場所はすべて飾り立てなければ気が済まなかったヴィクトリア時代の人々も、大のモノグラム愛好家だった。一九世紀の大衆誌アップルトンズ・ジャーナルには、A・スティール・ペンという人物のこんな嘆きが掲載されている。「印章にも指輪にも、装身具にも時計にも、名刺にも便箋にも……［モノグラムが］あふれている……犬の服にもシャツの襟にもだ。額に入れ墨でもしない限り、もうこれ以上モノグラムを入れる余地はまったくなさそうだ」

モノグラムに取りつかれたのはヴィクトリア時代の人々だけではなかった。ジョージ・W・ヴ

【後悔先に立たず】

モノグラムを決めるときはよく考える必要がある。イギリスのロイヤルファミリーは、結婚するとふたつのイニシャルでモノグラムを作る伝統がある。夫と妻の名前のイニシャルを順に並べるのがしきたりだが、ウィリアム王子とキャサリン・ミドルトンの場合、そのままではWCになってしまう。WCはイギリスでもトイレの略称だ。王子のモノグラムにふさわしいとは言えないだろう。WCが冗談の種になってはいけないので、デザイナーはふたつの文字の順番を入れ替えてCWにし、危ういところを切り抜けた。

ァンダービルトがノースカロライナ州のビルトモア・エステートに建設した二五〇室もある華麗なビルトモア・ハウスでは、一種類のモノグラムではとても足りなかった。家族の印には優美な書体で描かれたGWVが用いられ、テーブルクロスやナプキン、そして使用人のお仕着せのボタンまでこの文字で飾られた。ビルトモア・ハウスの屋根の上には、金箔を貼った銅にジョージ・ヴァンダービルトのイニシャルであるGとVの文字と、どんぐりとオークの葉を浮き彫りにした飾り板がついている。この飾り板は今では銅が酸化して緑青に覆われ、青緑色になっている。ジョージの妻エディスと娘、そして彼の両親は全員それぞれ自分のモノグラムを持っていた。エディスは家族用の車として乗っていた一九一三年製スティーヴンス・デュリエ・モデルCツーリングカーをオフホワイトに塗装して細い黒の縁取りを描き、後部ドアに自分のイニシャルをつけた。

モノグラムは装飾だけでなく、実用的な役割もあった。一八九六年に発表されて以来、ルイ・ヴィトンのモノグラムは高級品の同義語になっている。今では知らない人のいない「LV」のモノグラムは、パリで誕生したおしゃれな旅行鞄《かばん》を模造品から守るために考案された。ココ・シャネルやドゥーニー&バークなどの有名デザイナーも、高級な自社製品のブランドを保護するためにモノグラムを使用している。今日では、紳士用シャツのカフスや胸ポケットにさりげなくつけられたモノグラムが、うっかり他の衣類と一緒に洗濯してしまうのを防いでいる（その役割は数世紀前から変わっていない）。

トピアリー

古代ローマで誕生したトピアリーを見たければ、ディズニーランドに行くのが一番だ。一九六三年に初めてお目見えしてから、想像力を掻き立てる植物の彫刻は来園者を楽しませてきた。「トピアリー」の語源は、「造園家」を意味するラテン語の「トピアリウス（topiarius）」である。トピアリーは、常緑樹や低木を刈り込んで幾何学的な形や動物の形を作る技術を意味している。

ウォルト・ディズニーはヨーロッパのトピアリー庭園を訪れてから、カリフォルニアのテーマパークにも生きた装飾であるトピアリーを加えたいと思い立った。ディズニーランドのダチョウやゾウは確かによくできているが、ローマ時代の芸術家の手の込んだ作品に比べれば単純だ。ローマ時代には皇帝のために艦隊や軍隊をかたどったトピアリーが作られた。

ローマ帝国が滅亡すると、ワイン造りや入浴など、数多くの古代ローマ文化と同様に、トピアリーの技術は修道院に受け継がれた。修道士たちは曲がりくねった一本道があるだけのシンプルな生垣の迷路を作り、その中を瞑想しながら歩いた。

ルネサンス時代には、イタリアの裕福な家族は修道院のトピアリーをヒントに、ヴィラの庭園に精巧なトピアリーをいくつも作った。この生きた装飾の流行はたちまちヨーロッパ中に広まった。ルイ一四世は父であるルイ一三世の狩猟用の館を壮大なヴェルサイユ宮殿に建て替え、造園家のアンドレ・ル・ノートルに装飾的な整形式庭園のデザインを命じた。ル・ノートルの造園プランを実現するために三万人の庭師が動員された。彼はイタリア人好みの具象的なトピアリーより、幾何学的なオベリスクや球体のトピアリーを好んだ。庭園にはルイ一四世の幼い息子を喜ばせるために複雑な生垣迷路が作られ、その中に三九の噴水と三三三の動物の彫刻が設置された。ル・ノートルは四本の脚で支えられた四角い木箱にイチイのトピアリーを植え、それらを庭園中に配置した。トピアリーは自然さえも支配するルイ一四世の権力の象徴であり、国王はそれらをことのほか気に入った。ルイ一四世のひ孫にあたるルイ一五世は、一七四五年に王太子の結婚を祝ってイチイの舞踏会を開いた。この仮装舞踏会には一万五〇〇〇人が出席し、ルイ一五世はイチイのトピアリーの扮装で登場した。この舞踏会でルイ一五世はポンパドゥール侯爵夫人と出会い、ポンパドゥール夫人はそれから二〇年間国王の愛妾として権勢を振るうことになる。

一八世紀になると、刈り込まれた生垣迷路やトピアリーのある手入れの行き届いた庭園の流行は終わり、より自然な風景が好まれるようになった。流行に敏感なマリー・アントワネットは、ルイ一五世がプチ・トリアノンに造らせた植物園を、草花が咲き乱れるイギリス風の庭園に造り変えた。しかしイギリスでは、大邸宅の庭園に昔ながらのトピアリーがそのまま残された。その

【シザーハンズ】

一九九〇年の有名な映画『シザーハンズ』で、ハサミの手を持つ主人公エドワードは郊外の町の生垣を刈り込んで見事な彫刻を作る。恐竜や伝説の生き物、家族の肖像をかたどった彼の作品は、近隣の人々を感嘆させた。映画を観ると、トピアリーの製作は簡単そうに見える。ハサミで軽くチョキチョキすれば、でき上がり！　しかし実際には、トピアリーを作るのはもっと手間と時間がかかる作業だ。

造園家は忍耐を求められる。作品を完成させるには何年もの計画と準備が必要で、形を維持するために植物を注意深く育て、手入れしなければならない。動物や人の形のトピアリーにするには、まず針金で型を作る。それを地面か植木鉢に設置して、植物が針金の型に沿って生長するように、時間をかけて形を整えていく。トピアリーには小さな葉がびっしりと茂るツゲの木が最適だ。もちろん慎重な剪定作業は欠かせない。

代表的な例がカンブリアのリーベンスホールで、今でも一〇〇を超えるトピアリーが来園者の目を楽しませている。

一九世紀になると、アメリカの新興成金の娘たちが教養に磨きをかけるため、そして資産を失ったヨーロッパ貴族と結婚するためにヨーロッパに渡航した。いわばお金で爵位を買ったわけである。ロードアイランド州ニューポートの邸宅に戻った新婚夫婦は、フランスのドルドーニュ渓谷に建つマルケイサック城のようなヨーロッパの大邸宅をモデルに、自宅に庭園を造った。金ぴか時代に造られた庭園の代表例のひとつが、ロードアイランド州のナラガンセット湾を見下ろすグリーン・アニマルズ・トピアリー・ガーデンである。この名前は、敷地内に点在する八〇を超えるトピアリーにちなんでつけられた。ジャクリーン・ブーヴィエ（後のケネディ夫人）は一九四七年にここで開かれたパーティーで社交界デビューを飾った。ジャクリーンは数年後にふたりの子供、ジョン・ジュニアとキャロラインを連れてこの庭園を再訪している。敷地内の邸宅で開催される毎年恒例の収穫祭を祝うパーティーに出席し、トピアリーでできた肘掛け椅子に座って写真を撮った。

ジャクリーン・ケネディはトピアリーを好み、ホワイトハウスのローズガーデンを一九六二年に、イーストガーデン（一九六五年にジャクリーン・ケネディ・ガーデンと改称された）を一九六三年に改修した際にもその趣味が生かされた。ジャクリーンが雇ったアメリカの慈善家で園芸家でもあるバニー・メロンは、テラコッタ製の鉢に植えた小型のトピアリーを気に入っていた。「それはまるで生きて呼吸をしている生き物のように見えました」とメロンは二〇一四年にニューヨーク・タイムズ紙のインタビューに答えて語っている。ホワイトハウスに動物の形の樹木がふさわしいかどうかはともかく、メロンの指示でアイゼンハワー大統領時代に植えられたヤシの木は引き抜かれ、代わりにヴェルサイユ宮殿でも使われていた巨大な木製の植木鉢に植えた四角く刈り込まれたツゲが配置された。

トピアリーのために求められる時間と労力や手間を詳しく考えると、トピアリーは気の弱い人や予算を気にする人には向いていないように思える。しかし忍耐力と、注意深い目と手があれば、あまりお金をかけなくてもトピアリーの傑作を作ることはできる。一九八〇年にアフリカ系アメリカ人で缶工場の技師であり、アマチュアのトピアリー製作者であるパール・フライアーが、地元の苗木園が廃棄した高木や低木をもらってきて、サウスカロライナ州のビショップヴィルの自宅前の芝生に樹木の彫刻を作り始めた。現在では敷地内に三〇〇本近いトピアリーがある。パールのように五年から一〇年もかけて気長に木の生長を待てないという人や、トピアリーを披露するほど広い芝生がないという人も、あきらめる必要はない。本物でも作り物でも、植木鉢に植えたトピアリーをオンラインで買えば、翌朝には家の前に届くだろう。玄関脇で人の出入りを見守るほど大きなトピアリーでも、机や食卓を飾る程度の小さなトピアリーでも、好みや予算に合わせて、きっとあなたにぴったりなトピアリーがひとつ（あるいはもっと）見つかるだろう。

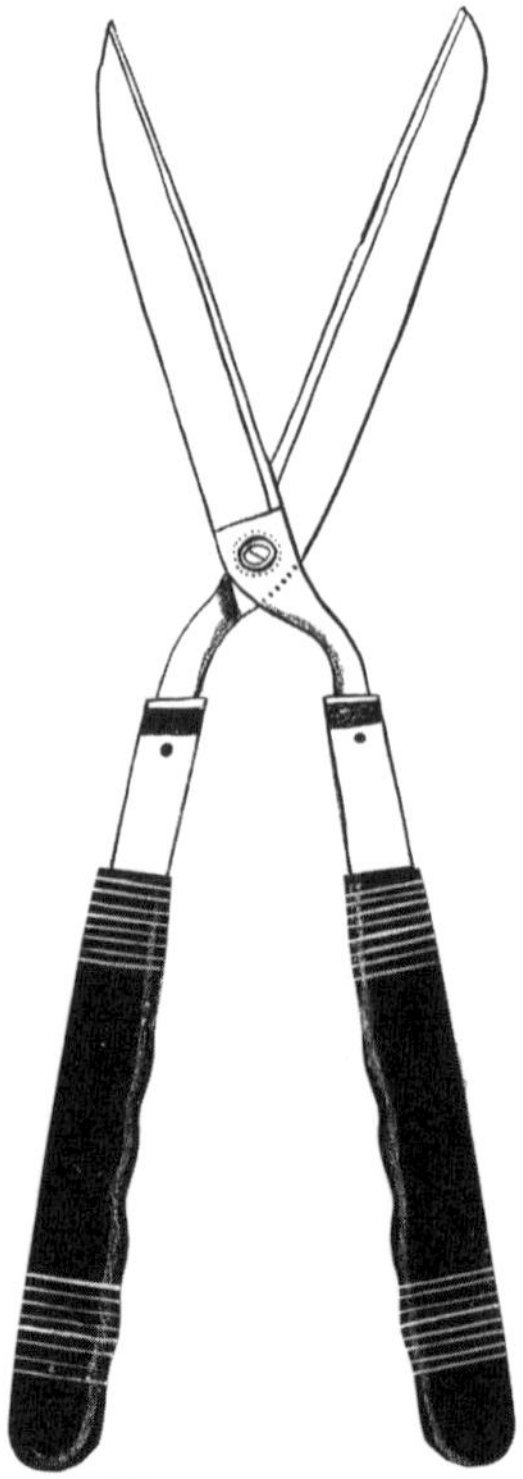

フロカティ・ラグ

デイヴィッド・ホックニーが描いた『クラーク夫妻とパーシー』は、ロンドンのテート美術館でもっともよく知られた肖像画のひとつだ。この有名な絵画は、一九七〇年代のイギリスを代表する話題のカップル――テキスタイルデザイナーのセリア・バートウェルとファッションデザイナーのオジー・クラーク――が愛猫を抱いてリビングルームでくつろぐ姿を描いている。クラークの裸足は毛足の長い白いラグに埋もれている。しかもただの白いラグではなく、史上もっともふわふわだと言われるフロカティ・ラグだ。

フロカティ・ラグのふわふわ感は、他のラグとは比べものにならない。平均的なフロカティ・ラグの毛足《パイル》の長さは七・五センチメートルだが、最高級の羊毛を使って細かく織られた最高品質のフロカティ・ラグともなると、毛足の長さは一二センチメートルに達する（もしもフロカティ・ラグにイヤリングを落とそうものなら、二度と出てこないとあきらめた方がいいだろう）。

フロカティ・ラグは、山吹色のようなハーベストゴールド色のキッチンや、周囲の床より一段低いスペースに作ったリビングルーム、そしてラバランプ（水の入った透明な管の中で浮遊物が形を変えながら浮き沈みするランプ）が人気だった二〇世紀半ばの産物だと思われるかもしれない。しかし実際には、フロカティ・ラグにはもっと古い歴史がある。アレクサンドロス大王は紀元前四世紀に小アジアからエジプトまで侵略した遠征の間に、テントで暖かく過ごすために毛足の長い初期のフロカティ・ラグを使っていた。このラグはギリシアのピンドス山脈の標高の高い村で暮らす羊飼いによって作られた。彼らは主として乳製品を作るためにヤギやヒツジを飼い、羊毛を衣類や敷物に利用した。羊毛を織ってラグに仕立てると、羊飼いは山を流れる川でラグを洗った。あるとき彼らがラグを滝の下で洗うと、叩きつけるような水でラグの裏地が締まって、毛足がいっそうふんわり立ち上がるのに気づいた。

フロカティ・ラグを作るには長い時間と労力が必要なため、このラグは床に敷くにはもったいないほど貴重なものだった。そのため、フロカティ・ラグはすきま風を防ぐためにベッドや壁にかけて使われた。フロカティ・ラグは質素な小屋でも裕福な屋敷でも重宝され、ギリシアでは嫁入り道具に必ず加えられた。フロカティ・ラグの生産の中心地であるギリシア北部のトリカラの町では、伝統的な結婚式にフロカティ・ラグはつきものだった。若い女性の好みに合わせて色鮮やかな縁取りがされたフロカティ・ラグは、花嫁が家から教会まで乗っていく馬やロバの鞍の下の敷物として織られた。

フロカティ・ラグは昔から使い方や形が比較的変わらない数少ない家庭用品のひとつだ。フロカティ・ラグの世界的な人気には波があったが、最高潮に達したのは一九七〇年代初めで、ジャクリーン・ケネディ・オナシスの影響が大きい。ギリシアの海運王アリストテレス・オナシスと再婚後、ジャクリーンは結婚生活の最初の数年間をかけて、イオニア海のスコルピオス島にオナシスが所有していたピンク・ハウスという名の邸宅の改装に取り組んだ。ギリシアの伝統的な装飾を取り入れて、ジャクリーンはベージュと白のフロカティ・ラグを家中に敷き詰め、テラコッタ製のタイルの床に温かみを添えた。ジャクリーンの好みならさぞかしいいものに違いないというわけで、フロカティ・ラグは爆発的な人気を獲得した。

一九六〇年代から八〇年代初期にかけて、手織りのギリシア産フロカティ・ラグに追随するように、部屋全体を覆う大きさの毛足の長い化学繊維の絨毯が市場に出始めた。ポリエステルやアクリルなどの素材は安価で、どんな大きさの絨毯も作れる強みがある。毛足の長い絨毯がもっとも驚くような使い方をされ

【シャギーラグ】

フロカティ・ラグは市場に出回っている手作りラグの中ではもっともふわふわしているが、フロカティ・ラグだけがシャギーラグというわけではない。世界中の牧羊民族は、独自のシャギーラグを作ってきた。中でもモロッコのベニワレンと呼ばれる部族が作るラグはよく知られている。フロカティ・ラグが主として模様のない一色のラグなのに対し、ベニワレン・ラグは白かクリーム色の地に黒か茶色の幾何学模様が織り込まれている。ル・コルビュジエ、アルネ・ヤコブセン、アルヴァ・アアルト、マルセル・ブロイヤー、チャールズとレイのイームズ夫妻、そしてフランク・ロイド・ライトなど、二〇世紀半ばを代表する有名建築家や家具デザイナーがベニワレン・ラグをインテリアに取り入れたため、ベニワレン・ラグは一気にもてはやされるようになった。

たのは、おそらく女優のジェーン・マンスフィールドの四〇室あるビバリーヒルズの豪邸だろう。ほとんどあらゆる空間が——ショッキング・ピンクのバスルームも含めて——毛足の長い絨毯で床から天井まで覆われた。化学繊維の絨毯を過剰なまでに使用したこの豪邸は、天然素材の衰退を告げる弔いの鐘を鳴らしていたのかもしれない。

一九九〇年代に、ロサンゼルスのスタンダード・ホテルのような流行の最先端の空間を作り出すデザイナーがフロカティ・ラグを再発見した。現代のフロカティ・ラグは今もギリシアの山岳地帯で作られている（フランスのシャンパーニュ地方で作られたスパークリングワイン以外は「シャンパン」の呼称を認められないのと同じように、羊毛を使用してギリシアで生産されたラグでなければフロカティ・ラグと呼ぶことはできない）。生産工程は近代化が進んだ。今ではフロカティ・ラグは手織りではなく自動化された織機で作られ、材料の羊毛はギリシア産ではなく、ニュージーランドから輸入している。しかし最終生産工程は基本的に昔から変わっていない。フロカティ・ラグは最後に屋外に出し、滝の水で洗うことで完成する。フロカティ・ラグは伝統的に白いラグなので、水は澄み切っていなければならない。激しい雨が降って川に泥やごみが流れ込んでいるときは、川の水が透明に戻るまでラグを洗う作業は中止される。山腹を流れ落ちる冷たい水を樋で取水し、フロカティ・ラグを入れた大きな容器に注ぎ込むと、水圧で渦ができ、ラグの毛足をふんわりと立たせるのである。洗い終わったラグは干されて、世界中の素足を温めるために出荷される。

デュベ

幸せな人生の指南役として有名なベストセラー作家のグレッチェン・ルービンによれば、毎朝きちんとベッドメーキングするのは、やる気を高めて一日を気分よく過ごす最良の方法なのだそうだ。しかし、もうすぐ出かける時間だと焦りながら、ねじれたシーツをピンと張り、しわだらけのブランケットを伸ばそうと悪戦苦闘した経験のある人なら、ルービンのアドバイスには素直にうなずけないかもしれない。デュベはそんな人にうってつけの寝具である。

デュベは羽毛や羊毛、ポリエステルなどの中綿が入った掛け布団に、外して洗えるカバーをかけたものだ。デュベがあれば、フラットシーツ（ブランケットや掛け布団の汚れを防ぐためのシーツ）を使わなくてすみ、ベッドメーキングの手間がおおいに省けるすぐれものである。

羽毛がいつ頃から掛け布団の理想的な中綿とみなされるようになったのかはよくわからない。一世紀にはすでにアジアで羽毛布団が使われていたのがわかっている。この羽毛布団は、幅の広いキルト（羽毛を入れる仕切り）が縦方向にざっくりと縫われていた。この構造のおかげで羽毛が隅に偏るのを防げるだけでなく、仕切りの中で羽毛がふっくらとふくらんで、温かい空気を保つことができた。

ヨーロッパやアメリカでは、フェザーベッドと呼ばれる羽毛マットレスを体の下に敷いて寝ていた。しかし一七世紀になると、ドイツ北部やスカンディナヴィア諸国のような寒い地域では、フェザーベッドを体の上にもかけるようになった。アヒルの胸から採取するダウンと呼ばれるふんわりした柔らかい綿毛は、暖かさを保つには最高の素材である。しかしフェザーベッドを作るにはおよそ二三キログラムの羽毛が必要で、それだけの羽毛を集めるには何年もかかった。そのため、フェザーベッドは価値ある財産として持参金や相続財産に加えられる場合が多かった。

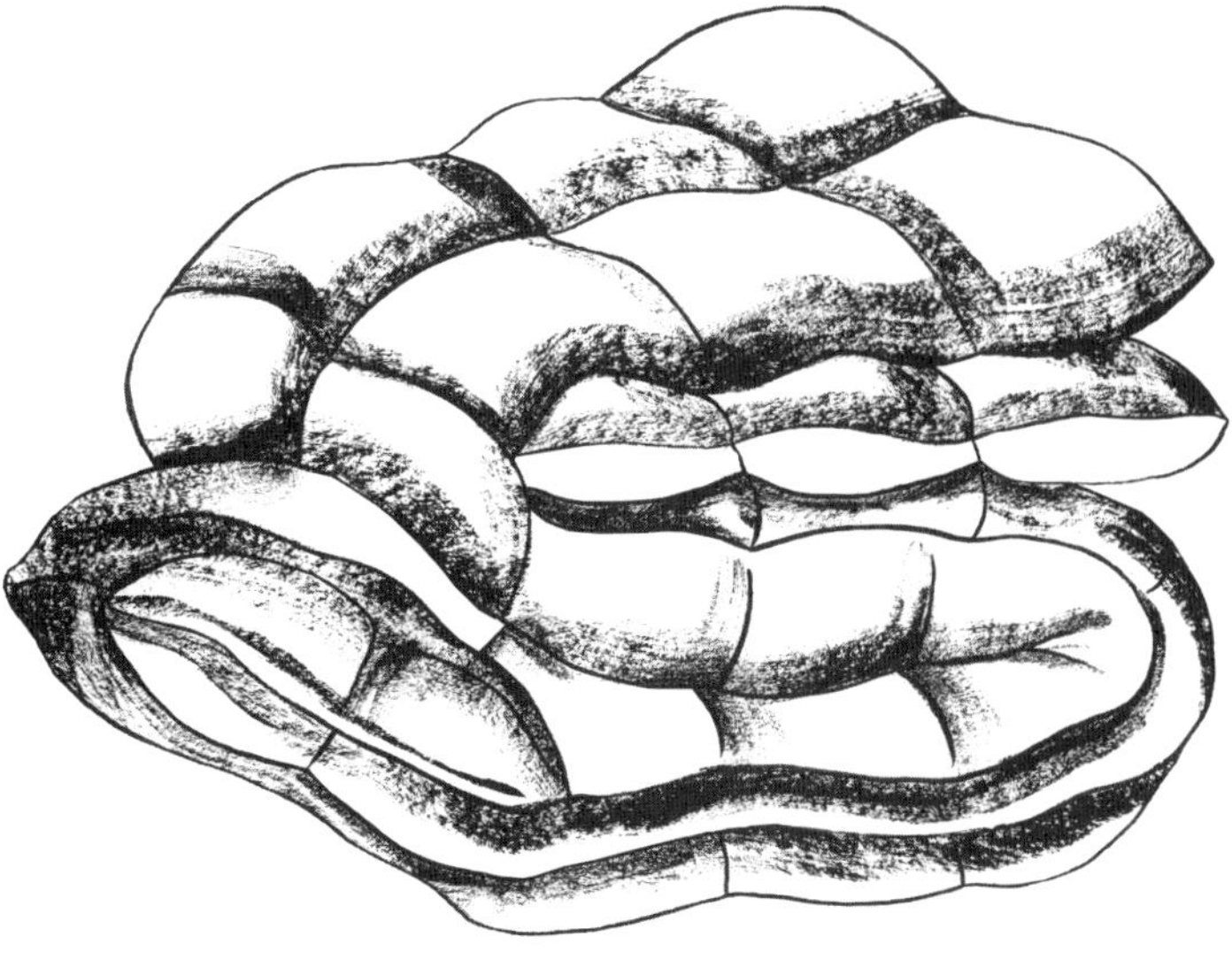

一七〇〇年にイギリスの旅行家ポール・リコーは、イギリス人に羽毛布団を広めようと考え、友人ひとりひとりにおよそ二・五キログラムのダウンと布団の作り方の詳細な説明書を送った。しかしこの新型の掛け布団はイギリスでは普及しなかったようだ。五〇年後にイギリスの作家トーマス・ニュージェントは、ドイツ北西部の人々のフェザーベッドの使い方に驚いて、回想録『旅行記［*The Grand Tour*］』にこう書いている。「この土地の人々には独特な習慣があって、寝るときにブランケットやシーツで体を覆うのではなく、一枚のフェザーベッドを体の上にかけ、もう一枚のフェザーベッドを下に敷いている」

ヴィクトリア時代になると、ようやくイギリスの市場にデュベの前身であるアイダーダウンが登場した。現在はアイダーダックの巣から採取されるダウンでなければアイダーダウンとは呼ばないが、当時のイギリスでは、アイダーダウンは暖かな詰め物をしたキルトの掛け布団を意味していた。アイダーダウンは木綿や絹、あるいは化学繊維を詰めたものが多く（羽毛はめったに使われなかった）、現代のデュベよりはるかに重みがあって、どっしりした羊毛のブランケットの代わりに使うのにぴったりだった。

フェザーベッドは軽く、暖かくて寝心地がいいが、人間だけでなくネズミや害虫にとっても魅力的なのが難点だった。当時、ほとんどの家庭はネズミや忌々しいトコジラミと絶え間ない戦いを繰り広げていた。この戦いに勝つ見込みはほとんどなかった。一八二四年にロンドン市長官邸のマンション・ハウスでは、立派なベッドを（金糸の刺繍のある豪華なダマスク織の天蓋カーテンも含めて）焼却処分しなければならなかった。綿密な調査の結果、フェザーベッドに手がつけられないほど虫がわいているのがわかったからだ。フローレンス・ナイチンゲールのような医療のプロが、「病人であれ健康な人であれ、決してフェザーベッドを使ってはいけません」と注意を促したのは当然だろう。しかしヴィクトリア時代の人々には、必要最小限の物しか持たないミニマリストのような生き方は性に合わなかった。彼らはふんわりとした柔らかいベッドで眠る誘惑には勝てなかったのだ。羽毛掛け布団が普及していなかったイギリスでは、現代の私たちのベッドメーキングと同じように、何枚ものブランケットやシーツを重ねるのが普通だった。ヴィクトリア時代の人々は、季節によってフラットシーツ、数枚のブランケット、アイダーダウン、さらにその上にベッドカバーをかけた。

デュベがベッドの世界を席巻《せっけん》したのは二〇世紀半ばになってからで、それはイギリスのインテリアデザイナー、テレンス・コンランの功績である。一九五〇年代に、まだ二〇代だったコンランはスウェーデンを旅行中、泊まった部屋に見慣れない寝具が使われているのに気づいた。それはダウンを詰めたキルトに木綿のカバーをかけた布団だった（ダウンのキルトを木綿カバーに入れるアイデアは、スウェーデン人の思いつきのようだ）。イギリスで見慣れているフラットシーツやブランケットは見当たらなかった。コンランはこの寝具のベッドメーキングの簡単さと手軽さがすっかり気に入った。彼は二〇一〇年にイギリスの新聞インディペンデント紙にこう語っている。「私はたぶんガールフレンドと一緒に泊まっていたと思う。だからそのときに見た掛け布団が、当時の自由なセックスや気楽な生活の時代の風潮の一部のように思えた」。コンランは一九六四年に画期的なインテリア・ショップ、ハビタの一号店をロンドンのチェルシーにオープンした。目玉商品はもちろん、デュベである。

ハビタはデュベを売るために、「一〇秒ベッドメーキング」のキャッチフレーズで精力的なキャンペーンを展開した。販売員がイギリス中の店舗に出かけて、乱れたベッドを素早く整える実演を何日も繰り返し行ない、デュベを使えばベッドメーキングがどれほど手早くできるかを宣伝した。デュベを使うもうひとつの利点は、カバーを外して洗えることである。カバーを替えるだけで、お金をかけなくても寝室の雰囲気を簡単に変化させられる。カバーを変えられる掛け布団(最初はコンチネンタル・キルトと呼ばれた)はたちまちイギリス中で人気商品になり、英仏海峡を越えて大陸側にも広がった。流行に敏感なフランス人がコンランの寝具に飛びつき、ダウンを意味するフランス語で「デュベ」と呼んだため、その名前が定着した。

アメリカでは一九七〇年代にハビタの店舗がオープンしたが、アメリカ人がデュベを受け入れるまでには時間がかかった。デュベはベッドを素早く簡単に整えられるという利点があるが、デュベの中身をカバーに入れるのは、実はベッドメーキングでシーツの四隅をきちんと整えるのと同じくらい難しい。実際、デュベはなかなかアメリカの寝室に進出できなかったが、一九九〇年代にライフスタイルの提案者として有名なマーサ・スチュワートがデュベを気に入って宣伝したのがきっかけで、人気に火がついた。デュベの大ファンになったスチュワートは、自分が発行している人気雑誌にデュベを手作りする方法を載せたり、自分のブランドのリネン製品として布団カバーと枕カバーのセットを発売したりした。

デュベは次第にアメリカでも人気を獲得したが、イギリスのようにひとつの文化になるまでにはいたらなかった。イギリスでは、雇用主が従業員に「デュベの日」を認める会社がある。デュベの日はアメリカの「メンタルヘルスの日」や「パーソナル・デー」と同じで、適切なワーク・ライフ・バランスを実現するために認められている休暇である。前もって予告しておかなくても、「デュベの日」を取った従業員は仕事を休んでベッドで過ごしてもとがめられる心配はない。デュベにくるまって過ごせば最高だろう。

ビリヤード台

ビリヤードといえば、タバコの煙の立ち込める広間にたむろする粋がったギャンブラーを思い浮かべるかもしれない。あるいは夜会服に身を包んだ男女が板張りの部屋でしゃれた会話を交わしながら、軽々とバンク・ショットを決める姿を想像する人もいるだろう。しかしビリヤードの起源を知るためには、屋外に目を向ける必要がある。

ビリヤードの原型となったのは屋外スポーツのひとつで、プレーヤーが球を棒で突き、円錐や杭、アーチなどの障害物を避けながら球をゴールに向かって進めていく競技だった。この競技の起源は古代エジプトまでさかのぼり、さまざまな形に変化しながら、中世までプレイされ続けた。戦乱の続く中世では、人々は城壁を築いてその内側に家を建て、侵入者から身を守るために寄り集まって暮らした。住民は安心して暮らせたが、屋外スポーツを楽しめる場所は少なくなった。かつて広い競技場でプレイしていた競技は、狭い場所でも楽しめるように形を変え、クロッケーやボッチェのようなゲームが誕生した。一四世紀初頭になると、グラウンド・ビリヤードと呼ばれる競技が中庭や囲い地でプレイされた。地面を掘り下げて周囲より低い位置に専用の競技場が作られる場合もあった。

球を拾い上げるためにいちいちかがむのは嫌だと誰が最初に言い出したのか、今となっては知るよしもない。おそらくルネサンス期の洗練された上流階級の雰囲気の中で、ぎっくり腰になりかねない姿勢は避けるべきだと貴族の誰かが決めたのだろう。まもなく宮殿や修道院でビリヤードをするときは、台上でプレイするようになった。道具も洗練され、精巧な彫刻が施された台や、象牙製の玉、先端が象牙の突き棒、真鍮または銀製のアーチが用いられた。

木製の台の表面に球がぶつかる音を和らげるために、台の上に布が敷かれ

た。ビリヤードは本来芝生の上でプレイされる競技だったから、緑色の布が好まれ、現在もビリヤード台と言えば緑と決まっている。一五〇〇年代に創意工夫に富んだプレーヤーのひとりが、狙いが外れた球を受け止められるように、台から垂れる布の端に切れ込みを入れてポケットを作った。

一四〇〇年代末にルイ一一世が初めてフランス宮廷にビリヤード台を持ち込んで以来、宮廷からビリヤードが姿を消すことはなかった（フランス革命によって国王の方が宮廷から姿を消した）。廷臣は国王の機嫌を取るために、こっそりビリヤードのレッスンを受けて腕前を上げた。それから二〇〇年後、ルイ一四世はビリヤードに夢中になった。お気に入りのヴェルサイユ宮殿の回廊を通って、ルイ一四世は毎晩のようにディアナの間を訪れた。ディアナの間の中央には、金色の縁飾りのついた赤いベルベットの布（国王の靴の赤い靴底によく合う）で覆われたビリヤード台があった。国王が見事なショットを放つたびに廷臣の夫人たちが拍手喝采したので、この部屋は「拍手の間」とも呼ばれた。

ビリヤードは国王だけの娯楽にとどまらなかった。貴婦人たちもビリヤードの魅力に取りつかれた。イングランドで囚われの身となったスコットランド女王メアリーは、自分のビリヤード台が取り上げられたのを何よりも嘆いた。マリー・アントワネットはプライベートなダイニングルームに高さを変えられるビリヤード台を設置し、投獄される前夜もルイ一六世とプレイした（毎度のことながら王妃が勝った。彼女の秘密兵器は象牙製の突き棒で、棒の先端は金だ

【ビリヤードってどんなゲーム?】

ビリヤード――長方形の台の上で長い棒を用いて小さな球を転がすゲームの総称。歴史を振り返ると、ビリヤードのカテゴリーに分類されるゲームは無数にあった。しかし今日では、ビリヤードと言えば次の三つのどれかを指す場合が多い。

◉キャロム

西ヨーロッパでビリヤードと言えば一般的にキャロムを指す。キャロムはポケットのない台と三つの球を使用する。白い手球を突いて他のふたつの球に当てれば得点になる。

◉ポケットビリヤード

アメリカで一般に行なわれている競技。六つのポケットがあるビリヤード台を使用する。使用する球は白い手球一個、帯状に色が塗られた七個のストライプ・ボール、一色に塗られた七個のソリッド・ボール、そして黒い八番ボールである。ふたりのプレーヤーがそれぞれストライプ・ボールとソリッド・ボールのどちらを落とすかを決め、七個の球をすべて落としてから、八番ボールをポケットに落とせば勝ちとなる。

◉スヌーカー

六つのポケットがあるビリヤード台で一五個の赤いカラーボールと色の異なる六個のカラーボール、一個の手球を使ってプレイする。カラーボールは色によって得点が異なり、白い手球ですべての球を落とせば一フレーム終了となる。もっとも得点の多いプレーヤーがそのフレームを獲得し、もっとも多くのフレームを獲得したプレーヤーがその試合の勝者となる。スヌーカーはイギリスの陸軍士官によって考案され、今でもイギリスでよくプレイされている。

った)。ロシアの女帝エカテリーナ二世は美しい螺鈿《らでん》細工のカエデ材のビリヤード台を持っていた。

一九世紀には、ヨーロッパやアメリカの富裕層の邸宅に必ずビリヤード台が置かれるようになった。それには女性たちの願望が強く働いている。紳士は酒場やコーヒーハウス、ビリヤード場でビリヤードを楽しめたが、品位ある女性がそういう場所に出かけるのはご法度だった。しかし上品ぶったイギリス社会でさえ、男性も女性もこぞってビリヤードの腕前を競い合った。ビリヤードはほっそりしたウエストやたくましい腕を見せびらかす絶好の機会だったのだ。そこで家庭内にビリヤード台が置かれるようになった。ビリヤードでひと勝負するのは夕食後の一般的な娯楽だった。一九世紀にイギリスで建設された壮大なカントリーハウスのうち、三分の二以上にビリヤード室があった(隣にはたいてい喫煙室が設けられた)。

二〇世紀初めになると、ビリヤード場には飲酒や賭博や悪徳の温床というイメージが生まれた。アメリカではビリヤードそのものが、老いも若きも年齢を問わず男性を堕落させる甘い誘惑だとみなされるようになった。一九五〇年代になると、ビリヤード場とその常連、たとえば映画『ハスラー』でポール・ニューマンが演じた主人公のような人物が労働者階級の憧れになった。今日巷で流行している創作カクテルと同じように、ビリヤード場は昔懐かしさも手伝って人気を取り戻し、家庭用のビリヤード台はステータスシンボルになった。イギリスのカントリーハウスやフランスの宮殿と同様に、ハリウッドではビリヤード台が映画界の大物やスターの邸宅の必需品になった。ビリヤードには詐欺師《ハスラー》や、バーやいかがわしいサブカルチャーのイメージがつきまとっているが、豪華で贅沢な雰囲気は今も健在だ。ビリヤード台が高価で、一度置いたら簡単に動かせないのがその理由のひとつだろう。王侯貴族のゲームを楽しむためなら、それくらいの出費を惜しんではいけないのかもしれない。

長椅子

長椅子ほど非実用的なものはないだろう。長く伸びた肘掛け椅子のように見えるこの家具を、本当に必要とする人はいるのだろうか。この椅子は英語でシエーズ・ロング（chaise longue）と呼ばれる。これは「長い椅子」という意味のフランス語だが、多くの人がこの言葉を間違って発音している。

ほとんどの人が「Chaise（シェーズ）」は正しく読めるが、「longue」が曲者《くせもの》だ。これは「ロング」だが、スペルの似ている「ラウンジ（lounge）」と混同する人が多い。実際、言葉の使い方の専門家ブライアン・A・ガーナーによれば、「シェーズ・ラウンジ」と言ったり書いたりするのは「恥ずべき間違い」で、とても「低俗」なのだそうだ。だからフランス語に自信のない人は、ただ「シエーズ」と呼ぶ方が無難だろう。

長椅子の起源は、古代エジプト人が考案した椅子と寝椅子を合わせた形の椅子までさかのぼる。この長椅子は照りつける砂漠の太陽を避けて午後の休息を取る（召使に扇であおがせながら）のにぴったりだった。ギリシア人、そして後にはローマ人も、長椅子を家庭に取り入れ、テーブルに向かって座る（というよりもたれかかる）ために使った。この木製の長椅子は、座り心地をよくするために枕やゆったりした敷物、シマウマやヒョウなど異国の動物の毛皮がかけられていた。中世になると、寝そべって食事をする習慣（自由気ままなローマ人を象徴する姿だ）がすたれ、長椅子も使われなくなった。

ところが一八世紀になると、ゆったり座ってくつろぐ（シャンパングラスを片手に持ったマリー・アントワネットのように）ことが好ましい午後の過ごし方になり、その習慣はフランスからヨーロッパ中に広がった。長椅子はこの目的にぴったりだった。ローマの長椅子は男性が食事をする場所だったが、一八世紀には貴婦人の寝室になくてはならないものになった。

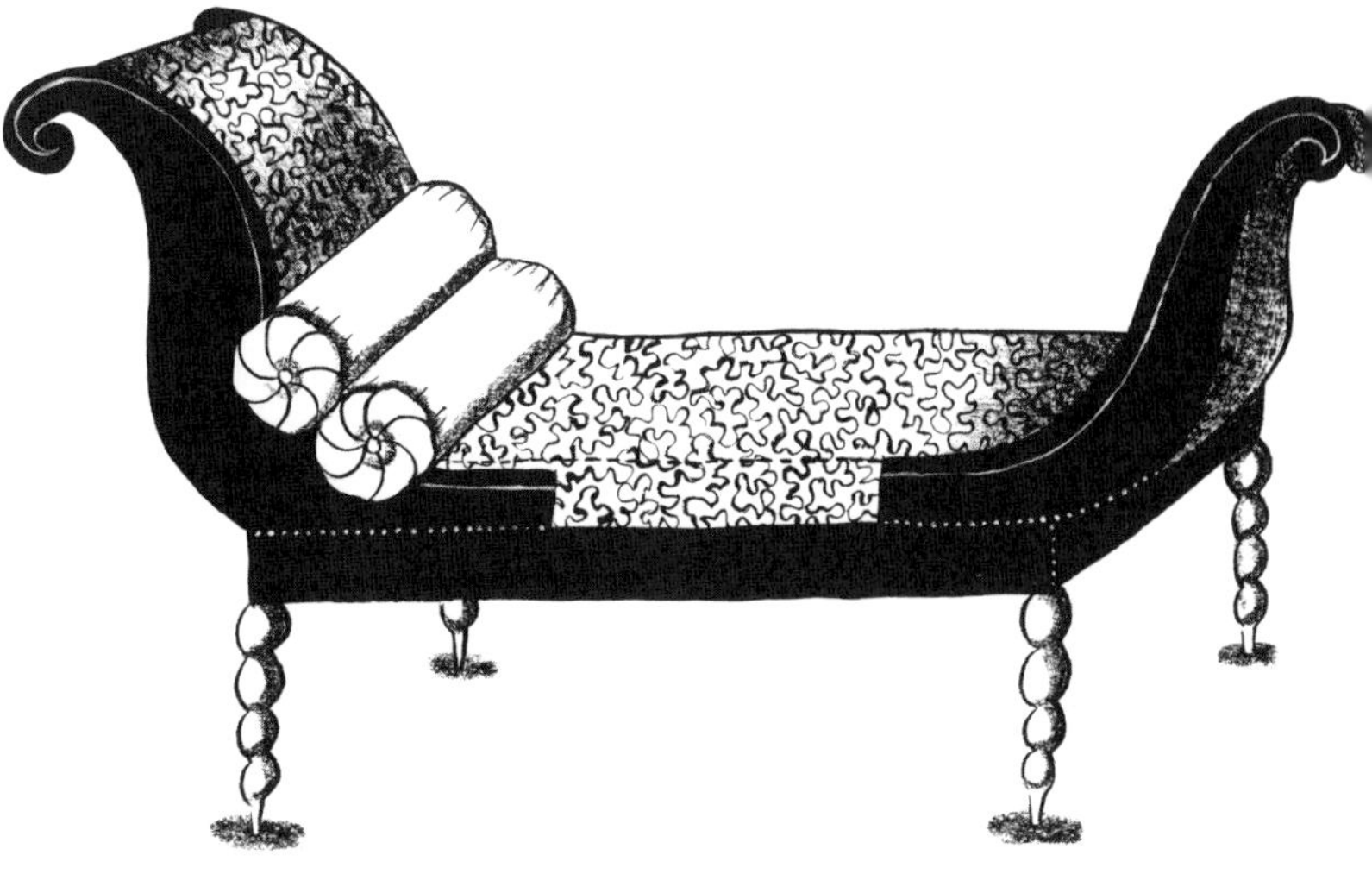

一九世紀初めに長椅子がにわかに脚光を浴びた。有名なフランス人画家のジャック＝ルイ・ダヴィッドが描いたレカミエ夫人の肖像画の影響である。社交界の花形だった二三歳のレカミエ夫人が、素足で長椅子にもたれる魅惑的な姿を描いたこの肖像画は、好色なパリ市民にさえ衝撃を与えた。当時の女性は、お客を迎えるときは刺繍が施された小さな絹の掛け布で素足を覆うのが常識だったからだ。この肖像画のおかげで長椅子はおおいに売れた。これが長椅子のCMだとしたら、二〇世紀の広告業界でもダヴィッドは鼻高々だっただろう。たとえ一九世紀だろうと、セックスアピールには計り知れない宣伝効果がある。

ヴィクトリア時代になると、長椅子は女性の寝室から、家具でごてごてと飾られた居間に移動した。当時の女性はコルセットをきつく締めつけていたせいでしょっちゅう目が回り、息苦しさからよく気を失っていた。居間に置かれた長椅子は、気絶した女性を横たえるのにうってつけだった（そのせいで「気絶用長椅子《フェインティング・カウチ》」という名前まで生まれた）。

長椅子は一九世紀末のフロイト心理学に欠かせない要素になった。フロイトは心理学者として、初期には患者の治療に催眠術を用いていた。患者は医師と向き合わない姿勢で横になっている方が、リラックスし、心を開いて指示を受け入れやすいとフロイトは気づいた。フロイトは最後には催眠術を治療の手段として使うのをやめたが、患者を診るときは長椅子を使い続けた。実際、赤いトルコ絨毯で覆われた長椅子はフロイトのロンドンの診療所の主役だった。

一九三〇年代になると、長椅子は心理学者の診療所から銀幕へ躍り出た。グレタ・ガルボやジーン・ハーロウ、グロリア・スワンソンなど、主役級の女優がこぞって長椅子に身を横たえ、胸元が深く開いた肩ひもの細い袖なしのサテンのナイトガウンをまとって、カメラマンに向かってポーズをとった。今日では、長椅子は映画スターやファッションモデルの撮影の定番になっている。ときには地位の高いビジネスウーマンでさえ、女性らしさを印象づけるために長椅子を利用することがある。

レカミエ夫人の肖像画に触発されて、一九八六年にオーストラリア人デザイナーのマーク・ニューソンは、彼を一躍有名にした長椅子、ロッキード・ラウンジをデザインした。この銀色の長椅子の形は、まるで「水銀の滴」を思わせる。おそらくニューソンはレカミエ夫人のもの憂げなポーズから、滑らかな液体を連想したのだろう。ニューソンはサーフボードの素材と同じ発泡フォームを使って椅子の原型を作り、叩いて薄く伸ばしたアルミニウムのシートで覆って鋲《びょう》で留め、ロッキード社製のジェット機の機体を思わせる外観に仕上げた。この長椅子は二〇一五年のオークションで三七〇万ドルで落札され、現存するデザイナーの作品では最高額を記録した。マドンナは一九九三年の「レイン」という曲のミュージック・ビデオでロッキード・ラウンジを使用した。このビデオが曲の売り上げに貢献したのは間違いないだろう。

あわただしい現代のライフスタイルでは、のんびりくつろげる時間は限られている。公共の場でも私的な生活空間でも、長椅子はソファや、ひとり掛け用の椅子に取って代わられた。しかし、ある程度のゆとりがある部屋なら、長椅子を家具に取りいれてみてはどうだろう。きっとひと息入れたくなるはずだ。

「お客様の到着が告げられたら、必ず立ってお迎えします。長椅子に寝そべったままではいけません」

――コンスタンツェ・フォン・フランケン著『すぐれた礼儀とマナーの手引き［*Handbook of Good Form & Fine Manners*］』（ベルリン、一九二二年）

キアヴァリ椅子

結婚披露宴やゴールデングローブ賞授賞式、あるいはホワイトハウスのディナーパーティーなど、格式の高い行事に出席したとき、あなたが座るのはおそらくキアヴァリ椅子だろう。軽くて重ねやすいこの優美な椅子は、パーティー会場の椅子として大人気だ。

キアヴァリ椅子はフランスのエレガンスとイタリアの情熱の幸運な出会いによって誕生した。一八〇七年にイタリアのキアヴァリの侯爵、マルキス・ステファノ・リヴァローラはパリを訪れ、当時大流行していた新しいスタイルの椅子に目を引かれた。それはルイ一五世様式のパネルバック・チェアと呼ばれる背もたれつきの椅子だった。キアヴァリ経済団体の会長だったリヴァローラ侯爵は、この椅子を彼の地元の町に持ち込めば、もっと改良できるだろうと考えた。侯爵はパリで購入した椅子を見本としてイタリアン・リヴィエラの邸宅に持ち帰り、キアヴァリ随一の木工職人ジュゼッペ・ガエターノ・デスカルツィに渡した。デスカルツィは見本の椅子を見て、すぐに何をすべきか理解した。椅子からすべての詰め物を取り除くと、それだけで無駄のないすっきりしたデザインになった。デスカルツィはさらに木製のフレームを細くし、背もたれや脚の間隔を狭くした。そして最後に、曲線を描く猫脚をまっすぐな脚に変えた。こうして侯爵がパリで見つけた椅子より軽く、しかもシンプルで洗練された椅子が完成した。デスカルツィはこの椅子が誕生した場所に敬意を表して、彼が創作した椅子に「キアヴァリーネ」、つまり「小さなキアヴァリ」と名づけた。

重いオーク材の椅子を別の部屋へ移動させようとした経験のある人なら、優美なキアヴァリがたちまち大人気になった理由にうなずけるだろう。当時の椅子はたいていずっしり重くて、華やかな彫刻が施されていた。そういう椅子はいつも同じ場所に置いておくのが普通で、動かそうとすればぎっくり腰になるのがおちだった。椅子があまりに重すぎて、召使に後ろに引いてもらわなければ座れないことも多かった。

身分の高い人は例外なくキアヴァリ椅子を所有していた。ヴィクトリア女王がワイト島にあるお気に入りの離宮、オズボーン・ハウスでヨーロッパ政策を練るとき、キアヴァリ風の椅子に座っていたのはよく知られている。プロイセン皇太子フリードリヒは、ポツダムにあるシャルロッテンホーフ宮殿を改修した際にキアヴァリ椅子を採用した。ナポレオン三世と美しく華やかな皇后ウージェニーは、サン＝クルー城とフォンテーヌブロー宮殿の両方でキアヴァリ椅子を使用した。

ある製品の人気を高めるもっとも効果的な方法は、有名人に使ってもらうことだ。そして一流品の印象を与えたければ、王侯貴族の手を借りるのが一番いい。アメリカでもヨーロッパでもそれは同じだった。一九五三年九月一二日、ジャクリーン・ケネディは次々に訪れる結婚披露宴の招待客を三時間かけて出迎えた後、ようやく腰を下ろすことができた。ジャクリーンと新郎のジョン・F・ケネディ、そして一三〇〇名の出席者はキアヴァリ椅子に座り、パイナップルの器に盛りつけられたフルーツ、チキンのクリームソース煮、薄切りハムとジャガイモのランチを食べた。それから三年後、結婚披露宴に臨んだグレース・ケリーは、夫となったモナコのレーニエ大公の隣でキアヴァリ椅子に座った。こうしてキアヴァリ椅子のイメージは動かしがたいものになった。キアヴァリ椅子は金属製の折りたたみ椅子の出番を永遠に奪って、結婚披露宴の定番となった。

X字型の椅子

古代エジプトで考案されたX字型の椅子は、支配者が座る玉座だった。エジプト人はX字型の木製の脚に革の座面がついた折りたたみ式の椅子を戦場に携帯し、将軍はそれに座って戦況を見守った。

紀元前六世紀頃、ローマ人もX字型の椅子を作った（ローマ人はすぐれたアイデアを積極的に取り入れる性格だった）。ローマ人が作るX字型の椅子は、より精巧に作られていた。肘掛けがつき、安定性を高めるために脚はUの字をさかさまにしたような形になった。そして象牙や黒檀《こくたん》などの高価な材料が用いられた。この椅子はたちまち権威の象徴になった。この椅子に座れるのは執政官や役人、独裁官といった権力者だけだった。X字型の椅子は戴冠式用の椅子としても使われている。ユリウス・カエサルは紀元前四四年に終身独裁官に就任したとき、新たに手にした権力の記念として何か特別なものがほしいと考え、金メッキしたX字型の椅子を作らせた。元老院はカエサルにその椅子をあらゆる場所で使用する許可を与えたが、劇場に持ち込むことだけは認めなかった。劇場でそのような贅沢が許されるのは神官だけだったからだ（カエサルがこの年に暗殺

キャンバス・スツール

X字型の椅子

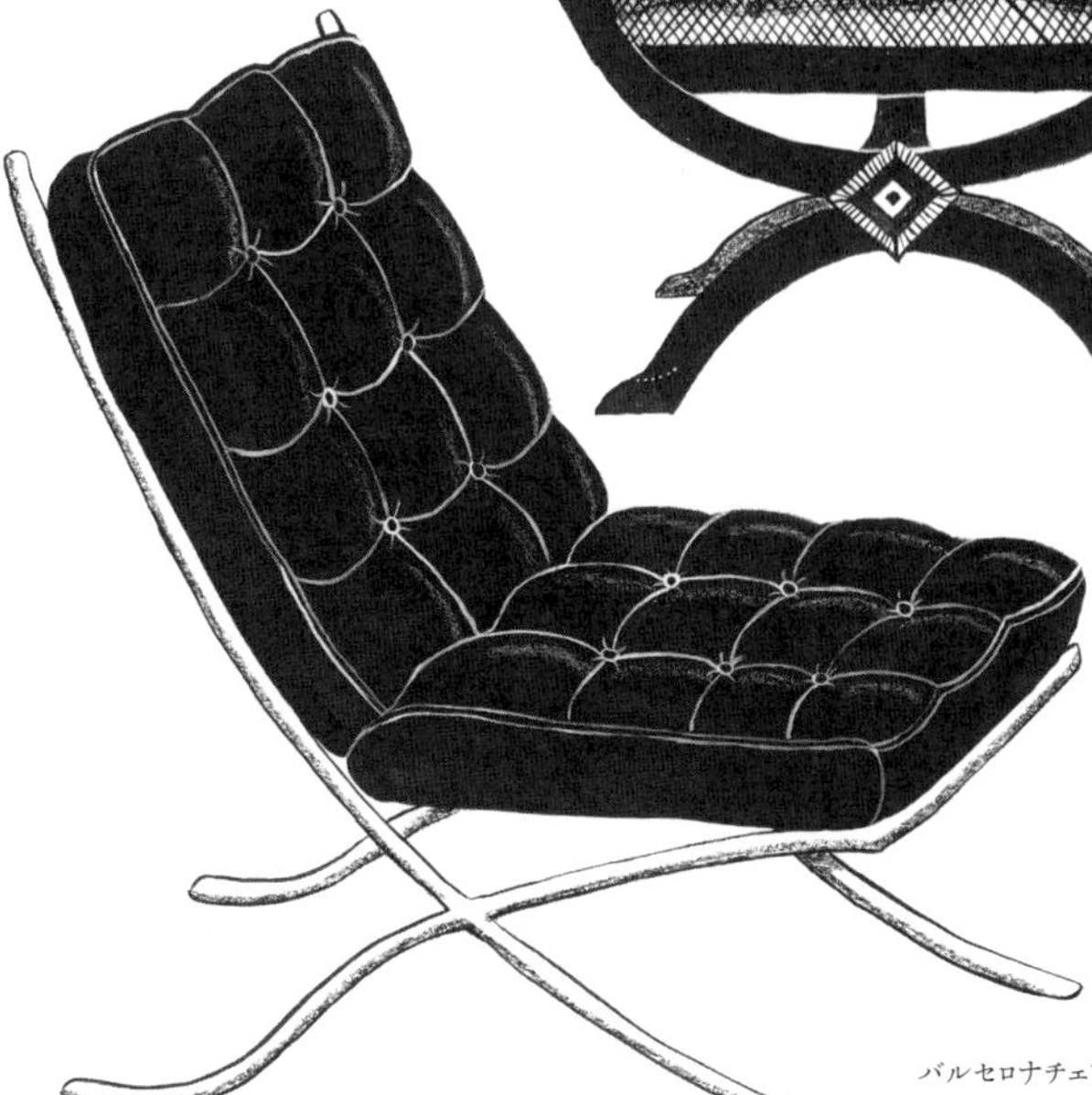

バルセロナチェア

【ディレクターズ・カットを生む椅子】

映画の撮影現場でよく見かけるキャンバス地を張った折りたたみ椅子は、X字型の椅子の直接の子孫だ。この折りたためる肘掛け椅子は、キャンプやヨットの愛好家のためにウィスコンシン州にあるゴールドメダル・キャンプ・ファーニチャー社によって一八九二年に製作された。一九二〇年代にハリウッドの業界人がこの椅子に目を留め、すぐに撮影現場の定番となった。この椅子は映画スターが自分の出番が来るまで座っているのにちょうどよかった。背もたれに名前を入れておけば、出演者全員に座る場所が確保できた（いるはずの人間がいなければ、すぐに気づけた）。マレーネ・ディートリヒが映画『砂漠の花園』のセットの上で煙草を片手にディレクターズ・チェアに座っている宣伝用写真などのおかげで、ゴールドメダル社の売上はうなぎのぼりだった。この会社は現在はテネシー州に移転し、今も変わらない人気を誇る椅子を生産している。この椅子を買えば、たちまちあなたもショーの主役気分が味わえるだろう。

されたところを見ると、金ぴかの椅子は、ローマでは出過ぎた真似と受け取られたのだろう）。
ローマ帝国の滅亡後もX字型の椅子は使われ続けた。古典的なローマ風の椅子の形は、中世を通して教皇や王侯貴族などヨーロッパの特権階級に愛用された。西ヨーロッパ世界を統一した初の皇帝となったカール大帝は、七七七年にカエサルの金メッキの椅子を上回る純金の椅子を作らせた。

ルネサンス時代にはローマ時代のデザインに手が加えられ、X字型の椅子は（快適さはともかく）より美しくなった。座面を支える脚はS字型の曲線を描き、座面の下で交差した脚が座面の上まで伸びて肘と背中を支えるようになった。この椅子はいつの時代も国王に好まれた。イングランドのチャールズ二世は一六六一年に戴冠したとき、座面に紫色のビロードを張り、金メッキした数百本の飾り釘で装飾された立派なX字型の椅子に腰かけた。

しかし、王家でさえも家具の流行と無縁ではいられなかった。次第により装飾的で立派な玉座がX字型の椅子に取って代わった。X字型の椅子は特に座り心地がいいわけではなかったので、二〇世紀になるとあまり使われなくなり、博物館の展示物になるか、アンティークショップに追いやられた。しかしすぐれたデザインは時を超えて残るものだ。パリのアンティーク商のセルジュ・ロシュは一九三〇年代に独自の家具作りを始め、鏡面仕上げのX字型の椅子を作った。カエサルでさえその出来栄えに感心したに違いない。ニューヨークの室内装飾家で流行の仕掛人であるエルシー・ド・ウルフはロシュの椅子にほれ込んだ。彼女は五番街にある自分のショールームでロシュの椅子を売り出し、アメリカ人が崇拝する唯一の特権階級、すなわちハリウッド業界人にこの椅子を二脚贈った。映画スターのゲイリー・クーパーは、贈られた椅子をロサンゼルスの邸宅に置いた。

ロシュの椅子が作られたのとほぼ同じ時期に、建築家のルートヴィヒ・ミース・ファン・デル・ローエ（近代建築家の三大巨匠のひとり）はスペイン国王夫妻が座る椅子をデザインする仕事を任された。「重要な椅子、とても優雅な椅子」を作りたいと考えたミースが思いついたのが、X字型の椅子だった。ミースはキルティング加工の革張りのクッションとカーブを描くX字型の脚を組み合わせることで、名作と名高い椅子を作った。この椅子は、スペインで開催されたバルセロナ万国博覧会のドイツ館にスペイン国王夫妻が来場されたときのために用意されたもっとも重要な家具だった。ミースは一九五〇年にこの椅子をデザインし直し、新たな技術を用いて、背もたれと座面のフレーム、そして脚部を継ぎ目のない一本のステンレススチールで製作した。建築評論家のエイダ・ルイーズ・ハクスタブルは、この椅子を「家具のロールスロイス」と高く評価した。

現在、ミースのX字型の椅子はバルセロナチェアと呼ばれ、五五〇〇ドルの値がつけられている。確かに高価だが、この椅子が本来国王夫妻のためにデザインされたことを考えれば安いものだ。あなたが座ってみたいX字型の椅子は、カエサルも座った伝統的な椅子だろうか。それとも現代風にデザインし直された椅子だろうか。どちらにしても、国王にふさわしい椅子に座っていると思えば、座り心地は格別なものになるに違いない。

「椅子はとても難しい。作ってみた経験のある者なら誰でもそれはよくわかっている」

——ルートヴィヒ・ミース・ファン・デル・ローエ

デッキチェア

デッキチェアは風雨に強く、乱暴な扱いに耐えられるのはもちろん、船のデッキから自宅のポーチまで、あるいは裏庭から海辺まで、簡単に持ち運べなければならない。そのため、デッキチェアは室内用の椅子に比べて思い切ったデザインが許されている。

裏庭のテラスや、そこで使うリクライニングチェアは、遠洋定期船の黄金時代に起源がある。持ち運びやすいデッキチェアは、もともと客船で使われていた。軽い木製のフレームとキャンバス地でできたデッキチェアは、たたむと完全に平らになり、積み重ねやすく、場所を取らずに収納できた。イギリスのP&Oクルーズが運航するクルーズ船では、毎朝乗客が空いているデッキチェアを求めて駆け出す姿が見られる。席取り問題を解決するため、大西洋を横断する二週間の船旅に出る乗客は自分のデッキチェアを持参するように勧められる。

一八五五年にアメリカ人のジョン・チャムがデッキチェアの特許を取った。このタイミングで特許を取得したのは思いがけない幸運だった。昔は特権階級だけの楽しみだったレジャー旅行が、

【タイタニック号のデッキチェア】

タイタニック号には六〇〇脚のブナ材のデッキチェアが積まれていた。細長い板の背もたれがつき、座面は籐製だった。足載せ台には蝶番がついていて、足載せ台を伸ばせばデッキチェアが長椅子に早変わりした。船員は毎朝デッキチェアを並べ、夕方になるとたたんでロープでまとめておくのが日課になっていた。タイタニック号が沈没したとき、ほとんどすべてのデッキチェアが海中に沈んだ。かろうじて残った一〇脚のうちのひとつが二〇一五年にオークションにかけられ、およそ一五万ドルで落札された。

一九世紀には成長する中流階級にも手の届くものになったからだ。チャムが作ったデッキチェアはくすんだオリーヴ色のキャンバス地を使っていたが、イギリス人は色鮮やかな縞模様の布を使ったデザインに改良した。船上で使うのに便利なシンプルなデッキチェアは、ビーチで使うのにも向いているとイギリス人は考え、たちまちキャンバス地の椅子と言えば夏のレジャーを意味するようになった。海辺や公園ではデッキチェアを時間決めで借りて、フィッシュ・アンド・チップスやピンクの綿菓子といった海辺ならではの食べ物を座って味わうことができる。

一八七七年にイギリスの発明家ジョセフ・フェンビーが軽い木材を使った新しいデッキチェアの特許を取得した。フェンビーのデッキチェアはチャムのデッキチェアのように平たい長方形に

たたまれるのではなく、X字型の椅子の構造を真似て、テントのようにたたむ構造になっていた。販売したのはスポーツ用品を販売するアバクロンビー&フィッチで、このデッキチェアは将校用の椅子、あるいは軍事行動時に重宝な椅子として売られ、野外活動の必需品になった。筋金入りの野外活動家だったセオドア・ルーズヴェルトは、大統領の任期を終えた一九〇九年にタンザニア探検に出かけ、フェンビーのデッキチェアに座っている姿が写真に残っている。

フェンビーの折りたたみ式椅子は、アルゼンチン人建築家のジョージ・フェラーリ・ハードイ、アントニオ・ボネット、ファン・クルチャンの三人にインスピレーションを与えた。彼らは一九三八年に、木製ではなくスチールパイプのフレームにキャンバス地を張った折りたたみ椅子を共同で製作し、バタフライチェアと名づけた。彼らのデザインはニューヨーク近代美術館（MoMA）のキュレーター、エドガー・カウフマン・ジュニアの目に留まった。エドガーの両親は自宅を建築したばかりだったので、エドガーは二脚のバタフライチェアを新築祝いに贈った。その家は有名な建築家フランク・ロイド・ライトの代表作のひとつで、「フォーリングウォーター」（日本名は「落水荘」）と呼ばれる邸宅だった（この邸宅はスミソニアン・マガジンによる「死ぬまでに行きたい二八の場所」のリストに選ばれている）。

一九四七年に家具メーカーのノル社がバタフライチェアの製造権を獲得した。一九五〇年代だけで、五〇〇万脚ものバタフライチェアが売れている。発売から何年たってもバタフライチェアは決して古臭さを感じさせない。バタフライチェアは学生寮の必需品であると同時に、博物館の所蔵品でもある。オリジナルのバタフライチェアはニューヨーク近代美術館の常設展で観ることができる。

デッキチェアの近代版はバタフライチェアの他にもある。金属製やプラスチック製のテラス用家具や折りたたみ式のビーチチェアの中には、一時の流行に終わらない普遍的なデザインの作品がある。あるいはチーク材やマホガニー製の高級な一流品に大枚をはたいてもいい。きっと一生ファーストクラスで旅している気分になれるはずだ。

ルイ一六世様式の椅子

悲運の国王ルイ一六世はフランス革命中に断頭台の露と消えたが、その治世に生まれたルイ一六世様式の椅子は、時代を超えた古典的な美しさを持っている。直線的な形状と装飾を抑えた優美さは、ファッションの女王と呼ばれた王妃マリー・アントワネットから、現代のデザイナー、クリスチャン・ラクロワまで、好みにうるさい人々を何世紀にもわたって魅了してきた。ラクロワは自宅のルイ一六世様式の食卓椅子に鮮やかな黄色のビロードを張った。

今日、世界でもっとも権威のある人々の住宅——ホワイトハウスやバッキンガム宮殿、クレムリンなど——に招待されたとしたら、あなたが座るのはきっとルイ一六世様式の椅子だろう。ルイ一六世様式の（相対的な）シンプルさは、それまで大人気だった曲線を多用した装飾過多なロココ様式への反動から生まれた。主な特徴はまっすぐな脚で、たいてい縦に溝が刻まれている。これは古代ローマの保養地だったポンペイやヘルクラネウムの遺跡から発掘されたローマ時代の柱のデザインを反映したものだ。これらの町の遺跡が一七〇〇年代半ばに初めて発掘される

と、古代ローマの遺跡への関心がふたたび盛り上がり、グレコ・ローマン様式（紀元前二世紀後半から後四世紀頃までの、ギリシアの影響を受けたローマの芸術様式）に対する世界的な熱狂に火がついた。

フランス以外の国では、ひとつの芸術様式を当時の君主の名にちなんで命名したとしても、君主への敬意以上の意味は含まれないだろう。しかしフランスでは、王家は家具産業の最大のパトロンだった。ヴェルサイユ宮殿の庭園に建つ小さな離宮プチ・トリアノンは、マリー・アントワネットが宮廷の単調で堅苦しい生活から逃れるための避難所だった。王妃はこの離宮の模様替えを繰り返し、パリの家具デザイナーからひっきりなしに家具を購入して、彼らを休む暇もないほど働かせた。一七八〇年に王妃はデザイナーのジャック・ゴンドワンに、「最新流行の」椅子と長椅子を注文した。金メッキされた肘掛けと脚に精巧な彫刻が施され、青と白と黄色のタフタ生地が張られた椅子は、ルイ一六世様式を代表する最高の作品である。値札もそれにふさわしく、椅子ひとそろいで二万リーヴルが請求された。貴族の身の回りの世話をする近侍や家庭教師、調理人など、「熟練を要する」仕事をする男性が一年間で受け取る賃金がおよそ二五〇リーヴルだった時代である。

フランス宮廷の贅沢で優雅な暮らしと進歩的なデザインに感銘を受けて、ルイ一六世様式の愛好家は世界中に広がった。当時駐仏アメリカ大使だったトーマス・ジェファーソンもそのひとりで、一七八九年に五年間のフランス勤務を終えて帰国するとき、四六脚のルイ一六世様式の椅子をモンティチェロの自宅に送った。
一七九二年に王政が廃止された後、新たに樹立された革命政府は借金に苦しみ、王宮のすべての財産と美術品を没収して、それらを売って財源に変えた。その結果、市場に美術品や家具、銀器などが大量に放出され、価格は急落した。マリー・アントワネットがプチ・トリアノンのために注文した椅子は、大幅に値下げされて二五三〇リーヴルで売られた。えりすぐりの家具の多く

【椅子の幽霊】

建築から日用品まで手がけるデザイナーのフィリップ・スタルクは、二〇〇二年にイタリアの家具メーカー、カルテル社のためにルイ・ゴースト、つまりルイの幽霊という名の椅子をデザインした。この椅子は透明なポリカーボネートを使用し、一八世紀の新古典主義様式を二一世紀によみがえらせている。発売と同時に熱狂的な支持を集め、これまでに一五〇万脚以上が売れた(バービー人形のためにミニチュア版も作られた)。スタルクの椅子は優美で、しかも使わないときは積み重ねておける。ルイ・ゴースト以外のシリーズも含めると、透明な淡い色から深みのある不透明な色まで、色の選択肢はとても広い。スタルクは自分が作る椅子についてこのように述べている。「私がデザインの世界に入ったとき、いい椅子は一〇〇〇ドル位しました。とんでもない値段です。このままでいいはずはないと強く思いました。だから私は新しいモデルを作るたびに、少しずつ値段からゼロを減らす努力をしてきました」

がイギリスやロシアの貴族の手に渡り、今では世界各国の迎賓館や美術館で見ることができる。

ルイ一六世様式の根強い人気は、フランスびいきのジャクリーン・ケネディのような著名な愛好家によっていっそう広がった。ジャクリーンはホワイトハウスの公邸部分の二階にあるイエローオーバルルームでルイ一六世様式の椅子を使用した。その部屋の家具は、コーヒーテーブルにいたるまで脚にルイ一六世様式の特徴である縦溝装飾が施されていた。ジャクリーンはトーマス・ジェファーソンがフランスから送らせた椅子をホワイトハウス用に二脚、そしてニューヨークの自宅用に二脚手に入れることに成功した。それらの椅子は一九九六年に大きな話題となったサザビーズのジャクリーン・ケネディ・オークションに出品され、実業家のパトリシア・クルージに落札され、モンティチェロに近いクルージの邸宅に収まった。では、マリー・アントワネットの椅子はどうなっただろうか？　二〇一五年に、マリー・アントワネットの椅子の一脚がロンドンのクリスティーズで二七一万四二五〇ドルで落札された。美しいデザインはすばらしい投資になるということだろう。

ロッキングチェア

ゆりかごと椅子を足して二で割ったようなロッキングチェアは、比較的歴史が浅く、誕生したのは一八世紀である。

弧を描く脚がついたゆりかごは、中世からずっと乳幼児を寝かしつけるために使われてきた。大人がその心地よさを手に入れるのに、なぜこれほど時間がかかったのか、そして最初のロッキングチェアを作ったのが誰なのかは、謎のままだ。有名な建築史家のヴィートルト・リプチンスキーは、極楽のようなロッキングチェアがなかなか誕生しなかったのは、軽くて安価な椅子がなかったせいだと説明している。中世の椅子は王や王妃、貴族や貴婦人のためのものであり、揺れる脚で支えるには重くて大きすぎた。金メッキされたルイ一四世様式の椅子がロッキングチェアになったところを想像してほしい。威厳のかけらも感じられないだろう。

北アメリカの大自然で暮らす植民地時代の人々は、威厳や階級をあまり気にしなかった。すでに一八世紀半ばには、フィラデルフィアの大手家具メーカーが「授乳用ロッキングチェア」を販売していた。本来は授乳期の母親や老人、病人のための椅子だったが、すぐにアメリカのあらゆる家庭に置かれるようになった。

初めは育児室や病人の部屋に限られていたロッキングチェアは、次第に客間、寝室、台所、そしてもちろんポーチにも進出した。籐《とう》や柳を編んで作ったもの、座面がイグサで編まれているもの、全体が布張りのものもあった。

アメリカを訪れた外国人はロッキングチェアを珍しがって、故郷への手紙や報告書でロッキングチェアについて書いている。生涯のほとんどをアメリカで暮らしたスイスの神学者フィリップ・シャフは、ロッキングチェアにアメリカ人の国民性が表れていると考えて、一八五四年に次のように書いている。「座っているときでさえ、［アメリカ人は］ロッキングチェアの中で体を前後に揺さぶっている。片時も休まずビジネスや政治や信仰に邁進《まいしん》している彼らららしい習慣だ」

ロッキングチェアはアメリカの伝統的な家庭だけでなく、ホワイトハウスにもあった。エイブラハム・リンカーン、ウィリアム・マッキンリー、セオドア・ルーズヴェルトは、ロッキングチェアの愛用者だった（リンカーン大統領はフォード・シアターで暗殺されたとき、布張りのロッキングチェアに座っていた）。カルビン・クーリッジ大統領はホワイトハウスの正面玄関である北ポルチコに背もたれのまっすぐなロッキングチェアを置いて腰かけ、沈む夕日や行きかう路面電車を眺めながら葉巻をくゆらすのが好きだった。ハリー・トルーマン大統領はホワイトハウスの二階のイエローオーバルルームにバルコニーを設置させ、そこにいくつかのロッキングチェアを置いた。バルコニーから南を見ると、そびえ立つワシントン記念塔が眺められた。ロッキングチェアを魅力あふれる必需品にしたのはジョン・F・ケネディ大統領である。慢性的な背中の痛みに悩まされていたケネディのために、主治医は少しでも苦痛が和らぐようにロッキングチェア

【ロッキングチェアの王様】

ロッキングチェアが誕生したのはアメリカだが、そこにヨーロッパ風の洗練と上品さを加えたのは、ドイツとオーストリアで活躍したひとりの家具デザイナーである。一八五一年に、ロンドンで近代産業技術とデザインの展示会である万国博覧会が開催された。ミヒャエル・トーネットはそこで金属製のロッキングチェアを見て、曲線的な形状を持つ木製のロッキングチェアを作ろうと思い立った。トーネットは硬い木材に蒸気を当てて湾曲させる技法を発明し、曲線を描く木材で椅子の背もたれや脚を作ることに成功した。トーネットはヘンリー・フォードが自動車の組み立てラインによって生産を効率化する三〇年も前から、椅子を生産する組み立てラインを考案して大量生産を実現している。それまでヨーロッパではロッキングチェアは人気がなかったが、トーネットの曲木細工《ベントウッド》のロッキングチェアは違った。この椅子は印象派のお気に入りになり、ルノワール、ブイヤール、ティソらの絵に描かれた。ピカソもミロもアトリエにトーネットのロッキングチェアを置いた。トーネットのロッキングチェアを一目見れば、芸術家でなくてもその優美な曲線の美しさに目を奪われる。今日でも、この椅子を置けばどんな部屋にも洗練された雰囲気が生まれるだろう。

の使用を勧めた。それが非常に効果的だったので、ケネディは大統領に就任したとき、ノースカロライナ州のP&PチェアというPチェアという小さな会社から一四脚のロッキングチェアを購入し、それらを大統領執務室とホワイトハウス内の寝室、キャンプ・デーヴィッド、マサチューセッツ州のハイアニスポートにある夏の別荘、大統領専用機にまで置かせた。ハイアニスポートのロッキングチェアは、一九九〇年代半ばにサザビーズのオークションで四〇万ドル以上で落札された。

木製のロッキングチェアはデザインが田舎っぽいと感じる人が多いが、ミッドセンチュリー（二〇世紀半ばの家具の／デザイン様式を指す）期のデザイナーはさまざまな素材を使ってロッキングチェアに斬新さをもたらした。もっともよく知られた（そしてよく売れた）ロッキングチェアは、一九四八年に有名なミッドセンチュリー期の家具デザイナー、チャールズ・イームズとレイ・イームズ夫妻によって作られた成型プラスチック製の椅子だろう。現在はアメリカの家具製造会社ハーマンミラー社がこのロッキングチェアの製造・販売ライセンスを所有している。同社は一九五五年から、子供が生まれる予定の従業員全員にイームズのロッキングチェア（価格は平均七〇〇ドル以上する）を贈っている。椅子ではなく貯蓄債券も選べるが、これまで九〇パーセント以上がロッキングチェアを選んだそうだ。あなたならどちらを選ぶだろうか？

ソファ

私たちは人生の三分の一をベッドで過ごすと言われているが、起きて家にいるときは、おそらくソファに座って（あるいは寝そべって）いるだろう。

私たちが愛してやまない快適な布張りのソファの起源はフランスにある。戦乱の絶えない中世には、国王、王妃、そして貴族は外交的な役割を負って城から城へ移動した。チェスト（旅行鞄代わりになるし、座ることもできる）、架台式テーブル（架台の上に板を載せただけのテーブル）、ベッド、スツールなど、一切の家財道具を持って引っ越すのが習わしだった。したがってこの時期の家具は、快適さより持ち運びのしやすさが重視された。

一〇歳だったルイ一四世が一六四八年に戦乱を逃れてパリを脱出したときも、この習わしは変わっていなかった。パリの宮廷から家具を持ち出す余裕はなく、幼い国王と廷臣がサン＝ジェルマン＝アン＝レーの宮殿にたどり着いたとき、城は空っぽだった。その夜、王の側近は藁を積み、その上で寝なければならなかった。環境に順応するのは貴族の得意分野ではない。彼らは不平不満をあからさまに出し、若い国王の自尊心を傷つけた。ルイ一四世はそのうっぷんを晴らすため、生涯をかけてヴェルサイユ宮殿を壮麗な王宮に作り上げた。

ルイ一四世が理想を実現するために最初に着手したのは、フランスの家具産業を育てることだった。大きな役割を担った会社のひとつが、現在も操業を続けるゴブラン製作所である。この会社はゴブラン織と呼ばれるタペストリーを作る小さな会社として出発し、ルイ一四世の時代に布張り椅子の製作を始めた。彼らは座面や背もたれ、肘掛けに詰め物をして自社の織物をかぶせ、織物を木枠に釘で打ちつけて椅子を作った。国王が行くところに廷臣はついていくものだ。まもなくフランス中の富裕層や権力者がわれ先に布張りの椅子を求め始めた。布張り椅子はどんどん大型化し、ふたりが楽に座れる大きさになった。こうして誕生したふたり掛けの椅子が、実質的に世界初のソファである。

新しく誕生した大きな布張り椅子は非常に快適で、座りたいという誘惑に抗うのは難しかった。当時、着席するかどうかを決めるのは座り心地のよさではなく、礼儀作法の問題で、宮廷には立っている人が大勢いた。ヴェルサイユ宮殿では、王族の前で座るのを許されるのはごく少数の選ばれた人間だけだった。しかしソファが宮殿に登場してからわずか四年後、ルイ一四世の義妹(弟のオルレアン公フィリップの妃)は、ドイツのいとこに宛てた手紙の中でこのように書いている。「今では王太子夫妻の御前でさえ誰も彼も座っています。ソファの上ですっかり体を伸ばしている者さえおります。……ここが今どのようなありさまになっているか、とても想像できないでしょう。まるで宮廷らしくないのですから」

変わったのは礼儀作法だけではなかった。衣服もまた、この新しい家具に合うように、軽く、そして堅苦しくないものに変わった。重い布や、ドレスの胴体部分の硬い骨組みは敬遠され、代わって流行したのは軽い絹や、輸入され始めたばかりのインド製の木綿の衣服で、その方が寝そべるにはずっと適していた。家具や衣服の変化につれて、礼儀作法にも変化が生じた。ソファにもたれかかり、片足を肘掛けに載せた状態で形式ばったふるまいをするのは難しいだろう。

一六七五年から一七四〇年の間に、背中が痛くなるような椅子は姿を消し、座り心地のいい椅子に囲まれて暮らせるようになった。お客が椅子を買い替えたくなるように、家具メーカーは新作を出すたびにいっそう豪華なものを作った。売上を上げるために、フランスの家具メーカーは有名な貴族の女性がクッションにもたれている姿を版画

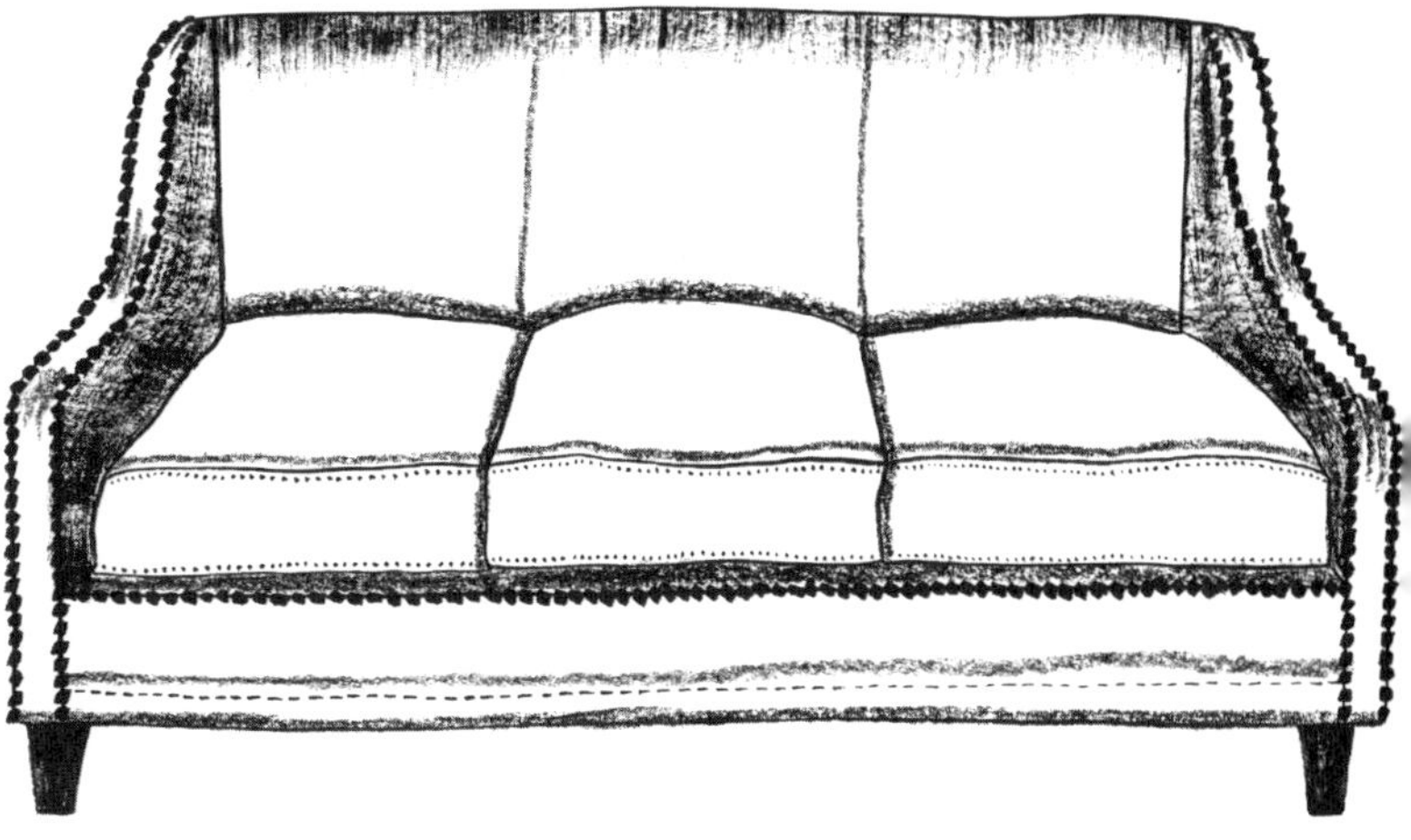

【ソファとは何だろうか？】

「ソファ」という言葉は、羊毛を意味するアラビア語の「スッファ」からきている。この言葉は一七世紀末のフランスで初めて使われた。ネイサン・ベイリーが編纂した『英国辞典［*Dictionarium Britannicum*］』（一七三〇年）では、ソファは「アジアでよく用いられる一種の小部屋。……美しい絨毯とクッションで覆われた……儀式の間である」と定義されている。中東で「会議室」のような意味で使われていた言葉に「ディヴァン」がある。後にディヴァンは壁際に敷くマットレスと、もたれるためのクッションを指す言葉になったが、それはオスマン朝の会議室でそれらがよく使われていたからだ。どちらも現在のソファの意味とはかなり違うが、次第に「ソファ」は私たちが今使っているような意味で一般的に使われる英語になった。アメリカ英語ではソファとカウチは同じ意味で使われているが、カウチは正確には背もたれのないソファである。カウチはフランス語で長椅子を意味するシェーズ・ロングを縮めてシェーズと呼ばれたり、寝台兼用のソファという意味でデイベッドと呼ばれたりもする。

にして宣伝に使った（いつの時代も美女はいい宣伝になるようだ）。フランス人作家は誘惑の場面の小道具として、ベッドよりもソファを好んだ。たとえば一七三五年の『成り上がり百姓［*Le Paysan Parvenu*］』（ピエール・ド・マリヴォーの未完の小説）はその代表だろう。この小説の影響でソファによからぬ印象が生まれたせいで、イギリス人は一七八〇年代になっても、重要なお客を迎える前にはあわててソファを硬い木の椅子と取り換えた。
快適さは礼節に勝り、ヨーロッパ中がソファの虜になった。ヴォルテールはこのように書いている。「今日では、社交上のふるまいが昔より気楽になった。……ご婦人方がソファや長椅子で本を読んでいても、友人知人のひんしゅくを買うことはない」。ロシアのエカテリーナ二世がソファに横になって各国大使を迎えたおかげで、ソファは社交の場に完全に受け入れられた。一九世紀には、ソファは家の中のあらゆる部屋に置かれるようになった。寝室や居間はもちろん、浴室にさえソファがあった。部屋の雰囲気を、そしてときには人の気分まで変える力がある家具は、ソファの他にないだろう。アメリカのインテリアデザイナー、エルシー・ド・ウルフは一九一三年に出版した室内装飾の手引き『趣味のいい家［*A House in Good Taste*］』の中で、「内気な若い女性がバラ色のダマスク織のクッションのきいたソファに座っただけで、すっかり人柄が変わってしまったのを見た」と書いている。たっぷりと詰め物が入った伝統的な椅子だろうと、座面の低い現代的なソファだろうと、ソファは今日では私たちの生活空間の一番いい場所に鎮座している。

「女の人生に本当に重要なものはふたつしかありません。……ベッドとソファです」

――ダイアナ・ヴリーランド

トリックスAチェア

この名前に聞き覚えはなくても、路上のカフェでランチを食べた経験がある人なら、きっとトリックスAチェアに座ったはずだ。スチールに亜鉛メッキを施したトリックスAチェアは、一九三四年に有名な家具デザイナーのグザヴィエ・ポシャールがデザインした。最近ではインダストリアル・スタイル（むき出しのコンクリートや鉄を使った工場のような無機質なインテリア）の象徴にもなっている。

この椅子は台所にも居間にもオフィスにも置かれ、ヴォーグ誌の伝説的な編集長アナ・ウィンターはデスクチェアとして使っていた。トリックスAチェアは世界中の有名人や一般人がライフスタイルを発信するブログに頻繁に登場し、有名デザイナーの家具を展示するドイツのヴィトラ・デザイン・ミュージアムや、ニューヨーク近代美術館、ポンピドゥー・センターなどの由緒ある美術館にコレクションとして所蔵されている。

デザイナーのグザヴィエ・ポシャールはフランスのモルヴァン地方の山に囲まれた土地で育った。彼が生み出すデザインは華やかな都会で愛されるようになるが、子供時代の環境は都会の刺激とはまったく無縁だった。彼は家業の屋根ふき技術を父親から学んだ。ポシャール父子は、屋根、調理器具、玩具など、ブリキ（腐食を防ぐために鉄のシートに溶融したスズを塗布してスズメッキしたもの）の製品なら何でも製造・修理はお手の物だった。ふたりは町から町へ移動し、新しい町に来るとパンフルートを吹いて修理屋の開店を知らせる。すると町の人たちは修理が必要な道具を持って集まってくるのだった。そんな生活を続けながら、ポシャールはいつの日か自分の工房を開きたいと考えていた。その工房で、新しく開発されたばかりの錆《さび》に強い素材、亜鉛の被

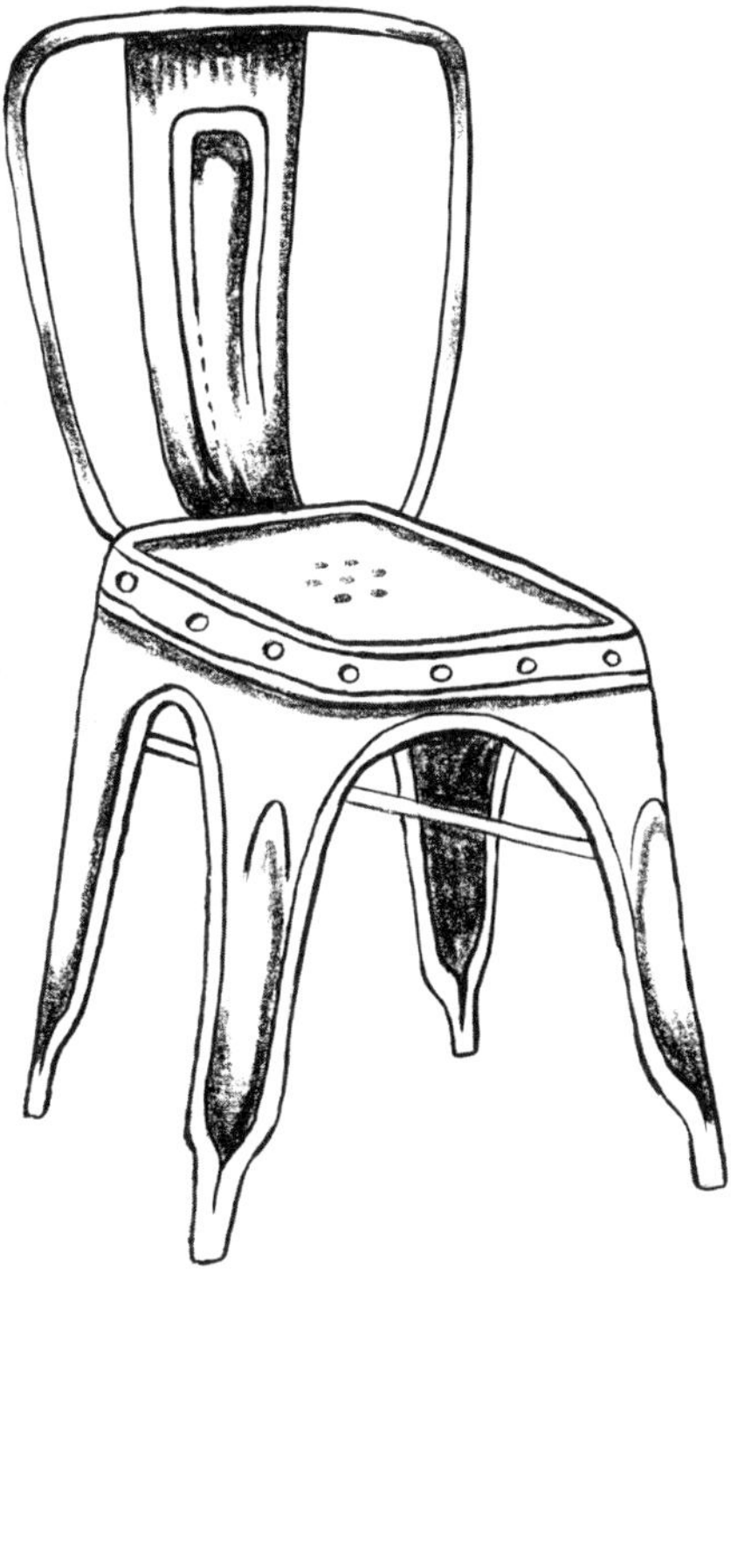

膜で覆われた鉄またはスチールを使って、自分がデザインして作った製品を売るのが夢だった。

ポシャールの夢を支えた金属加工技術とは、亜鉛メッキである。一四世紀のインドでは亜鉛メッキが鋼《はがね》の鎧を保護するために使われていた。この技術は一七四二年にフランスで化学者のポール・ジャック・マロウィンと、生体電気研究のパイオニアであるルイージ・ガルヴァーニによって改良され、一般にも公開されたが、普及するには時間がかかった。この技術は一九世紀になってイギリスとアメリカでようやく広まった。フランスではポシャールが初めてこの技術を応用した。

ポシャールはアメリカの技術書に書かれた図解を頼りに、独自の実験を重ねた。しびれ、衰弱、吐き気など、亜鉛中毒の症状に悩まされながらも、ポシャールは毒性の強いこの金属を使った研究を続け、亜鉛の性質を十分理解したと自信を深めた。そこでポシャールはついに工房を開き、トリックスと命名した。最初はこの工房で玩具から台所用品まで、あらゆる製品を作っていた。しかし、後世に残る名声を獲得したのは椅子だった。

インダストリアルなデザインを象徴するかのようなトリックスAチェアが、昔も今も最新の注意を払って手作業で作られているのは皮肉である。ポシャールはメタルシートをハンマーで叩いて椅子のパーツを作り、溶接して組み立てた。トリックスAチェアのシンプルな形状からは、一脚がおよそ一〇〇段階もの手作業の工程を経て製作され、まったく同じものはひとつもないという事実がとうてい信じられない。この椅子は一般的に鮮やかな赤や深い緑色の塗料で仕上げられ、実用的で長持ちする家具として作られている。雨水がたまらないように座面に穴が開けられているため、屋外でも使用できる。この工夫が特にビストロやカフェの経営者から支持される大きな理由になっている。もうひとつの強みは持ち運びのしやすさと、収納に場所を取らないことだ。トリックスAチェアは二五脚まで積み重ねておける。

トリックスAチェアは丈夫で（しかも洗練された）機能的なカフェ用の椅子として好評だった。一九九〇年代になると、フランスでインダストリアルなデザインが大流行し始め、ますます評価が高まった。インダストリアルなデザインの流行に目をつけたアンティーク・ディーラーの中には、昔ならスクラップ場行きだったような家具を集めて売る者も出てきた。それまでアンティークといえばルイ一六世様式の椅子のように格式の高い家具しかなかったが、住宅に置く家具を探す人たちは、もっと目新しいもの、そして本物を欲しがり、インダストリアルなスタイルの武骨で未完成な感じに魅了された。工業的な背景を持つものなら、工場で使用されていた照明器具から金属製の屑籠まで、コレクターは何でも飛びついた。ニューヨークのアンティーク・ディーラーもこの流行に便乗し、フランスと同じように傷や汚れの残るインダストリアルな家具を高額で売り始めた。トリックスAチェアのように有名な家具にも、新品だけでなく中古品の市場が誕生した。

インテリアデザイナーのテレンス・コンランや、ガーデニング用品のカタログ販売会社スミス&ホーケンを設立したポール・ホーケンのおかげで、トリックスAチェアは一九八八年に全世界に売り出された。しかし人気に火がついたのは、ロバート・レッドフォードが設立した通信販売会社のサンダンスが一九九五年にこの椅子をカタログに掲載してからである。今では毎年アメリカで数千脚の本物のトリックスAチェアが売れている。現在でもトリックスの工房が最初に開かれたフランスのブルゴーニュ地方の都市オータンで、昔と同じように一〇〇の工程を経て、一脚ずつ手作りされている。類似品が出回っているが、それらは本物が持つ頑丈さに欠けている。最近では、トリックスAチェアには五〇色のラインアップが用意されている(クラシックレッドや塗装していないスチールのヴィンテージ製品もある)。トリックスAチェアと同じデザインで作られたスツールや肘掛け椅子も生産されている。

小さな工房から誕生したトリックスAチェアは、今ではカフェやビストロだけでなく、オフィスでも自宅でも使われ、どんな場所でもおしゃれな雰囲気を生み出す。伝説的な編集長アナ・ウィンターがこの椅子に座って世界の流行をリードするファッション誌を生み出したように、この椅子は夢を叶えようと頑張るあなたをきっと支えてくれるだろう。

ウィンザーチェア

背もたれが数本の細い棒で作られたウィンザーチェアを見ると、アメリカのニューイングランド地方の素朴なホテルが目に浮かぶ。敷地の境界線に白い柵が立ち、ブルーベリーパンケーキの朝食を食べ、午後はリンゴ狩りに出かける。それはとても「アメリカらしい」風景だ。実際、ウィンザーチェアほどアメリカ合衆国の建国の父と強い結びつきを感じさせる家具は他にない。

ジョージ・ワシントンはマウントバーノンの邸宅のポーチに二七脚のボウバック型（弓形の背もたれ）ウィンザーチェアを並べていた。第二代大統領ジョン・アダムズはマサチューセッツ州クインシーの農場にウィンザーチェアを置いていたし、トーマス・ジェファーソンは独立宣言を起草したとき、特別あつらえの回転式ウィンザーチェアに座っていた（これはジェファーソンの発明で、世界初の回転椅子である）。一七七六年七月四日にペンシルヴェニアで開催された第二回大陸会議で独立宣言が採択されたとき、五六名の代表はウィンザーチェアに座っていた。各州が独立宣言に署名してから八五年後に、ヘンリー・ワーズワース・ロングフェローはおそらく執筆時に座っていたウィンザーチェアからインスピレーションを得て、代表作『ポール・リヴィアの騎行［*Paul Revere's Ride*］』（ポール・リヴィアは独立戦争の英雄）を書いた。

アメリカ人がウィンザーチェアに寄せる愛情が愛国心と固く結びついているのは皮肉である。ウィンザーチェアのデザインと名称は、アメリカが独立戦争で戦火を交えた大西洋の向こう側の国に起源がある。言い伝えによれば、一七六〇年から一八二〇年までイギリスを統治していた国王ジョージ三世がおよそ二〇平方キロメートルにおよぶ広大なウィンザー・グレート・パークで狩りの最中に、突然の雨に襲われた。ひなびた農家で雨宿りした国王は、そこで座った椅子がすっかり気に入った。背中に沿うように丸みを帯びた背もたれと、お尻の形に合わせてくぼんだ座面を持つ椅子は、座り心地がとてもよかったのだ。この言い伝えの真偽のほどはともかく、ウィンザーチェアがウィンザー城の庭園で使われ、そこからウィンザーチェアと呼ばれるようになったのは間違いないだろう。国王のお墨つきを得て、ウィンザーチェアはたちまちイギリスでもっともよく使われる庭園用椅子になった。車輪つきの台に載ったウィンザーチェアさえ作られた。体の弱い者、怠け者、庭園の散策のために靴を履きたくない（または靴を汚したくない）者は、この車輪つきの椅子を召使に押させて、庭園巡りができた。これはヨーロッパにおける車椅子のきわめて初期の原型である。

一七五〇年代末になると、イギリス製のウィンザーチェアは屋外だけでなく屋内用としても普及し、宿屋、居酒屋、図書館、教会堂など、いたるところで使用された。イギリス製とアメリカ製の主な違いは、イギリス製は背もたれの中央に平たい背板が取りつけられていることだった。アメリカ人は背もたれの低いウィンザーチェアを好んだ。当時、アメリカとイギリスはあらゆる点で反目し合っていたが、お互いに自国で作られるウィンザーチェアへの愛情だけは完全に一致していた。

アメリカ独立戦争が始まる頃には、家具生産は植民地の重要な産業になっていた。家具を外国から運んでくるには大変なお金がかかったので、よほどの富豪でもない限り、家財道具は国産品を使うのが当たり前だった。植民地の大工はヨーロッパから取り寄せたデザイン集を穴が開くほど眺め、国産の木を使って彼ら独自の製品を作った。ウィンザーチェアをアメリカで最初に作ったのはフィラデルフィアの木工師で、その椅子はすぐに大ヒット商品になった。

ウィンザーチェアの最大のセールスポイントのひとつは、持ち運びのしやすさである。この椅子は軽くて、部屋から部屋へ簡単に移動できる。イギリス製もアメリカ製も、ウィンザーチェアは通常、構造とデザイン上の理由から三種類の木材で作られる。脚と貫《ぬき》（脚と脚を横につなぐ補強材）にはカエデやクルミ、サクラなどの硬い木材を用いて耐久性や頑丈さを出している。座面はマツやユリノキなどの軟らかい木材を用いて、丸いくぼみを削り出している。ウィンザーチェアの特徴である背棒は、丸みを帯びた座り心地のいい背もたれを作っている。背もたれ部分には曲げても折れにくいヒッコリーが使われた。典型的なウィンザーチェアのデザインは、背もたれの形によってフープバック、ファンバック、ボウバック、ローバック、コムバック、ブレースバックなどの名前で区別されている。パーツごとに異なる木材の色を統一するため、ウィンザーチェアは塗装して仕上げられる。一八世紀には、DIYを趣味にする人が未塗装のウィンザーチェアを購入し、自分で好きな色に塗ることもできた。

ウィンザーチェアは熱心な室内装飾家だけでなく、二〇世紀を代表する著名なデザイナーの支持も獲得した。一九四六年にアメリカの家具デザイナー、ジョージ・ナカシマは、伝統的なウィンザーチェアへの敬意をこめて、モダニスト的観点でアレンジしたストレートチェアをデザインした。ナカシマの家具工房は、アメリカ製のウィンザーチェアが最初に作られた場所に近いペンシルヴェニア州ニューホープにあった。ウィンザーチェアのように長く使い続けられる家具を作りたいというのは、家具デザイナーに共通する願いだ。アメリカの家具デザイナー、チャールズ・イームズは木材と革を使い、ミッドセンチュリーを代表する椅子として名高いイームズ・ラウンジチェアを創作した。彼は一九七〇年代にインタビューに答えて、「私はずっと、二〇世紀のウィンザーチェアと呼ばれる椅子を作りたいと願っていた」と語り、ウィンザーチェアへの強い憧れを示した。現在でも昔ながらのデザインのウィンザーチェアはどんな家具屋にも置いてあるし、ほとんどいつもインテリアデザイン誌のページを飾っている。結局、二〇世紀のウィンザーチェアと呼べるのは、ウィンザーチェア以外にないのである。

本棚

他人の本棚を眺めていると、その人の秘密をのぞき見ているような気がする。薬箱の中を盗み見するのに比べればうしろめたさは少ないが、それと同じくらい相手のことがよくわかる。しかし本が背表紙を見せて立てて並べられるようになったのは比較的最近で、それまでは実にさまざまな方法で収納されていた。

もっとも古い本には背表紙がなかった。当時の本はパピルス紙の巻物だった。細かく仕切った棚に巻物を寝かせて収納する人もいれば、立てて収納できるように工夫する人もいた。一世紀になると、ヨーロッパでは巻物に加えて冊子が棚に置かれるようになった。木の板に数枚のパピルス紙をはさんで作ったコデックスと呼ばれる冊子は、文書を保存するもっとも一般的な形になった。しかし、円筒形の巻物と硬い表紙がついた長方形のコデックスを同じ棚に並べると、どうしても雑然とした感じになってしまう。それを解決するもっともいい方法は、戸棚や蓋つきの大きな収納箱にしまうことだった。

まもなくコデックスは完全に巻物に取って代わったが、密閉式の収納方法は変わらなかった。

本は貴重品だったからだ。一冊の本を作るには手間と時間をかけて書き写す必要があり、表紙に金や宝石がちりばめられた本もあった。本の収納箱にはたいてい三つの鍵がついていて、三人でひとつずつ鍵を保管する決まりになっていた。これだけ用心しても、しぶとい泥棒にしてやられるときもあったが、出来心で本を持ち去ろうとする不届き者を思いとどまらせる効果はあった。

本を収納箱に入れて保管すると、貴重なコレクションを見せびらかせないのが欠点だった。また、たくさんの本を所有できる裕福な人の場合、収納箱は実用的でなかった。収納箱を積み重ねると窓が塞《ふさ》がれ、部屋に光が差し込まなくなるからだ。電灯が発明される以前は、自然光がなければ本が読めなかった。では、どうすればいいのか？　扉のない棚に本を並べ、部屋に鍵をかけることで問題は解決した。

棚を使うようになっても、巻物と同じように本を寝かせて収納するやり方は変わらなかった。本を立てて収納する現代の習慣は、横向きに積み重ねた本があまりにも取り出しにくくなったために始まったのだろう。印刷技術の発明とともに、手に入れられる本の数が増加した。当然、積み重なった本の山も大きくなった。高い山の底辺から一冊の本を抜き出すのは、現代人と同様に、中世の読書家にとってもひと苦労だっただろう。

本を立てて収納するようになっても、背表紙はたいてい奥に向けて置かれた。それは本を決められた場所から持ち出させないためだ。修道院の図書室のように大量の蔵書がある場所では、本は背表紙につけた鎖で棚につながれ、所定の位置から動かせないようになっていた。本の前小口

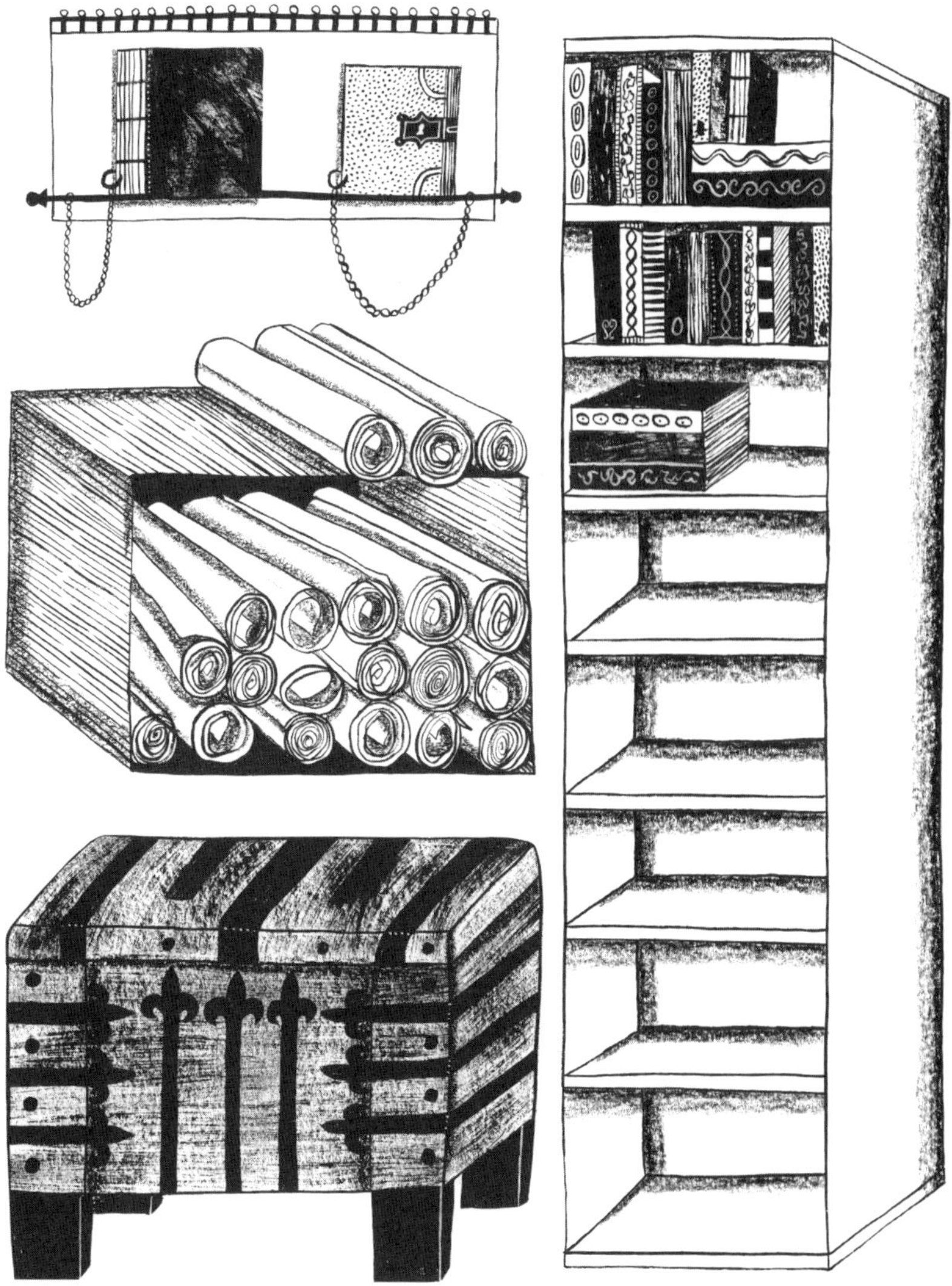

（背表紙の反対側）を表に向けて棚に立てておけば、取り出して読むときに鎖が絡む心配がない。鎖の長さは限られているので、机やテーブルを本の近くに置く必要があった。そこで天板が傾斜した書見台が一定の間隔で書棚に作りつけられた。

一五三五年に背表紙に文字を印刷した本が作られ、ようやく私たちが見慣れている向きで本が並べられるようになった。当時、個人の蔵書はすべて同じ革で装丁するのが流行していた。そのため、本を区別するには背表紙に文字を入れる必要があったのである。

アメリカでは金ぴか時代（南北戦争終結後の一八六五年から一八九〇年代初めまでに資本主義が発展した時期）と呼ばれる時期に、個人の蔵書ブームが最高潮に達した。図書室のない邸宅はニューヨークにはほとんどなかった。愛書家として知られたアメリカの銀行家J・P・モルガンは、貴重なコレクションにふさわしい美しい図書館を建てた。イタリア・ルネサンスの建築様式に基づいて建てられたこの図書館は、金メッキされたクルミ材の三層の書棚を備え、天井には精緻を極めた装飾が施されている（現在この図書館はモルガン・ライブラリーの一部として公開されている）。

一九三〇年代まで、一般人が所有している本はせいぜい棚一段（または二段）分だった。中流家庭に作りつけの本棚が造られるようになったのは、エドワード・バーネイズの功績が大きい。「広報の父」として知られるバーネイズは、広告業界を舞台にした人気ドラマ『マッドメン』の主人公の広告マン、ドン・ドレイパーを地でいくような人物だった。彼は女性ボーカル・グループのディキシー・カップスからマック・トラックス社の貨物自動車まで、ありとあらゆる広告キャンペーンを企画した。一九三〇年にバーネイズは本の売上を伸ばす仕事を出版社から依頼された。彼はふたつの面からこの問題に取り組んだ。ひとつは著名人を使って読書の大切さを広めること、もうひとつは建築家や住宅業者、インテリアデザイナーに働きかけて、本棚のある家を造らせることだった。「本棚あるところに、本あり」とバーネイズは確信していた。

スウェーデンの大手家具メーカーＩＫＥＡは、一九七九年から愛書家向けの家具を売り始めた。この年に、家具デザイナーのギリス・ランドグレン（ＩＫＥＡの四人目の従業員）が紙ナプキンの裏に初めて本棚のデザインを描いた。ランドグレンはデザインした本棚をビリーと命名した。ビリー・シリーズの本棚の一台目が工場から出荷されて以来、ＩＫＥＡは累計四一〇〇万台のビリーを販売している。ビリーはＩＫＥＡのベストセラー商品で、毎分一五台の割合で生産されている。手ごろな価格とシンプルなデザインのおかげで、ビリーはＩＫＥＡハッカーズと呼ばれる人々のお気に入りだ。ＩＫＥＡハッカーズとは、既存のＩＫＥＡの家具を好みに合わせてリフォームするのが趣味の人たちである。ビリーの上の部分に飾り板と読書灯を取りつければ、エドワード・バーネイズが広めた作りつけの本棚のイメージが醸し出せる。後は棚を埋める本を手に入れればいいだけだ。

机

歴史の大半を通して、偉大な思想は選ばれた者によって生み出された。しかし、それを書き残したのは書記官である。古代ローマの名高い哲学者や演説家でさえ、みずから紙にペンを（あるいは粘土板に尖筆《スタイラス》を）走らせることはなかった。彼らは自分の考えを読み書きのできる奴隷に向かって口述した。奴隷の「机」は傾斜した天板がついた箱で、平らな場所ならどこにでも置くことができた。中世になると、傾斜した天板に脚がつき、より安定した構造に変わって、修道士が写本を作る作業がずっと楽になった。

一八世紀に啓蒙時代の幕が開け、識字率が上がると、字を書く行為が一般に広がった。人々が手紙や書類を自分で書くようになるにつれて、家庭に机が置かれ始めた。書き手の地位が高ければ高いほど、精巧に作られた立派な机が使われた。

一八世紀には、書き手（手紙でも台帳でも本でも）は二種類の机から選ぶことができた。セクレテール（ラテン語で「書記」を意味する「セクレタリウス」に由来する）と呼ばれる家具は、収納のための引き出しがあり、蓋を開ければ書き物机になった。パスワードがない時代には、盗み見を防ぐ一番いい方法は、家具職人と所有者しか知らない隠れた引き出しや収納場所がある机を持つことだった。もう一種類の机はビューローと呼ばれ、書き物をする平らな面に革または織物が張ってあり、いくつかの引き出しがついていた。ビューローは書きかけの書類を誰でも見ることができたので、蓋のあるセクレテールの方がプライバシーを守るのに向いていた。

　意外に思うかもしれないが、一八世紀には机を買う高級娼婦がたくさんいた。客を引き寄せるには「教養ある女性」のイメージを醸し出すことが重要で、書き物机は人気のある娼婦の部屋に必ず置かれる家具だった。高級娼婦にもっとも好まれたのは、表面にユリノ

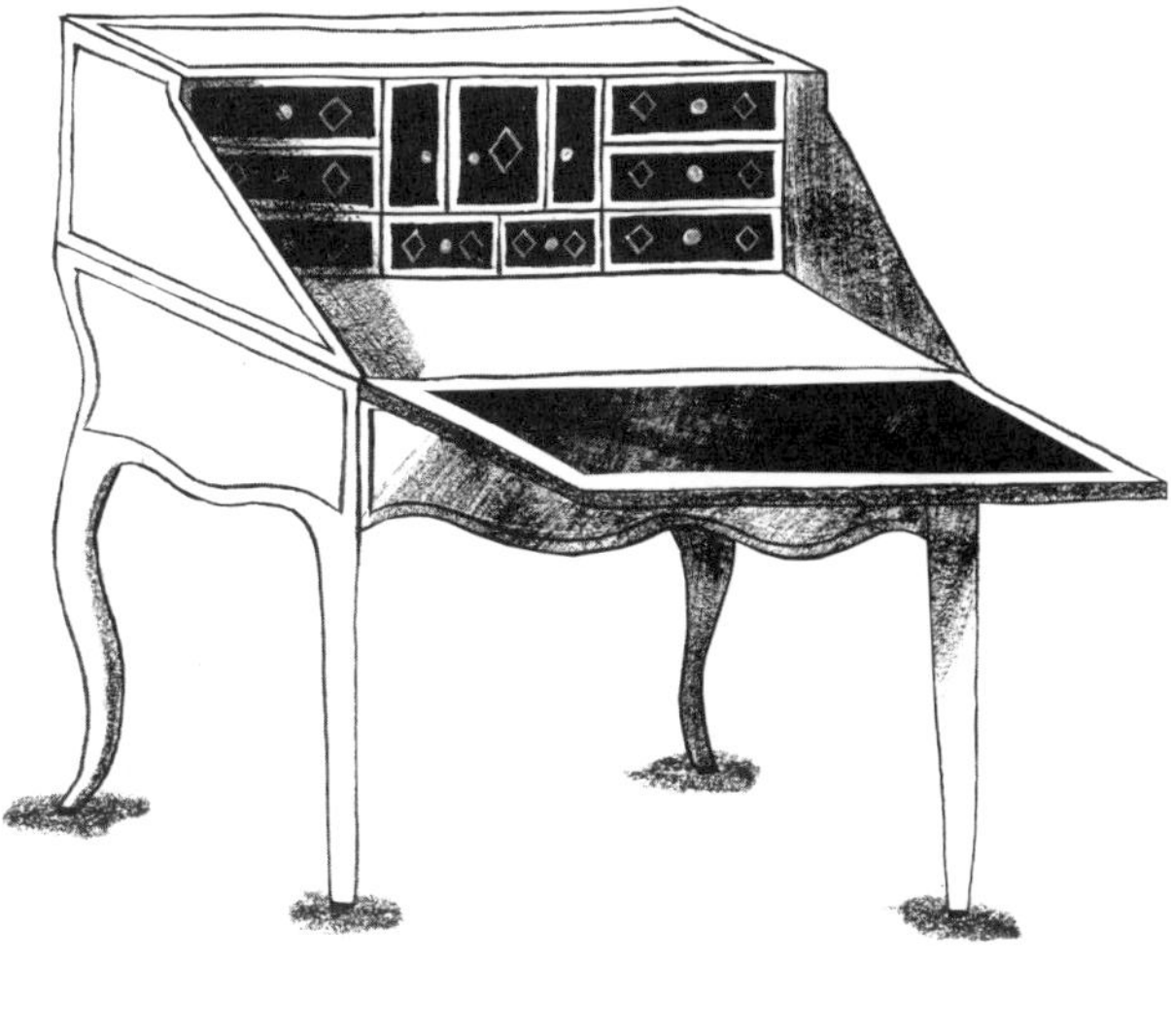

キ材のような高級木材を張り、小さな陶板で飾られた机である。隠しておきたい秘密のある女性にとって、鍵のかかる隠れた収納場所のあるセクレテールは非常に重宝な家具だった。

ほとんどの机は、ひとりで使うために作られていた。しかし一八〇〇年代になると、パートナーズデスクと呼ばれる机が広く使われるようになった。もとは銀行の上級役員《パートナー》がふたりで使うために作られたもので、ふたりの人間が向かい合って仕事ができる大きさがあった。使う人の高い社会的地位に合うように、マホガニー材やクルミ材など最高級の素材が選ばれた。天板には字が書きやすい弾力性のある革が張られていた。机の両側には引き出しや戸棚がつき、取っ手はきらきら輝く真鍮製だった。

一九世紀末には家具の改革が進み、奇抜な家具が誕生した。ステファン・ヘッジズは、置き場所が節約できる机の特許を取得した。この机は一見サイドテーブルのように見え、実際にサイドテーブルとして使うこともできた。机の天板は蝶番《ちょうつがい》で真ん中から上に持ち上げて半分に折りたためる構造になっていて、天板を折りたたむと机の半分は椅子として使える構造で、もう半分は引き出しのある机として使用できた。アメリカの第三代副大統領だったアーロン・バーが政治的ライバルのアレクサンダー・ハミルトンと決闘したとき、この机で決闘状を書いたとニューヨーク・ヘラルド紙が報じたことから、この机はアーロン・バー・デスクと呼ばれるようになった。この話の信憑性《しんぴょうせい》は疑わしいが、呼び名はそのまま定着した。

立ったまま作業する立ち机は現代の産物だと思われるかもしれないが、一四〇〇年代から立ち机は作業の必需品だった。レオナルド・ダ・ヴィンチは飛行機械や装甲車の設計図を立ったまま描いたと伝えられている。一八世紀末には、座ることは怠惰の象徴だという考え方があった。「座ってばかりいる生活は有害である」と長老派牧師のジョブ・オートンは一七九七年に書いている。「したがって、書いたり読んだりするときには自分の体をできる限り直立させておくように心掛けなければならない。頭を垂れたり、前かがみになったりするのはよくない。それを避けるには、立ち机を手に入れるといい」

立ち机愛用者のリストには、そうそうたるメンバーが名を連ねている。トーマス・ジェファーソンが自分のために作った立ち机は、六本の脚で安定性を高め、

【レゾリュートデスク】

現代においてもっとも有名な机は、ホワイトハウスの大統領執務室にある。大きなパートナーズデスクで、イギリスの探査船レゾリュート号に使われていたオーク材から作られたものだ。北極探査船レゾリュート号は氷の中で身動きが取れなくなり、乗員は船を放棄して脱出した。その後、この船はアメリカの捕鯨船によって発見され、ヴィクトリア女王に返還された。女王は感謝の印として船体に使われていたオーク材で机を作らせ、ラザフォード・B・ヘイズ大統領に贈呈した。ヘイズ以降、ジョンソン、ニクソン、フォードを除くすべての大統領が、この机を大統領執務室か、大統領一家が暮らす公邸で使用してきた。

この机はレゾリュートデスクと呼ばれ、これまでに何度も改造されてきた。最初は足元に空間があったが、足が不自由だったフランクリン・ルーズヴェルトが足の装具を見られないように、蝶番で開閉できるパネルを取りつけた。ジョン・F・ケネディの息子のジョン・ジュニアはこの机を「僕の家」、パネルを「秘密の扉」と呼んでいた。ケネディ大統領が書類に目を通している机の下で、幼いジョン・ジュニアがパネルを開けて顔を出している写真が、大統領が暗殺された数日後に雑誌に掲載された。この写真によってレゾリュートデスクはケネディ大統領の「キャメロット」神話の象徴となった。キャメロットはイギリスの伝説のアーサー王の宮廷の名である。人々はホワイトハウスで若い大統領が家族に囲まれて国を動かしていた日々を、キャメロットにたとえて懐かしんだのだった。

天板は大型の本も置けるように広く、傾斜角度が調節できるようになっていた。ジェファーソンの同僚の上院議員イライジャ・ボードマンは、作りつけの本棚のある立ち机を持っていた。作家のチャールズ・ディケンズとアーネスト・ヘミングウェイはふたりとも立ち机を使っていた。ヘミングウェイの立ち机は、腰までの高さの本棚を改造して作ったものだった。だから立って仕事をする人は、この偉大な人々の系譜につながっているのである。

架台式テーブル

屋外で素朴な木のテーブルを囲むのは、現代のもっともくつろげる食事の方法だと考えられている。しかし、実はこの木製のテーブルには長い歴史がある。もっとも古い架台式テーブルは、城の大広間で開かれる宴会で使われていた。

現代のピクニックテーブルと同様に、架台式テーブルは外見も構造も（構造が単純な点も）、大工が使用するのこぎり台に似ている。ピクニックテーブルと架台式テーブルの最大の違いは、架台式テーブルの方が持ち運びに便利なところだ。架台式テーブルの天板は、木製の架台の上に固定されずにただ載せてあるだけだった。持ち運びの便利さには理由がある。一般的に、城には専用の食事室というものはなかった。城主と家族、そしてお客は大広間と呼ばれるもっとも広い部屋で食事をした。大広間は食事室の役割をするだけでなく、来客を迎える場所でもあったので、テーブルは簡単に組み立てたりばらしたりできる必要があった。

城や領主の館では、食事の時間が近いかどうかは時計を見なくてもわかった。召使が大広間であわただしくテーブルを組み立て始めれば、それが食事の合図になった。食後に会議や集会が開かれる場合、召使は「テーブルをひっくり返し」た。つまり天板を裏返せば、それで次の集まりの準備ができた。食事や会合が終わればテーブルはきれいにされ、架台と天板は片づけられて、床が掃除された。

架台式テーブルは幅が狭いため、食事をする人は壁に背を向けて、テーブルの片側だけに座った。テーブルはたいていコの字型に並べられ、白いテーブルクロスがかけられた。この配置は配膳が楽なだけでなく、食事中に披露される軽業師や音楽家の余興が見やすいという利点がある。もし食事中に争いごとが起きれば（争いは決して珍しくなかった）、西部劇のように天板を盾にして身を守ることができた。

どの席に座るか、そして誰の隣に座るかは複雑な礼儀作法の一部で、エチケットの権威として有名なエミリー・ポストですら神経質にならざるを得なかっただろう。『ハリー・ポッター』に

【ボード】

ホテルや下宿で部屋代に食事が含まれている場合、英語では「room and board（ルーム・アンド・ボード）」という。このボードは、架台式テーブルの天板を指している。また、英語で役員会を「boardroom（ボードルーム）」、取締役会を「board（ボード）」というが、このボードも、もとはと言えば天板を意味していた。

【フルハウス】

兵士や召使、そして親世代と複数の子供の家族が同居していた中世の城では、一度に数百人が生活している状態がざらにあった。たとえば一四世紀末のイングランド国王リチャード二世の城の場合、城内で暮らすおよそ一〇〇〇人分の食事を毎晩料理して給仕するために、三〇〇人が台所で働いていた。公爵家でさえ夕食には二〇〇人が集まるのが普通だった。現代でも祝日に大勢集まった日の食事どきは椅子やテーブルが足りなくて右往左往するように、リチャード二世の城では食事どきになると空いているテーブルや椅子を求めて大変な騒ぎになったことだろう。しかも、いつ誰が五〇人のお客を連れてくるか予想がつかなかったのである。

出てくるホグワーツの大広間で校長が座るテーブルのように、家長とその家族は高座、つまり部屋の正面の一段高くなった場所に置かれたテーブルについた。それ以外の人々はみな、高座より下に位置するテーブルに座った。お客はドアの側に立ち、儀式係に席まで案内されるのを待った。儀式係は目印として、七〇センチメートルはありそうな杖を手にしていた。この杖は権威の象徴であると同時に、人や犬が喧嘩を始めたとき、仲裁するのに効果を発揮した。

一七世紀初めに食事専用の部屋が使われるようになると、ダイニングテーブルを移動させる必要はなくなった。テーブルを動かす必要がなければ、天板は軽くなくてもいい。厚くて重い木の板や石の板の方が丈夫で、上に載せたものをしっかり支えられた。それでも架台式テーブルはあいかわらず人気があった。室内での食事用にしっかりした素材で作られたものもあれば、屋外での食事用に軽い木材でできたものも使われた。ルネサンス時代には、屋外でのディナーパーティー用に持ち運びできる架台式テーブルがよく使われた。一九世紀末に画家のモネがパリ郊外のジベルニー村でピクニックを楽しんだときも、パテ・アン・クルート(野生のカモやウサギの肉のテリーヌのパイ包み)や果物のタルトが架台式テーブルの上に載せられた。

今日でも架台式テーブルは屋内、屋外を問わず食事用のテーブルとしてよく使われている。高級な木材や石、あるいは丈夫で耐久性のあるマツ材を天板に用いた架台式テーブルのシンプルなラインは決して見飽きることがなく、どんなスタイルの装飾ともしっくりなじむ。

マットレス

人は人生の三分の一以上をベッドの中で過ごすという。だとすれば、私たちが夜に体を横たえるものに対して無関心でいられないのは当然だろう。今日ではマットレスの選択肢はそれこそ無限にある。専門店でも、家具のチェーン店でも、オンラインショップでも買えるし、マットレスの中身はスプリングや低反発ウレタンフォーム、羊毛、馬毛さえあり、選ぶのに途方に暮れてしまうほどだ。夕食のためにつぶした鶏の羽根をむしって、フェザーベッドを作るために何年もかけて羽毛を集めた時代から考えると、夢のような話である。

ローマ人は全般的に豊かな暮らしをしていたが、寝室に関しては驚くほど質素だった。貧しい家庭では簡素な木枠のベッドに藁を詰めたマットレスを敷いて眠った。富裕層の家庭では、ベッドの枠は青銅や、ときには銀で作られ、そこに羊毛か羽毛を詰めたマットレスが敷かれた。寝室は明かり取りの小さな窓があるだけのクビクルムと呼ばれる小部屋（小さな個室や作業スペースを意味する「キュービクル」の語源になった）で、そこにはベッドだけが置かれた。

中世になると、それほど裕福でない商人の家でも一部屋に四台のベッドを置く家が珍しくなくなった。中世のベッドは大きく、幅も長さも三メートルはあるのが普通だった（現在売られているスタンダード・マットレスで最大のものは二一〇×一八〇センチメートルのカリフォルニア・キングサイズだが、それよりはるかに大きかった）。ベッドがあまりにも大きかったため、使用人はシーツやベッドカバーを平らにならすために長い棒を使う必要があった。ヘッドボードや天蓋の柱が凝った彫刻で飾られていたとしても、この時代のベッドは基本的に浅い箱型で、そこに藁を敷き、リネンか麻布のシーツで覆って、その上にフェザーベッドを敷いた。英語で「干し草に当たる（hit the hay）」と言えば「寝る」という意味になるのは、ベッドに藁を敷いていた時代の名残である。一枚のフェザーベッドを作るには、およそ二三キログラムの羽毛が必要だった（一羽のカナダガンから採れる羽毛はおよそ一七〇グラム程度なので、フェザーベッドを作るには相当な数の家禽《かきん》が必要である）。そのため、中綿には馬毛や羊毛が多く使われ、そちらの方が安価でもあった。裕福な家ではフェザーベッドを何枚も重ねてベッドを高くしたので、脚立を使わなければベッドにもぐりこめないほどだった。

イギリス国王ヘンリー八世はフェザーベッドのせいで安眠できなかったかもしれない。毎晩一〇人の従者がリネンのシーツ、枕、ブランケット、そして八枚ものフェザーベッドを重ねて国王のベッドを整えた。ヘンリー八世はすべての寝具を突き刺して、積み重ねたフェザーベッドの中に暗殺者が潜んでいないのを確かめてからでないとベッドに入ろうとしなかった。実際には、自然素材のマットレスやシーツにはネズミやダニが潜んでいる可能性の方が高かった。どんなにお金があろうと、四つ足や六本足の侵入者とベッドを共にする屈辱からは逃れられなかった。レオナルド・ダ・ヴィンチは、「動物の死骸の上で」一晩過ごさなければならなかったと不満を書き残している。医者はマットレスやフェザーベッドに虫除けとしてにんにくをしのばせるように、ことあるごとに警告した。

昔の大きなベッドは人でいっぱいになることがあった。現在のように一台のベッドにひとりかふたりの大人が寝る習慣は、近代になってから生まれたものである。国王でさえ、夜寝るときに寝室を共にする親密な相手がいた。王妃以外の者と同じ寝室で寝るのは、必要に迫られてとい

【安眠の価値はいくら？】

ぐっすり眠れるのを期待して高価なマットレスを買うのは、二一世紀だけの風潮ではない。スウェーデンの寝具メーカー、ヘステンスは一八五二年から馬毛のマットレスを生産し、ドム・クルーズからスウェーデン王家まで幅広い顧客に選ばれてきた。ヘステンスが馬毛のマットレスをひとつ製作するのに、およそ一〇〇時間かかる。高級素材を使用し、手間暇かけて製作するため、値段は高くならざるを得ない。ヘステンスのマットレスは安いものでも六〇〇〇ドル、高価なものは一〇万ドルもする（値段が高い製品は、低価格なものに比べて手作業で選別された長くてまっすぐな馬毛を使用している）。

うよりもプラトニックな友情のためで、寵愛《ちょうあい》された家臣が国王の側で眠った。アイルランドでは、一九世紀になっても家族全員がひとつのベッドで寝ていた。横になる順番はしきたりと礼儀にしたがって厳密に決められていた。ドアから一番遠い壁際に長女、その隣に妹たちが年の順に横になり、その次が母と父だった。父の隣に息子たちが若い順に並び、最後に一番年上の息子が横になった。お客が泊まっていくときは、長女（さぞ魅力的であろう）から一番遠く離れたベッドの端で寝るのが決まりだった。

マットレスはただ寝るためのものではなく、ときには景気の指標にもなった。一八四八年にナポレオン三世がフランス第二共和政の大統領に就任したとき、フランス経済はどん底にあった。政府はモン・ド・ピエテと呼ばれる公営質屋を設立し、お金に困った庶民が家財道具と引き換えに少額のお金を受け取れるようにした。人々は朝になるとマットレスを質屋に預けてお金を受け取った。マットレスの表地は青と白のチェックやストライプの木綿で、中綿は羊毛だった（この商品は現在も生産されている）。運がよければ、その日の終わりにマットレスを質屋から取り戻せるだけのお金を稼ぐことができた。ナポレオン三世は心地よい眠りがいかに重要かよくわかっていた。大統領就任後に大衆への人気取りとしてナポレオンが最初に行なったのは、質に入れられた何千枚ものマットレスを持ち主に返すことだった。国民の人気を得るには、彼らがぐっすり眠れるようにするほどいい方法はないだろう。

一九二〇年代に、寝具メーカーのシモンズ社のサルモン・シモンズは独自に開発したスプリングマットレスを発売した。このマットレスはコイルスプリングがクッション素材に挟まれた構造で、職人によって手作りされ、三九ドル五〇セント（現在の価格でおよそ七〇〇ドル）という非常に高価な製品だった。「ビューティレスト」と名付けられたシモンズのマットレスは、中綿を詰めたマットレスに比べておよそ二倍の価格がついている。そのため、高級ホテルやノルマンディー号やクイーン・メリー号などの豪華客船でよく採用されていた。価格を下げるのが難しかったため、シモンズ社はヘンリー・フォード、トーマス・エジソン、H・G・ウェルズ、グリエルモ・マルコーニ（無線電信機の発明者）のような著名人をビューティレストの宣伝に起用し、「ヘンリー・フォードは機械でさえ休息が必要だと知っている」といった宣伝文句を考え出した。

現在でもマットレスは利幅の大きい高額商品である。一〇〇〇ドルの小売価格で売られているベッドの生産コストは、およそ二五〇ドルに過ぎない。しかし、ベッドに費やした金額が少々高めだったとしても、気に病む必要はない。ほとんどのマットレスはおよそ七年間は使えるので、一時間当たりの睡眠に支払う金額はごくわずかだ（ときどき昼寝もするなら、もっと安くなる）。その引き換えに得られる至福の睡眠時間は、お金には代えられない価値がある。

「君、ベッドは私たちの人生そのものだよ。私たちはそこで生まれ、愛し合い、死んでいくんだ」

——ギ・ド・モーパッサン著『寝床［*Le Lit*］』（一八八二年）

天蓋付きベッド

おとぎ話のお姫様を夢見る少女なら、きっと天蓋付きベッドが欲しいものリストの上位に入っているはずだ。天蓋付きベッドは、冠やふんわりしたドレスと同じくらい人気がある。おとぎ話の輝く杖やガラスの靴と違って、この豪華なベッドはヨーロッパの姫君たち（そして国王や女王も）の暮らしに欠かせない現実の家具だった。

上から吊るした布で周りを覆ったベッドは、十字軍によって中東からヨーロッパに伝えられた。底冷えするお城の寝室で、厚手の布はベッドを寒さから守る効果があった。貴族の寝室に召使がいるときや、同じ部屋で従者や護衛の者が寝ているとき、ベッドを覆う布はある程度のプライバシーを確保するのに役立った（音は漏れたが視線を遮ることはできた）。初期の天蓋付きベッドのカーテンは、初めはお椀をさかさまにしたような器具を天井に取りつけ、そこから吊るしていた。その後、ベッドの上に横木を渡し、そこにリングを連ねてカーテンを吊るようになった。

四柱式のベッドは一五世紀に流行し始め、一六世紀になるとベッドの周りを美しい織物で完全に覆うようになった。天蓋に羽根飾りがあしらわれたベッドのカーテンを閉めると、てっぺんに羽根飾りのついた大きな箱のように見えた。厚みのある織物は、病気の原因として恐れられていた隙間風を防ぐ働きをした。

現代の私たちにとっても天蓋付きベッドはお馴染みだが、それがどう使われていたかは意外と知られていない。椅子がほとんど存在しなかった時代には、部屋の中で座れる場所はベッドだけだった。天蓋から吊るされた豪華な織物は、就寝時以外は開かれて、大きな逆三角形を作るように束ねられていた。訪問客は部屋の主人と一緒にベッドに上がって会話を楽しんだ（それがいかがわしい行為だとはまったく考えられていなかった）。

贅沢が頂点を極めた一七世紀のフランスで、磁器のトリアノンと呼ばれた宮殿にまばゆいばかりの天蓋が作られた。この建物はルイ一四世が愛妾のモンテスパン夫人のために建設した離宮で、ヴェルサイユ宮殿から歩いてわずか三〇分の距離にあった。「愛の寝室」（実際にこう名づけられていた！）の中心には巨大な天蓋付きベッドが置かれていた。ベッドはタッセルや布でできた花飾り、リボンで飾られ、ヘッドボードには鏡がはめ込まれていた。

一七世紀末にはふたたび流行が変化した。四柱式のベッドはすたれて、空中天蓋《フライング》が主流になった。この天蓋は壁に取りつけられ、宙に浮いているように見えたので、このように呼ばれた。この新型の天蓋は、ひさしのように壁から突き出してベッドの真上を覆い、手編みレースとリボンで飾り立てられていた。このタイプのベッドが大流行したため、当時のフランスのベッド・デザイナー、ボン・ブラザーズに注文すると、完成まで一年待たされたという。

四柱式ベッドであれ、空中天蓋であれ、天蓋付きベッドは高価だった。しかし天蓋付きベッドを買えるほど恵まれた境遇ではない人も、ベッドを褒美として与えられる場合があった。一六九三年に、ルイ一四世は宮廷外科医のフェリックス医師による手術が成功したのを喜んで、彼に数台のベッドを与えた。それよりさらに豪華だったのはルイ一四世がスウェーデン大使に贈ったベッドで、絹糸で刺繡したビロード生地で飾られていた。ヴェルサイユ宮殿には四一三台の天蓋付きベッドがあったから、誰かに何台か与えたとしても、国王のコレクションに大きな穴が

❶アカンサス装飾付きカーテンボックス
❷アッパー・バランス
（カーテンレールを隠す飾りカーテン）
❸インナー・バランス
❹バルーンシェード
❺ヘッドクロス
（ヘッドボードの後ろに垂らす布）
❻ヘッドボード
❼ヘッドカーテン
（ベッドの側面のカーテン）
❽ボルスター（硬い円柱型の枕）
❾掛け布団
❿掛け布団カバー
⓫フック
（⓮の短いカーテンを吊るすためのもの）
⓬接合部
⓭カーテンボックスフレーム
⓮短い飾りカーテン
⓯天蓋フレーム
⓰カーテンレール
⓱天蓋
⓲フットポスト（ベッドの足元側の柱）
⓳フットカーテン（ベッドの足元側のカーテン）
⓴締めひも
（ベッドフレームに基布を縛りつけるひも）
㉑基布（マットレスを敷く台になる布）
㉒ベッドフレーム
㉓フレーム横木
㉔ベッドスカート

天蓋付きベッド

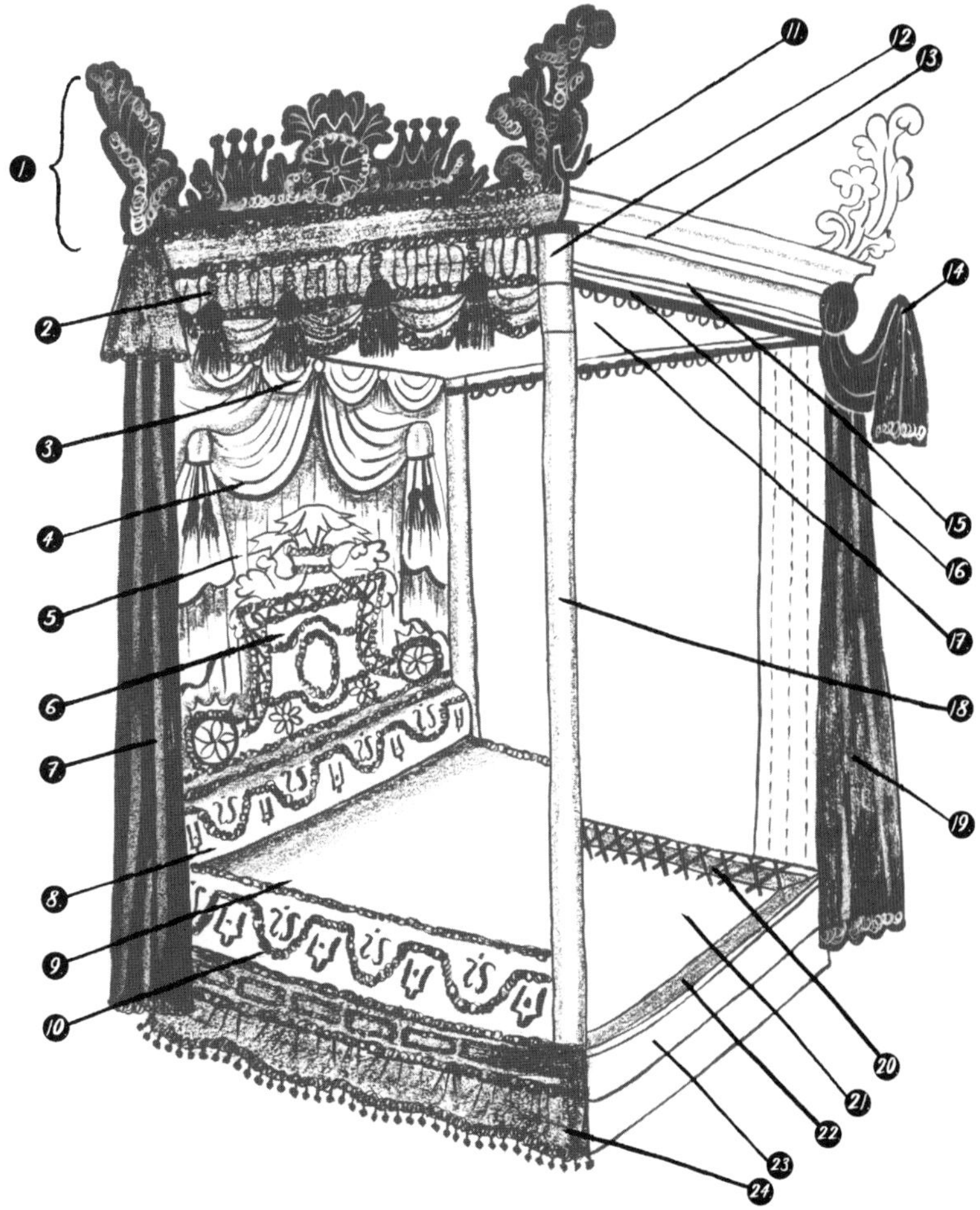

【くつろぎの場】

一七世紀の中国では、上流社会の女性は一日のほとんどを寝室で過ごしていた。寝室の中心には色鮮やかな織物で囲まれた天蓋付きベッドがあった。日中、ベッドのカーテンは開かれ、ベッドは友人をもてなすソファの役割を果たした。ベッドの中に小卓を置いて、そこで食事をしたり、ゲームをしたりもした。

ベッドもその周りを覆う織物も、嫁いでくる女性の持参金の一部であり、離婚という事態になれば、妻はそれらを自分の財産として家から運び出した。

あくことはなかっただろう。

天蓋付きベッドの流行は、形は変われど数百年間続いている。アメリカでは一九五〇年代から六〇年代にかけて、主に田舎の宿や小さな女の子の寝室に天蓋付きベッドが用いられた。一九八四年にアメリカの有名インテリアデザイナー、マリオ・ブアッタが、毎年ニューヨークで開催されるキップスベイ・デコレーター・ショーハウスと呼ばれるインテリアデザインの展示会で天蓋付きベッドの寝室を提案して以来、天蓋付きベッドは流行の最先端になった。ブアッタがデザインしたのは、天井に取りつけられた平らな天蓋から玉飾りで縁取られた透けるような白いカーテンが垂れているベッドだった。インテリア専門誌アーキテクチュラル・ダイジェストは、「世界を驚かせた寝室」と称賛した。

キップスベイ・デコレーター・ショーハウスで成功を収めた後、ブアッタは各界の大物や社交界の名士や有名人の依頼で寝室をデザインした。ビリー・ジョエルやマライア・キャリーも彼の顧客だった。ニュージャージー州の家でとてもフェミニンな天蓋付きベッドをデザインした後、ブアッタはその家の主人夫婦の感想を聞くために電話をかけた。使用人が電話に出たので様子を聞いてみると、「トレイに載せたお食事を二階の寝室までお持ちしても、ご主人様と奥様はドアを開けてくださいません」という。よく聞いてみると、その夫婦は金曜の夜にベッドに入ると、週末の間ずっと寝室にこもりきりなのだそうだ。

これでもまだ天蓋付きベッドのよさが納得できないなら、こう考えてみてはどうだろう。ベッドメーキングする気力がないほど疲れているときでも、天蓋付きベッドならカーテンを引いてしまえばいいのである。

「天蓋付きベッドが嫌いだという男性を信用してはいけません」

——アメリカのインテリアデザイナー、マリオ・ブアッタ

浴槽

花の香りのする熱いお風呂にゆっくり浸かれば極楽気分になれる。そんな人はメソポタミアの都市国家マリ（現在のシリア領内）の宮殿でも、きっとくつろげたに違いない。三〇〇〇年以上前に建設されたこの宮殿には、記録されている最初のひとり用の浴室があった。複数の部屋に分かれたこの浴室にはシャワーがひとつと、床を掘って造られたふたつの浴槽があった。女王はひとつの浴槽で体を洗うと、香油の香りに満たされたもうひとつの浴槽に体を浸した。

それから一〇〇〇年以上の時を経て、時代はローマに移る。ローマの公衆浴場は、メソポタミアの宮殿の浴室の何倍も豪華だった。ローマ人は入浴をこよなく愛し、入浴は富裕層にとっても貧民にとっても社交の場だった。コロッセウムや公会堂《バシリカ》や橋など、ローマ人が残した数々の建築物の中でも、公衆浴場は彼らの技術とデザインの粋を極めた最高傑作と言える。高度な配管技術と暖房技術（床暖房を含む）を用いて造られた機能的な公衆浴場は、堂々とした立派な建物で、高温の浴槽、ぬるま湯の浴槽、水風呂の他に、屋外プールも備えた複合施設だった。銀の蛇口から水が流れ出し、壁は大理石で覆われ、天井や水泳プールの床面まで装飾されていた。ところがモザイクで装飾されていた。

ローマ帝国滅亡後も、ヨーロッパの人々は公衆浴場に通い続けた。モザイクで装飾されたプールや大理石のアーチは姿を消し、代わって登場したのは巨大な樽のような木製の浴槽だった。しかし公衆衛生や個人の清潔の観点から見ると痛恨きわまりないが、一四世紀にペストが流行すると、公衆浴場はすたれてしまい、それから四〇〇年間復活しなかった。入浴すると毛穴が広がり、そこから有害な物質が体内に侵入すると信じられていたのである。啓蒙思想によって清潔さの重要性があらためて理

解されると、ようやくヨーロッパ人は徐々に、ほとんど恐る恐るといったありさまだったが、ふたたびお湯に体を浸けるようになった。自宅に浴室を持つ習慣はこの頃から始まった。

その当時はまだほとんどの家庭に水道がなかった（パリで建物の上層階まで水道が引かれたのは、セーヌ川の右岸で一八六五年、左岸では一八七五年である）。浴槽にお湯を張るのは重労働だった。そこに目をつけた企業家が、一九世紀初めにお風呂の配達サービスを始めた。注文すると、フランス語でバン・ア・ドミシル（移動式浴槽）と呼ばれる浴槽に好みの水（熱湯、冷水、鉱水）を入れて、バスローブやタオルと一緒に配達してくれた。

こうした便利なサービスがあり、一八八〇年代の終わりには屋内配管が普及し始めたにもか

【日本のお風呂】

入浴は日本の重要な文化のひとつだ。日本の一般家庭や公衆浴場には、深い四角形のお風呂がある。このお風呂は伝統的に清々しい香りのヒノキ材で作られた（今日ではプラスチック製やステンレス製のお風呂も使われている）。日本ではまず石鹸で体を洗い、泡をきれいに流してから、火傷《やけど》しそうなほど熱いお湯に首まで浸かるのが入浴マナーだ。次に入る人のために、浴槽のお湯を捨ててはいけない。日本人にとってお風呂はさっさと済ませるものではなく、ゆっくりと時間をかけて、体だけでなく心もすっきりして生き返るための儀式である。

かわらず、ヨーロッパの上流階級の人々はあいかわらず洗面器と水差しを使って体を洗うか、お湯を張っていない浅い浴槽の中で濡らしたスポンジで体をぬぐう方が好きだった。家庭用の浴槽もあったが、浴槽には不謹慎なイメージがつきまとっていた。何しろパリで一番豪華な浴槽は、一九世紀の有名な高級娼婦、ラ・パイヴァの家にあったのだ。ラ・パイヴァはふたつの浴槽を所有していた。ひとつは黄色いシマメノウの塊を削って作ったもので、もうひとつは銀製だっ

【入浴剤】

女性の慎みを守るため、昔はお風呂のお湯にアーモンド・パウダーや小麦ふすま（米ぬかのようなもの）、ミルクなどを入れて白濁させた。いわば現代の入浴剤の先駆けである。また、女性は入浴用のローブや下着を着たままお湯に浸かる習慣もあった。すべてにおいて中途半端を嫌ったフランス王妃マリー・アントワネットは、そのどちらも利用した。毎朝王妃の寝室に銅製の浴槽が運び込まれ、スイートアーモンド、松の実、亜麻仁、ハーブのマシュマロウの根、ユリ根を混ぜ合わせた入浴剤が浮かべられた。調合したのは王妃の調香師、ジャン・ルイ・ファージョンである。アントワネットはイギリス製のフランネルの長袖肌着を着て、首と袖のボタンをきちんと留めてお湯に浸かった。ベッドで朝食をとる代わりに、彼女はオレンジの花で香りづけし、ホイップクリームを浮かべたホットチョコレートを飲みながら入浴した。最高の一日の始め方と言っていいだろう。

た。銀製の浴槽にはトルコ石でできた三つの蛇口がついていて、そのひとつをひねるとシャンパンがほとばしった。

アメリカでは南北戦争終結後の技術革新によって、ようやくほとんどすべての家庭に屋内配管が行きわたるようになった。アメリカ人の清潔さと入浴への情熱は、ローマ人に引けを取らなかった。歴史の浅い国で暮らす彼らにとって、清潔さを保つことは、階級の違いを見せつけることでもあったのだ。最初の近代的な浴槽は鋳鉄ほうろう製だった。ほうろうで加工することで浴槽内部は滑らかになり、熱湯による腐食に強くなった。アメリカで水回り製品を販売するコーラー社は、一八八三年に世界で初めて猫脚付き浴槽を作った。価格はなんと二〇〇ドル（現在の五〇〇〇ドル）もした。しかし二〇世紀になると、製造方法と技術の向上によって価格は大幅に下がった。一九四〇年には浴室一式――洗面台、浴槽、トイレ――が七〇ドル（現在の一〇〇〇ドル）で購入できた。浴室の設備の値下がりやデザインの選択肢の増加は一気に加速した。今日ではサイズ、価格、材質、付属品の選択肢の多さに圧倒されるほどだ。スパをイメージしてお湯に浸かりながらワインを楽しむのもよし、泡風呂にオモチャのアヒルを浮かべて童心に返るのもよし。どちらにしてもお風呂は最高だ。

シャワー

お気に入りの音楽を聴きながら、好みの温度に設定された滝のように降り注ぐ水に体をほぐしてもらえるなら、もう湯船に浸かる必要はないと思うかもしれない。

しかし、いつの時代もシャワーが今のように快適だったわけではない。ギリシア人は冷たい水を我慢して浴びるのが精神的鍛錬になると固く信じていた。定期的な運動はギリシア人の理想の男らしさの大切な条件であり、運動は常に裸でするものだった（体育館を意味する「gymnasium（ギムナジウム）」は、古代ギリシア語で「裸になる場所」を意味している）。男たちは運動する前に体にオイルを塗り、その上に砂をまぶして寒さを防いだ。運動し終わると、彼らは湾曲した金属製のストリジルという道具を使って体から砂とオイルと汗をぬぐいとった。その後でライオンやイノシシの頭の形をした吐水口の下に立ち、そこから流れだす冷たい水を浴びた。壁の向こう側では召使や奴隷がせっせと吐水口に水を注いでいた。

快楽を何より好んだローマ人は、ギリシア人と同様に清潔さを大切にした。しかしローマ人は

【シャワー中に浮かんだ名案】

ミュンヘンのホテルでシャワーを浴びていたとき、NASAのエンジニア、ジム・クロッカーはシャワーヘッドを調節しようとして手を伸ばし、シャワーヘッドを取りつけた棒がスライド式に長さを変えられるのに気づいた。その当時、NASAが数年前に打ち上げたハッブル宇宙望遠鏡は、鏡の不具合のせいで性能を十分発揮できていなかった。クロッカーはなんとか鏡を修理する方法はないかと模索している最中で、スライドするシャワーの棒と同じ仕組みが修理にも使えるのではないかとひらめいた。ドイツ製のシャワーヘッドのおかげで、ハッブル宇宙望遠鏡は今も鮮明な宇宙の映像を地球に送り続けている。

冷たいシャワーより温かい風呂の気持ちよさを選び、各地に入浴の習慣が広まった。ところが入浴の習慣は一五〇〇年から一七〇〇年にかけて、いったん途絶えてしまう。体を水に浸けると伝染病がうつると恐れられ、シャワーだろうと風呂だろうと体を洗う行為は危険視されて、清潔さを保つには下着を替えるのがもっとも安全な方法だと考えられた。

入浴に対して人々が抱いていた恐怖は、啓蒙時代の幕が開き、清潔さと病気の関係について理解が進むとともに解消された。清潔になるためのさまざまな方法が試されるようになり、シャワーは徐々に、あきれるほど長い時間をかけて人々の生活の中に戻ってきた。一七九八年の夏

に、フィラデルフィアのクエーカー教徒ヘンリー・ドリンカーは自宅の裏庭にシャワーを設置した。妻のエリザベスは三人の娘と召使の女性たちがガウンと防水性のある布地でできたキャップを身につけ、木造のシャワー室に入っていくのを何か月も疑いのまなざしで眺めた。翌年の七月、ついにエリザベスはシャワーを試してみた。「体中がずぶぬれになるのはこの二八年間で初めての経験だった。でも予想していたほど耐え難いものではなかった」と日記に書いている。

シャワーに対して誰よりも大胆不敵な態度で挑んだのは、ヴィクトリア時代の人々だった。彼らは偉大なギリシアの思想家にあやかって、水は冷たければ冷たいほどよいと考えた。イギリスの歴史家で『ローマ帝国衰亡史』の著者であるエドワード・ギボンは、温かい風呂に入浴する軟弱な習慣がローマを滅亡に導いたのだと想像した。冷たいシャワーに耐えられるのは精神的な強さの象徴であり、男らしさの証ととらえられた（この思い込みの影響は長く残り、現代のドイツ語にも「意気地なし」を意味する表現として、「Warmduscher（温かいシャワーを浴びる人）」という言葉がある）。しかし、ヴィクトリア時代の誰もが、降り注ぐ冷たい水のシャワーによる試練を何のためらいもなく受け入れられたわけではなかった。一九世紀のイギリス首相ディズレーリの妻、メアリ・アン・ディズレーリは、夫は底なしの精神力の持ち主だが、身体的には臆病だったと打ち明けている。ためらう夫に代わって、冷たいシャワーを出すチェーンを引っ張るのはいつも彼女の役目だったという。

シャワーが苦痛を与える恐怖の道具から、バスルームの主役に変わったのは、ボストンのホテル、トレモントハウスの功績が大きい。一八二九年創業のこの高級ホテルは、初めてロビーやベルボーイ、そして鍵がかかる客室を取り入れた。このホテルは屋内配管を実現した初めてのホテルでもあり、世界に先駆けて地下に八つの入浴専用の部屋を設けた。一七〇の客室に対して八つの浴室は、現代の基準から見れば決して贅沢な設備とは言えないが、たらいと水差しで体を洗っていた時代からすれば大変な進歩だった。浴室には当然順番待ちの行列ができたが、トレモント

【デラックスな浴室】

浴室を今日のように飾り立てられた場所にしたのは、アメリカのインテリアデザイナー、エルシー・ド・ウルフの功績(もしくは責任)である。一九二〇年代初めに、ド・ウルフは近代的な設備と細部までこだわった過剰な装飾の組み合わせで評判になった。代表的な例は、裕福な社交家のマイ・コーが住むニューヨークのオイスター・ベイの邸宅の浴室である。紫色の大理石の洗面台はシャワーの大理石の台と調和し、蛇口などの金具は金メッキされていた(艶消し加工によってアンティーク調に仕上げていた)。化粧台には花模様が描かれ、布張りのスツールには刺繍が施された。浴室全体はクリスタルのシャンデリアで照らされ、六つの銀の台座に部屋の色調にマッチする生きたキバタン(大型のオウムの一種)を止まらせて、ドラマチックな雰囲気を加えた。この奇抜なデザインは美しく装飾された浴室のブームを巻き起こし、浴室は清潔で機能的な空間であるだけでなく、家庭内の部屋のひとつとして装飾されるようになった。

ハウスは開業早々から大成功を収めた。トレモントハウスのおかげで、シャワーは手軽さと効率のよさが喜ばれ、忙しい旅行者が体を洗う方法として好まれるようになった。そしてホテルで浴室の快適さを経験した人は、家庭にも浴室を作りたいと思うようになった。

一九〇〇年代初めにシャワーが浴槽内に設置されるようになり、浴室は広い場所を必要としなくなった。第二次世界大戦後に住宅建設ブームが起きると、新興住宅地ではお湯を流せる配管や、市の下水設備への排水が普及した。こうして家庭でお湯を使うのは決して贅沢ではなく、誰もが当たり前に利用できる設備になった。戦時中の技術的進歩によって誕生した製品、たとえば換気扇などは、戦後は家庭用として新しい市場を獲得した。この時代に始まった技術革新が、ガラス張りのシャワー室、曇り止め加工された鏡、床暖房、複数のシャワーヘッドなど、私たちが今日当然のようにみなしている浴室につながっている。

シャワーは今や浴室の主役になった。温かいお湯（熱ければなおいい！）のシャワーがこれほど好まれるのは、はたしてヴィクトリア時代の人々が言うように、社会が衰退してローマの滅亡が繰り返される兆候なのだろうか。その答えは未来が決めるだろう。

「あなたは風呂派ですか、それともシャワー派ですか？　この選択いかんが、性格学的にいかに重要なことなのかは、この際、大いに強調しておきたいのです」

——ミシェル・トゥルニエ著『イデーの鏡』（宮下志朗訳）より

ガラス窓

人間が健康に生きるためには、太陽の光が欠かせない。自然光は私たちの体内時計を整え、ビタミンDの生成を助け、気分を上向かせる働きがある。住宅所有者やアパートの住人は日当たりのいい部屋を欲しがり、芸術家は彼らの作品を美しく照らし出す理想的な北からの光《ノースライト》（直射日光ではなく青空から来る散乱した光）を求める。旅行者は太陽の光をたっぷり浴びるために南の国へ旅行する。

私たちの祖先が定住するために一戸建ての家を建て始めると、部屋の中に太陽の光を取り入れ、炉の煙を外に出す手段が必要になった。最初の窓は、壁に開いた通風孔か細長い隙間程度のものでしかなかった。イタリア南部のプーリア州では、現在でもそういう建物を見ることができる。プーリア州の田舎の町を訪れると、トゥルッリと呼ばれる石造りの円錐形の屋根の家が立ち並んでいる。それらの家には窓がなく、四角い穴が建物の上の方にいくつかと、屋根の上にひとつだけ作られている。

建築家は壁の開口部をできるだけ大きくしながら、建物が崩れないように強度を保つ方法を何千年もかけて工夫してきた。初期の窓は外気を遮るものがなく、布や革で作ったカーテンか日よけで覆うしかなかった。もっとすぐれた解決法が編み出されたのは、ローマ人の発明の才（そしてガラス製造技術）のおかげだ（紀元前一世紀から三世紀のことである）。職人が熱したガラスを吹いて大きな玉にし、それがまだ熱くて軟らかいうちに回転させて、平らになるまで広げる。こうして作ったガラスの円盤を、壁に取りつけた木製の枠にいくつもはめ込んだ。できあがった窓は、ガラス瓶の底を並べたように見えた。このガラス窓は透明ではなかったが、革のカーテンに比べればはるかにすぐれていた。

ローマ帝国の滅亡後、ガラス職人はヨーロッパ中に散らばって、同じ技術を使って教会の窓を製造した。彼らは各地を移動し、色鮮やかなガラスのモザイクやステンドグラスを作った。それらは聖書の一場面を描いて、字の読めない民衆を教育する目的があった。貴族や土地所有者のような大富豪の自宅にはガラス窓がはまっていた。一六世紀半ばになってもガラス窓はまだ非常に貴重だったので、貴族が領内の城館から別の城館に移動するときは、ガラス窓は注意深く外され、留守中はしまっておかれた。一方、それほど裕福でない人々は、半透明の羊皮紙や、紙のように薄く削った動物の角、または油紙を貼ってガラスの代用にした。鎧戸《よろいど》をつけている家庭もあったが、光を取り入れるために鎧戸を開ければ、寒気や雨や雪も部屋の中に入り込むのが欠点だった。

ガラス製造における最大の技術革新は、部屋にもっと自然光を取り込みたいという願望からではなく、園芸上の必要から生まれた。

冬の食卓に載るオレンジが魔法のように見えた時代は今となっては想像しにくいが、ヨーロッパのほぼ全域で、冬に柑橘類が実ることはあり得なかった。太陽王と呼ばれたルイ一四世の祖母にあたるフランス王妃マリー・ド・メディシスは、祖国イタリアで栽培される地中海の果物が忘れられなかった。そして彼女は冬の寒さのような些細《ささい》な問題で、自分の願望をあきらめるようなやわな性格ではなかった。王妃はパリのリュクサンブール宮殿にフィレンツェのボーボリ庭園をモデルにした庭園を造らせ、そこにオレンジ栽培温室《オランジュリー》を建てた。そこではレモンやオレンジが車輪のついた大きな植木鉢に植えられ、夏には車輪を転がして屋外に出され、寒さが厳しくなると温室内にしまわれた。ガラスでできた温室の窓は太陽の光を通したので、寒さに弱い樹木が枯れずに育ち、柑橘類を食べたい

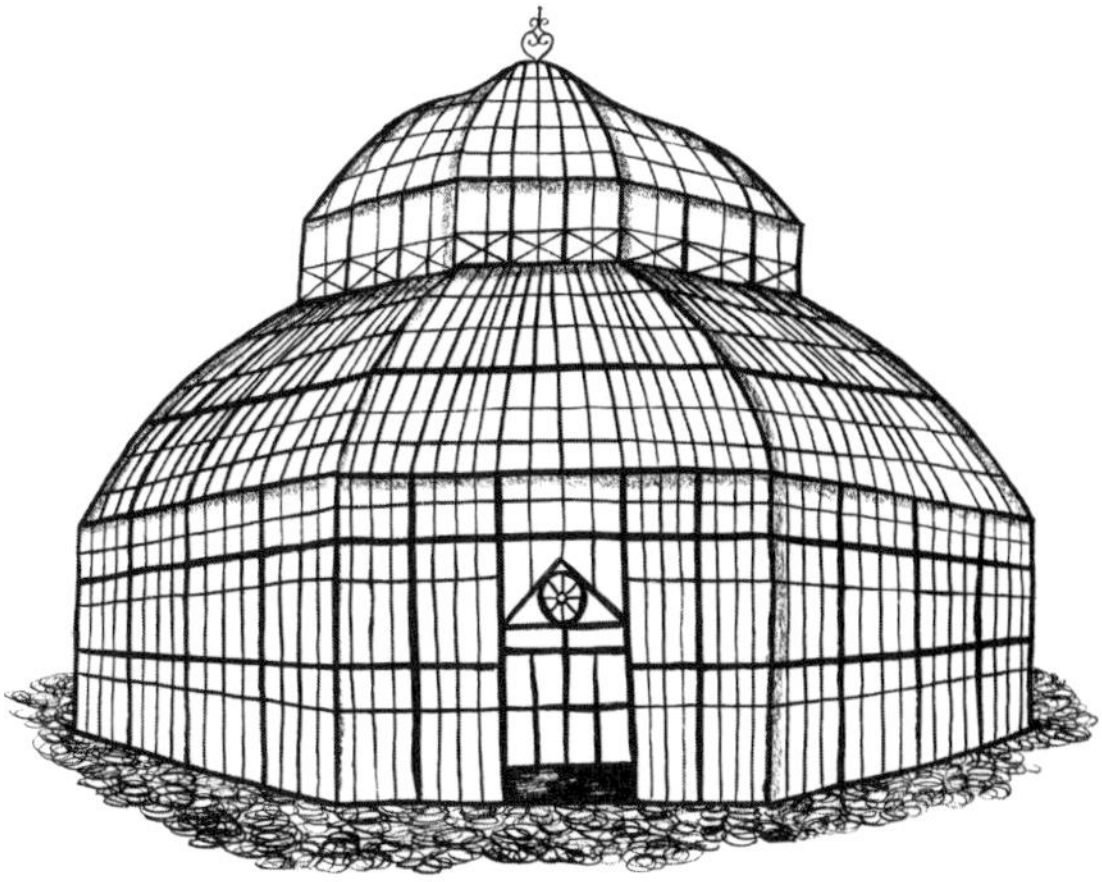

という王妃の希望も実った。

ルイ一四世は祖母に輪をかけた果物好きで、樹木を銀製の桶に植えていた。彼がヴェルサイユ宮殿に作った温室には、マリー・ド・メディシスの温室を上回る数と大きさの窓があった。それはおそらく一七世紀末に、ルイ一四世の命令によって新しい板ガラス製造技術が発達したおかげだろう。大きな窓を作るために、よく磨き上げた鉄の台の四辺に鉄の横木を置いて鋳型を作り、溶かしたガラスを流し込む。ガラスの厚さは横木の高さによって決まった。熱い液状のガラスを重いローラーで平らな板状にならし、最後に人の手で研磨し、磨き上げた。この最新技術を披露するために、ルイ一四世はヴェルサイユ宮殿の回廊に一七枚のガラス窓と、それと向かい合う一七のガラス鏡を配置した。この回廊は今では鏡の間と呼ばれている。

ガラス窓の需要はますます増加し、それに応えるために製造業者の競争が始まった。一八世紀にはヨーロッパの各国が、より透明で薄いガラスを生産するためにしのぎを削った。技術革新を促したのはまたもや園芸上の理由だった。一八二三年に、二〇歳のジョセフ・パクストンがイギリス最大の貴族の邸宅のひとつであるチャッツワース・ハウスの造園責任者として雇われた。いくつかのこぢんまりしたガラスの温室だけでは、パクストンが熱心に蒐集した植物を収めきれなかったため、彼は板ガラスと鋳鉄を使った大きな温室を設計した。長さ八四メートル、幅三七メートル、高さ二〇メートルの温室は、当時としては最大のガラスの建造物だった。この温室が完成すると、一万二〇〇〇個のランプに照らされた温室の中央通路をヴィクトリア女王と夫のアルバート公が無蓋馬車に乗って見物した。感心したアルバート公は一八五一年のロンドン万国博覧会のために、史上もっとも窓の多い建物を設計するようパクストンに依頼した。三〇万枚のガラス板を集めて建設され、水晶宮《クリスタル・パレス》と呼ばれるこのガラス張りの建物は、工学とイギリスの技術の粋を集めた驚嘆すべき建造物だった。

同じ頃、鉄鋼生産技術が飛躍的に進歩した。従来の木造枠組みの耐力壁（地震や風などの力に抵抗する能力のある壁）を鉄骨フレームで代用できるようになり、壁で建物を支える必要がなくなったため、ガラス製の壁さえ作れるようになった。建物を支える役割のない壁はカーテンウォールと呼ばれ、近代建築の重要な要素のひとつになっている。

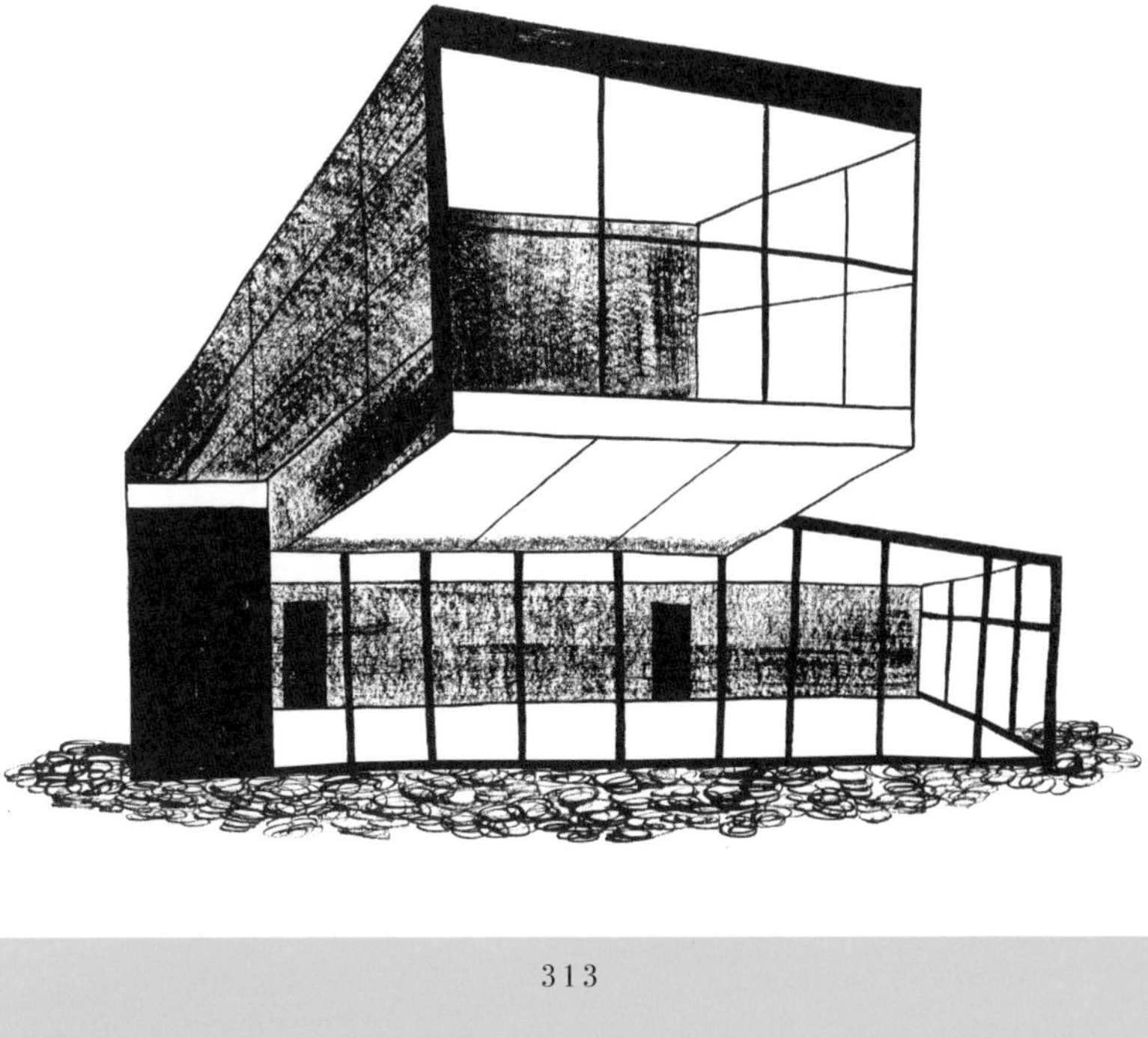

このような構造が生まれたことにより、フランク・ロイド・ライトのように革新的な建築家が、これまでにない方法で建物を外部の自然とつなげることが可能になり、「眺めのいい部屋」（一九八六年の映画のタイトル）という言葉に新たな意味が生まれた。

今日ではガラスと窓の製造技術の進歩によって、太陽の光を最大限に取り入れる窓だけでなく、暖房効率のいい窓、防音窓、暴風に耐える窓まで製造されている。ガラスは外界に向かって開かれた窓を提供するだけでなく、外界から私たちを守る役割も果たしている。

隠し扉

金ぴか時代と呼ばれた一九世紀末のアメリカで建てられた豪邸や、歴史あるイギリスの領主の館、あるいはホワイトハウスで暮らしていれば別だが、普通は隠し扉に出会う機会はおそらくないだろう。隠し扉には扉の枠を装飾する繰形（装飾目的で使われる細長い建材）がなく、蝶番も目につかない。壁と完全に一体化するように作られた隠し扉は、巧みな大工仕事のなせるわざだ。隠し扉は普通、家具や壁の装飾を利用して、さらに目立たないように隠されている。

隠し扉を目にするのは、たぶんポップコーンを片手に映画館の大きなスクリーンを眺めているときが一番多いだろう。隠し扉は映画のストーリーを進める重要な小道具だからだ。バットマンの映画『ダークナイト・ライジング』では、ブルース・ウェインの書斎のピアノで三つの音を奏でると本棚が開いて、バットマンの基地であるバットケイブへの秘密の通路が現れる。扉が開く仕掛けは映画の中の作りごとだが、あのような隠し扉や秘密の通路は本当に存在する。この映画はイギリスのオスタリー・パークで撮影された。敷地内に立つエリザベス一世時代の領主の館は、一七六一年に高名な建築家のロバート・アダムによって改修された。一八世紀の大邸宅の多くがそうであるように、この邸宅には隠し扉がある。隠し扉は、各部屋にいくつもある扉によって室内の繰形や本棚が分断されるのを避け、室内装飾の統一性を守るために新古典主義建築が編み出した仕掛けである。

ひとつの部屋にそんなにたくさん扉が作られたのは、居住者のプライバシーを守るためだ。オスタリー・パークや、ノースカロライナ州に鉄道王のヴァンダービルト家が建設したビルトモア・ハウスのような大邸宅では、使用人が主人の家族と同じ廊下を歩かなくて済むように、そして部屋に主人が入ってきたときにこっそり退出できるように、家の奥に迷路のような階段や通路が作られていた。同じ理由で、大階段の踊り場にも隠し扉がついていることが多かった。召使とその家の主人が階段で鉢合わせするような事態があってはならないからだ。

ヴェルサイユ宮殿では、国王一家は廷臣や宮廷を訪れる人々の詮索の目にさらされていたので、そこから逃れられる場所が欲しかった。マリー・アントワネットの寝室には、大きな儀礼用ベッド（客人を招いたり儀式を行なったりする公的な寝室のベッド）の両側にふたつの隠し扉があり、美しく整えられた私室に通じていた。いつも見られている生活にうんざりしていた王妃は、こうした人目につかない場所でごく一部の親しい友人たちと過ごすのを好んだ。隠し扉は白い錦織の布地で覆われた壁と一体化し、ヴェルサイユ宮殿を訪れる年間八〇〇万人の観光客の多くは、隠し扉に気づかずに（扉が開けっ放しでない限り）その前を通り過ぎてしまう。隠し扉の向こうに

ある最初の部屋はこぢんまりした青い書斎で、隠し扉は赤いモロッコ革で装丁された偽の書物で埋まった本棚のだまし絵で隠されている。一七八九年一〇月六日の朝、暴徒と化した民衆が宮殿になだれ込んだとき、王妃はこの隠し扉から部屋を出て難を逃れた。

住宅所有者の中には、ヴェルサイユ宮殿と同じように隠し扉を偽の本でカモフラージュする者がいた。ただ扉を隠すだけでなく、彼らは偽の本にユーモアのセンスを発揮して楽しんだ。チャールズ・ディケンズはケント州の別荘の隠し扉に自分で偽の本棚をデザインし、ふざけたタイトルの本（全九巻の『猫の生活』など）をでっちあげて描いた。隠し扉は応接室から書斎に通じ、ディケンズはその書斎で『二都物語』と『大いなる遺産』を書きあげた。ダービーシャー州の大邸宅チャッツワース・ハウス（二〇〇五年の映画『プライドと偏見』で資産家の青年ダーシーの邸宅として使われた）にも多数の隠し扉があった。書斎の隠し扉は本棚の絵で偽装され、螺旋階段に通じていた。本棚を埋める偽の本には、一九六〇年代の社交界の花形だったデヴォンシャー公爵夫人によってユーモラスな架空のタイトルがつけられた。エイブル・N・ウィリング（「能力も意思もある」という意味）著『同意した成人たち [*Consenting Adults*]』、ワンダ・ファー著『終わりなき道 [*The Endless Road*]』、I・ソーヤー（「私はあなたを見た」という意味）著『目撃されたビーナス [*Venus Observed*]』などはその一例である。

新古典主義建築と隠し扉の流行は、一九世紀末にヨーロッパからアメリカに伝わった。ホワイトハウスでは、ベンジャミン・ハリソン大統領が一八九一年に大統領執務室を改装したとき、モーゼズ社によって暖炉の両脇に隠し扉が設置された。大統領執務室には扉が四つと大きな窓が五つある。ふたつの扉を隠し扉にしておかなければ、大統領執務室は扉と窓だらけに見えただろう。ホワイトハウスの建築家はどうやら、「いいものはいくらあってもいい」という哲学を持っているようだ。隠し扉は大統領一家が食事をするプライベート・ダイニングルームにもあり、一階のブルールーム、レッドルーム、グリーンルームにひとつずつある。

【隠し扉とロマンス】

スウェーデンの都市モルンダル近郊に建つ一八世紀の田舎の大邸宅グネボ・パラスには、すばらしく精巧な隠し扉がある。裕福な商人ジョン・ホールのために建設されたこの邸宅は、完成までに一二年を要し、費用として樽三八個分の黄金が必要だった（建設費用を黄金の入った樽の数で計算していた時代なら、これがいかに高額だったかわかるだろう）。

グネボ・パラスの隠し扉のひとつは、妻の寝室から化粧室に通じていた。風景画が扉の蝶番を隠すようにかけられていたので、隠し扉を開けると風景画が半分宙に浮いているように見えた。ベネズエラの革命家で軍人のフランシスコ・デ・ミランダは一七八七年にスウェーデンを訪れたとき、ホール夫人の寝室につながる隠し扉をじっくり観察する機会があったようだ。デ・ミランダはホール夫人の魅力に心を奪われ、夫人の金髪、青い目、赤い唇を懐かしんでベネズエラ国旗の色（黄・青・赤）を決めたと言われている。

一九六〇年代には、イギリスの上流社会で人気の室内装飾家デイヴィッド・ヒックスが、シンクも製氷機も完備したバー全体を隠し部屋にして、書斎の隠し扉から入れるようにした。また別の家では、コートを収納するクローゼットの扉を周囲の壁の繰形や幾何学模様の壁紙とつなげて気づかれないようにした。ロンドンの自宅では、ヒックスは狭い玄関ホールを手製のマーブル紙の壁紙で覆い、小さな応接間につながる扉を隠した。扉には額装していない絵を吊るし、扉の前に小さな陳列用ガラスケース付きテーブルを置いて人目を欺いた。出入りの邪魔にならないようにテーブルは扉にねじで固定され、隠し扉を開ければテーブルも一緒に動く仕掛けになっていた。

隠し扉がある家はとても魅力的だが、困った問題もある。ニューヨークのデザイナー、アルバート・ハドリー（ジャクリーン・ケネディのお気に入りだった）は、ニューヨーク市内の自宅の赤い廊下に化粧室に通じる隠し扉をつけた。この扉はあまりにうまく隠され過ぎて、訪問客はトイレにたどり着けなかった。自宅に隠し扉を作りたいなら、訪れた人が隠し扉を見つける手がかりを残しておいた方が親切だろう。

錠と鍵

家庭における最高の贅沢とは、織目の細かいシーツや高級なクリスタルのグラスを所有することではない。玄関ドアを閉め、鍵をかけたときに覚える安心感と安らぎこそが、贅沢と呼ぶにふさわしいものだ。ホテルや会社、自動車ではキーカードやキーパッド、スキャナーなどの電子錠が一般的になったが、私たちの多くはまだ溝が刻まれた小さな金属製の鍵を持ち歩き、その鍵が私たちの生命と財産を守ってくれると期待している。

鍵は初めからポケットに入れて持ち歩ける大きさだったわけではない。古代ギリシアやエジプトの住居のどっしりした大理石や青銅の扉についている木製の錠を開ける鍵は、長さが九〇センチメートル以上あり、非常に重かったので、普通は肩に担いで運んでいた。この鍵は大きさも形も鎌に似ていて、金や銀で装飾され、象牙の取っ手がついていた。一家の主だけが「鍵の権力」（聖書では鍵は神の権威の象徴であり、イエスはペトロに「鍵の権力」を委譲したとされる）を持つ資格を与えられた（ほかの家族は重い鍵を担げるほどたくましくなかったのかもしれない）。預言者イザヤは旧約聖書の「イザヤ書」の中で、「わたしは彼の肩に、ダビデの家の鍵を置く」と述べている。これは肩に担ぐタイプの鍵のことを言っているのだろう。

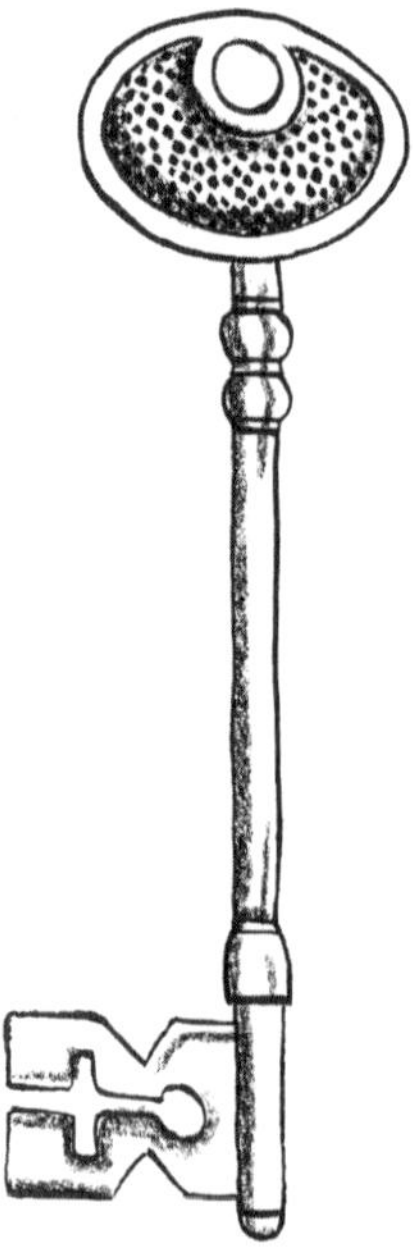

ローマの発明家は錠を金属で作ることによって、錠の設計（と大きさ）を改良した。多くの家では、錠はきわめてシンプルな構造だった。ローマ人は家の中でお金や書類、宝石類を鍵のかかる箱に保管し、その箱の鍵を指輪にして身につけた。指輪型の鍵はステータスシンボルでもあった。鍵をかけてしまう値打ちのあるものを所有していることは、富の象徴だったからだ。当時のローマ人の衣服に大きなポケットがなかった（彼らはトガと呼ばれる一枚布をまとっていた）のも、指輪型の鍵を用いた理由のひとつだろう。鍵を預かる立場にある人は、権力も持っていた。ローマの法では、夫が裁判などの適切な手続きなしに妻の生命を奪うことが許される場合があった。妻が不倫した場合、他の男性の子を夫の子と偽った場合、習慣的な飲酒、そして鍵の複製を勝手に作った場合である。財産を守るにはそれだけの覚悟が必要だったのだ。

中世になると、錠前師は泥棒を欺くために偽の鍵穴を作ったり、本物の鍵穴を見つけるのが不可能なほど手の込んだ装飾で鍵穴をごまかしたりするようになった。もちろん、もっと簡単な方法もあった。チェストやドアの鍵を増やすことだ。イングランド王妃イザベラ・オブ・フランスは侍女の貞操を守るため、五つの鍵を使わなければ外から開けられない錠を侍女の寝室につけるよう命じた。その頃は貴重品を入れたチェストの蓋の周囲に、均等な間隔で二〇個以上の鍵を取りつけるのが一般的だった。

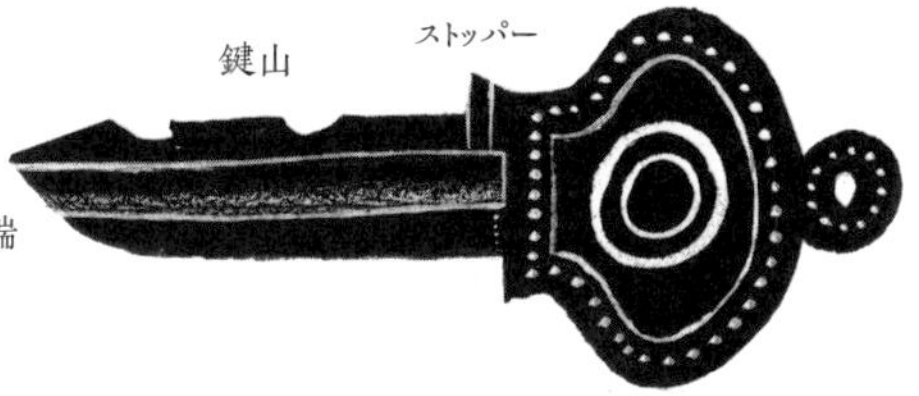

泥棒はすべての鍵を開ける手間を考えてあきらめただろうか？　あるいは中に隠されたお宝を想像して、いっそう奮い立ったかもしれない。

中世とルネサンス時代には、鍵はあいかわらず一家の主である男性が管理していた。しかし結婚と同時に、女性にも夫と共同で鍵を管理する権限が与えられた。結婚した女性、特に家業を営んでいる家の女主人は、衣服の上に目立つ鍵束を身につけていた。鍵束はそれを身につける女性の社会的地位と、家族を代表してお金を使う権限の象徴だった。だが、この時代の女性の多くが手に入れた鍵は、マリー・アントワネットがプレゼントされた鍵とは比べものにならなかっただろう。「マダム、花がお好きのようですから、花束を持ってまいりました」と若いルイ一六世は仰々しい言葉で言いながら、一九歳の王妃に五三一個のダイヤモンドをちりばめた鍵を手渡した。その鍵はプチ・トリアノンのマスターキーで、この離宮はマリー・

アントワネットがヴェルサイユ宮殿の堅苦しい生活から逃れるための避難所となった。

一八世紀には、玄関から侵入する泥棒よりも、すでに家の中にいる者——使用人、訪問者、嫉妬深い配偶者——の方が心配だった。秘密を守り、貴重品を安全にしまっておくためには、書き物机や衣装箪笥のような家具に鍵をかけるのが一番だった。「いつも肌身離さず持ち歩いている鍵で書き物机の鍵をかけるのを忘れたと気づいたら、きっと青ざめるに違いない。愛も、野心も、政治も、すべての秘密が鉄の帯の下に隠れている……」(『十八世紀パリ生活誌』原宏訳)とルイ・セバスチャン・メルシエは一七八二年に書いている。錠前師も創造の才を思う存分発揮した。「のぞき見を発見できる錠」は、錠が開けられた回数が記録される仕組みになっていて、所有者の留守中に誰かが中をのぞき見すればすぐにわかった。フランスの錠前カタログには、開ける手順を間違えると、開けようとした人間の手首をつかんだり、ピストルが発射されたりする装置がついた錠さえあった。

錠前作りは国王にふさわしい趣味だと考えられていた。ルイ一六世は宮廷錠前師のフランソワ・ガマンの教えを受けながら、何時間も飽きることなく錠前作りにいそしんだ。ガマンは王宮内の多数の錠前を製作した錠前師で、国王の極秘の手紙や文書を入れて床下に隠しておく鉄のチェストを作ったのもガマンである。ガマンは王家に二〇年間仕えていたが、フランス革命が起きると、革命政府に例の鉄のチェストと鍵のありかを漏らした。見つかった書類は国王の裁判で証拠として使われ、ルイ一六世が大逆罪で処刑される決め手となった。

シンプルな錠と鍵は数百年間ほとんど変化しなかった。ごくわずかな変化や改良を重ねながら、人々の生命と財産を守ってきたのである。しかし現在は、錠前メーカーは資金を費やして錠と鍵の改革に取り組んでいる。これからはパスワードや指紋、スマートフォンなどによる認証システムを搭載した電子錠が主流になっていくだろう。しかし、小さな金属製の鍵を不要にする技術がどれほど進歩したとしても、錠前の目的はただひとつだ。ワンルームのアパートだろうと宮殿であろうと、私たちが家庭で安心して暮らせるようにすることである。

「空想のお城に入る鍵は持っているんだけど、扉が開けられるかどうかはまだわからないな」

――ルイザ・メイ・オルコット著『若草物語』（麻生九美訳）より、ジョーの言葉

ドア、ノッカー、ドアノブ

あなたは普段（鍵が見つからない場合を除いて）、玄関のドアについて深く考える機会はほとんどないだろう。しかし、ドアは建物の顔とも言える主要な要素であり、文化的重要性や象徴性、儀式的な役割まで背負わされ、ドアがその重荷に耐えてまっすぐ立っているのが不思議なくらいである。正しいノックの方法（力加減に注意！）から敷居での挨拶の仕方まで、玄関にまつわるエチケットにはたくさんの慣習や決まりがある。玄関は外界と私的な生活空間を隔てる大切な場所なのだ。

中世ヨーロッパでは、ドアや敷居を乱暴に扱うのは単なる野蛮な行為では済まされなかった。それはその家に住む人を襲撃するのに等しい行為とみなされた。ドイツでは、ドアに一撃お見舞いするのは人にパンチを食らわせるより重い罪になった。神聖ローマ帝国では、悪意を持ってドアを傷つけるのは（屋内に侵入しなくても）極刑に値すると考えられていた。厳しすぎると思うかもしれないが、警報システムも鍵もない時代には、ドアは内と外を隔てる唯一の境界線であり、

神聖なものだったのだ。

　ルネサンス時代のイタリアの建築家ヴィンチェンツォ・スカモッツィは、ドアをできる限り魅力的にするようアドバイスした。家にとってのドアは、生き物にとっての口と同じだと彼は考えていた。フェデリコ・ツッカリのように、スカモッツィの言葉を文字通り解釈した建築家もいた。ツッカリが一五九二年に建設したパラッツォ・ツッカリと呼ばれる建物の正面玄関は、石でできた恐ろしげな怪物の巨大な口のように見え、現在でもローマの観光名所になっている。

　ノッカーやドアノブや鍵などの金物類は、ドアにとって宝石や装身具と同じで、入り口の魅力を高める働きをする。ノッカーには、ほとんどドアと同じくらい長い歴史がある。最初にノッカーを使用したのは古代ギリシア人で、彼らはドアにプレートをつけ、そこに重たい輪を取りつけて使っていた。ローマ人はその先例に倣い、ローマ帝国が拡大するにつれて、ノッカーも普及した。ノッカーは象徴的な道具にもなった。ノッカーをつかむ行為は、家屋を購入するか、家を差し押さえる権利を得たことを示していた。ライオンの頭をかたどったノッカーは、キリスト教徒が住んでいる印だった。

　ドアノブがいつから標準的な装備になったのか、今となっては知るのは難しい。中世になるまでは（そして貧しい人なら中世になっても）、掛け金にひもや革ひもを結びつけ、正面玄関のドアに小さな穴を開けてひもを外に出しておき、掛け金を外から上げられるようにしておくのが普通だった。また、この時期に、片手でノックする習慣が生まれた（おそらく新約聖書に描かれるノックするキリストのイメージに影響されたのだろう）（「ヨハネの黙示録」の「見よ、わたしは戸口に立って、たたいている」という句に基づいている）。ローマ人は足でドアをノックしていた。中世の鍛冶屋は初期のドアノブを鉄で作った。一六〇〇年代になると、ブリキ職人は軟らかく加工しやすい素材の方が装飾的なドアノブが作れることに気づいた。しかしこの時代のドアノブは回らなかった。だからドアにノブがついていたとしても、ドアを開けるにはノブを押すか引くしかなかった。そしてドアに錠がついている場合は、ノブではな

【印象深いドア】

ロードアイランド州ニューポートの高級住宅街では、三年間さまざまな憶測が飛び交っていた。二・四メートルの高さの塀の向こうで、大富豪のウィリアム・K・ヴァンダービルトと妻のアルヴァ夫妻は何を建設しているのだろうか？　一八九二年八月一九日、人々の好奇心は驚きに変わった。塀が取り払われると、そこに現れたのはマーブルハウスと呼ばれる大邸宅だった。地元の名士たちを歓迎するために、ドアは開け放たれていた。このドアは建築技術の粋を極めた作品だった。両開きのドアの高さは四・九メートル、幅は全体で七・六メートルあり、鋼鉄とガラスをそれぞれ一トン以上使用して作られた。これほどすばらしいドアなら、それと釣り合うすばらしいドアノブがついていたと思うだろう。残念ながら、その予想ははずれた。このドアにはノブがなかった。えび茶色のお仕着せを着た従僕が両開きのドアの後ろにひとりずつ立ち、訪問客はドアを開け閉めするために指一本動かす必要はなかった。

【ノックの移り変わり】

◉古代ローマ

足でノック。

◉中世

片手でノック（中にはもっとさりげないやり方を好んで、咳払いで訪問を知らせる人もいた）。

◉一六世紀のケルン

ケルン（現在のドイツの都市）では、身分の高い市民はノックさせるために従者を連れて歩いていた。

◉一八世紀のヴェルサイユ

ノックは禁止され、代わりに爪でドアを引っ掻いていた。

く鍵でドアを押したり引いたりして開けていた。

今日私たちが慣れ親しんでいるドアノブのように、ドアノブが回せる構造になったのは一八八〇年代になってからだ。一八七八年に、アフリカ系アメリカ人の発明家オズボーン・ドーシーが「ドア開閉装置」の特許を取得した。これが近代的なドアノブに与えられた最初の特許だった。同じ頃に圧縮鋳造法が導入され、装飾的でありながら規格が統一された真鍮や青銅のドアノブが生産できるようになった。こうしてデザイナーや建築家は、自分の美的センスに合ったドア金具を作れるようになった。

第一印象が大きくものをいう世界では、ドアにちょっとした装飾をするだけで、かなりの効果が期待できる。ドアを明るい色で塗り、凝った仕上げや形のノブや鍵をつければ、訪問者がドアをノックする前から歓迎の気持ちが伝わるだろう。ドイツの建築家クラウス・セリグマンは、ドアは「建築物を成り立たせるためになくてはならない装置だ」と述べた。ドアがなければ、建物はただの箱にすぎない。

「構造化されていない部屋の壁は沈黙しているが、ドアは主張している」

——社会学者、ゲオルク・ジンメル

玄関ポーチ

「ポーチ」という言葉は、古代ギリシア建築の特徴である「ポルチコ」に由来し、建物の正面にある柱で支えられた屋根つきの空間を指している。ギリシア人やローマ人は、アテネのヘーパイストス神殿やローマのパンテオンのように重要な公共建築物を建てるときは、威風堂々たる雰囲気を出すために正面入り口にポルチコを作った。現在でもポーチは建物に印象的な効果を与える目的で作られる。現代のポーチの代表的な例に、ホワイトハウス、アメリカ連邦最高裁判所、ロンドンの旧王立取引所、パリのマドレーヌ教会などがある。

中世になると、建物の壮大さより安全性と防御しやすい構造が優先されて、ポルチコは姿を消した。ポルチコを復活させたのは、一六世紀のイタリアの建築家、アンドレア・パラッディオである。パラッディオは古代ローマの神殿でポルチコを見て、当時は住宅にもポルチコがあったと勘違いした。そして依頼人のために伝統的なローマのヴィラのような外観の住宅を建てようと考えて、自分が設計する建物にポルチコを加えた。パラッディオが好んで作ったのはロッジアである。ロッジアは建物から突出するのではなく、建物に沿って作られるポルチコで、壁に開口部があって外につながっている一階の部屋、もしくは回廊のような形になっている。ロッジアもポルチコも、住む人がくつろぐ場所というよりは、屋根のある立派な廊下として作られた。

旧世界の建物のこうした構造だけが、新世界の建物にポーチを作るヒントになったわけではない。現代のポーチは奴隷となったアフリカ人が建てた家から取り入れられた（盗用したと言う人もいるかもしれない）ものだ。アメリカに連れてこられた奴隷が真っ先に命じられたのは、彼

【いろいろなポーチの名前】

◉ギャラリー

一種の幅の広いバルコニー。ミシシッピ川下流地域（ニューオーリンズなど）に住むフランス語を母語とする人々が、建物を取り巻くように作られたポーチにつけた名称である。ギャラリーは一階だけでなく、上の階にもついている場合がある。

◉ストゥープ

玄関に通じる屋外の通路を意味するオランダ語。オランダ語のストゥープ（stoep）は、玄関に続く階段の踊り場を意味する英語のストゥープ（stoop）の語源になった。

◉ベランダ

建物の外に張り出した屋根のあるギャラリーで、手すりがついている。この言葉は一九世紀にインドから（ヒンドゥー語の「ヴァランダ（varanda）」が語源）、イギリスを経由してアメリカに入ってきた。

らが住む家を作ることだった。彼らは自分たちがよく知っている建物――玄関ポーチのある長屋――を建てた。彼らが生まれた国では、家の正面に地面から一段高い屋根のあるテラスを作り、そこで日差しを避けたり、飛んでくる虫や地面を這う虫のしつこい攻撃を避けたりした。ポーチはその家に住む家族の社交の場だった。彼らはそこで隣近所の人に挨拶し、くつろぎ、商売さえした。ヨーロッパ人の探検家や商人がアフリカで初めてポーチを見たとき、その使い方や目的がまったくわからず、母国に帰ってどう説明したらいいか言葉に窮した。初期のヨーロッパ人旅行家のひとりは、それを「舞台《ステージ》」と呼んだ。

地面から一段高いポーチはすばらしいアイデアとして流行し、一八世紀になると、玄関ポーチは大小にかかわらずアメリカの住宅に欠かせない要素となった。ポーチは家庭内でもっとも平等な場所だった。子供が入るのを許されない部屋（応接室）や、女性が立ち入れない部屋（主人の書斎やビリヤード室）があっても、ポーチだけは年齢や性別にかかわらず、誰でも自由に出入りできた。夏にはポーチが第二の居間の役割をした。一九世紀の有名な造園家アンドリュー・ジャクソン・ダウニングは、ポーチを家と外の自然をつなぐ重要な部分と考えていた。ポーチはゲームに興じたり、ブランコをしたり、家族が団欒《だんらん》し、レモネードを飲んだりする場所だった。

玄関ポーチが家の正面玄関の一部だったのに対して、次第にサイドポーチ（家の側面にあり、網戸やガラス窓で囲まれているポーチ）やスリーピングポーチ（二階の寝室につながっている網戸で囲まれたポーチで、暑い季節に寝る場所になる）が作られるようになった。

玄関ポーチの人気が衰えたのは、自動車の普及やエアコンが手に入りやすくなったことと関係がある。自動車を安全に止めておける駐車場やガレージの場所を確保する方が、ポーチを作るよりも優先された。そしてエアコンがあれば、ポーチはもう必要ない。家族が屋外で過ごすときは、玄関ポーチでおしゃべりするよりも、裏庭でバーベキューをする方が好まれるようになった。

寄木張りの床

寄木張りの床と聞いて思い浮かべるのは、あなたが最初に暮らしたアパートのはがれかかった模造品の木の床だろうか？　もしそうなら、それは忘れてほしい。本物の寄木張りの床は、さまざまな種類の木材を幾何学模様に組み合わせて作った床で、繊細な職人技が生む見事な作品である。寄木張りの床は、一七世紀にフランス人デザイナーによって流行し始めた（流行の始まりはだいたいフランスだ）。

寄木張りを意味するフランス語の「パルケ（parquet）」という言葉は、玉座の下に厚い木の板を敷いていた昔の習慣に由来している。玉座が置かれる場所が「パルク（parc）」（公園）、あるいは「パルケ（parquet）」（小さな公園）と呼ばれていた。厚い板を敷くのは、玉座を文字通りの意味でも象徴的な意味でも、周囲より一段高いところに置くためである。

一七世紀末以前は、ヨーロッパの人々はたいてい土を固めた床の上で暮らしていた。貴族や富裕層だけが城や住居の上の階の部屋に厚い板を敷いて床にしたり、お客を迎える部屋の床に石や大理石を用いたりした。

　ルネサンス時代の最後に豊かで革新的な社会が到来すると、木工師は厚い板の床に新しいデザインを試すようになった。国際貿易の拡大によってマホガニーやシタンなどの異国の木材が入手可能になると、それを組み合わせて精密な幾何学模様を描く「パーケットリー」（単純な形の木片を組み合わせて模様を作る技術）や、曲線的なアラベスク模様を描く「マーケットリー」（地となる木を模様の形にくりぬき、そこに違う木をぴったりと嵌める技術）という技法が生まれた。

　木の床のデザインに改革をもたらしたのはルネサンス時代の職人だが、それを大流行させたのはフランスの王妃たちだった。一六二〇年代にル

イ一四世の祖母に当たるマリー・ド・メディシスは、寄木張りの床をフランスに伝えた。彼女は寄木張り細工師のジャン・メイスに命じてパリのリュクサンブール宮殿に寄木張りの床を作らせた。メイスは後に宮廷指物師（木材で家具や建具を作る職人）に任命された。二十数年後、メイスは王妃アンヌ・ドートリッシュ（ルイ一三世の妃でルイ一四世の母。マリー・ド・メディシスにとっては嫁に当たる）のために、王の居城パレ・ロワイヤルに寄木張りの床を敷いた。この床の驚嘆すべき美しさは大評判になり、その後数十年にわたって寄木張りの床はパリの上流家庭や優美な宮殿になくてはならないものになった。

最後に登場するのが、マリー・ド・メディシスの娘でイングランド国王チャールズ一世の妃のヘンリエッタ・マリア・オブ・フランスである。第一次イングランド内戦が激化すると、一六四四年にヘンリエッタはフランスに亡命した。彼女はそれから二〇年近く、実家であるフランス宮廷で亡命生活を送った。ヘンリエッタは母の宮殿にあった寄木張りの床が忘れられなかったのだろう。一六六〇年にイングランドで王政が復活し、息子がチャールズ二世として即位すると、ヘンリエッタはイングランドに帰国した。そしてロンドンの邸宅サマセット・ハウスに戻ると、すぐにイングランド初の寄木張りの床を作らせた。

それから二〇年後、ようやく国王が仲間に加わった。ヴェルサイユ宮殿の大理石の床は、水が染み込みやすく乾きにくいという問題点があったため、ルイ一四世（祖母、母、叔母から寄木張りへの愛情を受け継いでいた）は床を豪華な寄木張りに替えるよう命じた。このとき採用された大きなひし形を組み合わせた模様は、ルネサンス時代の建築家セバスティアーノ・セルリオやアンドレーア・パッラーディオの作品にヒントを得たものだ。この模様は非常に独特で、ヴェルサイユ張り、またはヴェルサイユ寄木という名がついている。

王族の行くところに富裕層は従うものだ。寄木張りの床はヨーロッパやアメリカの上流家庭で

【舞踏場《ボールルーム》の床】

もっとも有名な寄木張りの床という栄誉は、プロバスケットボールチームのボストン・セルティックスの本拠地だったボストン・ガーデンに与えられるべきだろう。この競技場は一九二八年に建設され、一九四六年にバスケットボール・コートが追加された。戦後の木材不足のせいで長い木材が手に入らなかったため、二四七枚のレッドオークの廃材が無駄のない形に配置され、寄木張りの床が作られた。セルティックスの選手たちは場所によってボールの跳ね返り方が違うこの床の特性を知り尽くしていたので、本拠地で戦う有利さをとことん利用できた（敵チームからの評判は最悪だった）。他のどんなプロスポーツでもひとつのチームが五シーズン以上続けて優勝した例はないが、セルティックスは一九五九年から一九六六年まで、八年連続してチャンピオンになった。一九九五年にボストン・ガーデンが取り壊されたとき、古い床材の多くが売却されたが、残った木材はセルティックスの新しい本拠地ＴＤガーデンに使用された。

大人気となった。デザインの複雑さと施工にかかる手間と時間のおかげで、寄木張りの床は目に見える富の証明であり、ステータスシンボルだった。一八〇四年にジョン・ヘミングスとルイス（苗字は知られていない）という奴隷の指物師が、アイルランド人大工のジェームス・ディンズモアとともに、フランスびいきのトーマス・ジェファーソンのモンティチェロの邸宅の客間にサクラとブナ材で寄木張りの床を製作した。一九世紀には、カリフォルニア州のウィンチェスターハウスに目をみはるような寄木張りの床が作られた。ウィンチェスター銃の製造販売で財をなしたウィンチェスター家の相続人、サラ・ウィンチェスターは、一八八四年にサンノゼに建築した屋敷を三八年間絶え間なく増築し続けた。この屋敷は多数の行き止まりや秘密の通路がある迷路のような構造で知られている。サラはウィンチェスター銃で殺された人々の呪いを恐れ、幽霊を惑わすためにこのような家を建てたと言われている。サラは寄木張りの床を施工するためだけに職人を（三三年間も！）雇い続けた。床にはマホガニー、シタン、チーク、カエデ、オーク、ホワイトアッシュの木材が用いられた。サラが気に入っていたのは寝室に使われた寄木の図案で、窓から太陽の光が射すと暗い色の木材が明るく見え、日が傾けばまた元の色に戻るように工夫されていた。

二〇世紀初めには木材が機械でカットされるようになり、住宅所有者や家主はカットした木材をあらかじめ組み合わせて作った寄木張りの「タイル」を利用できるようになった。一九三〇年代には木製の床の多くが当時流行の床一面のカーペットや、新しく開発された素材のリノリウムやコルクで覆われた。そのおかげで、その下に隠れた精巧な寄木張りが消失を免れた。古い建物の保護に尽力した人々や、強度の高い硬木を好んで使った住宅所有者にはいくら感謝しても足りないほどだ。あなたが今住んでいる家のカーペットの下に、元の寄木張りの床が隠れているかもしれない。そんな幸運には恵まれなかったとしても、工業生産された寄木張りタイルを利用する手もある。もしお金に余裕があるなら、ルネサンス時代さながらに手作りの寄木張りを作る木工職人が現在も仕事をしている。カリフォルニア州にオフィスを構える木製の床を専門に扱うパルケ・バイ・ダイアンの創業者、アナトーリ・エフロスは、一七世紀のフランスで用いられた技術を使って緻密な手作りの寄木張りの床を請け負っている。彼の顧客名簿にはスティーヴン・スピルバーグ、プロ野球選手のデレク・ジーター、デザイナーのジョルジオ・アルマーニなど、そうそうたる人物が名を連ねている。ルイ一四世好みのデザインが、デレク・ジーターにも気に入られるかどうか疑問に思う人もいるかもしれない。しかし、ことデザインに関しては、フランス人の腕は確かだったと認めざるを得ない。

テント風の部屋

テント風の部屋は、子供の頃に毛布で作った秘密基地の（おしゃれな）大人版である。布地を壁の装飾として使い始めたのは中世で、当時は室内の防寒が目的だった。最初は城の石壁の寒々しさを和らげる実用的な手段だったが、次第に豪華な布地やタペストリーを用いた贅沢な室内装飾となった。

布を垂らしてテントの中にいるような感覚を味わう室内装飾は、一八世紀フランスでもっとも注目を浴びた女性、ナポレオン・ボナパルトの妻の皇后ジョゼフィーヌによって誕生した。ナポレオンのエジプト遠征が目前に迫ったある日、ふたりはカントリーハウスを購入するつもりで物件を見に出かけた。ジョゼフィーヌはマルメゾン城（フランス語で「悪い家」を意味する）に足を踏み入れた途端、この邸宅に惚れ込んでしまった。ナポレオンはパリからおよそ一六キロメートル西に離れた荒廃した屋敷に妻が夢中になる理由が理解できなかった。そこで彼は、この屋敷はまさしくその名のとおり「悪い家」だと言って、購入に大反対した。しかし一七九八年にナポレオンがエジプト遠征に出発すると、ジョゼフィーヌはすぐさま借金をしてマルメゾン城を購入

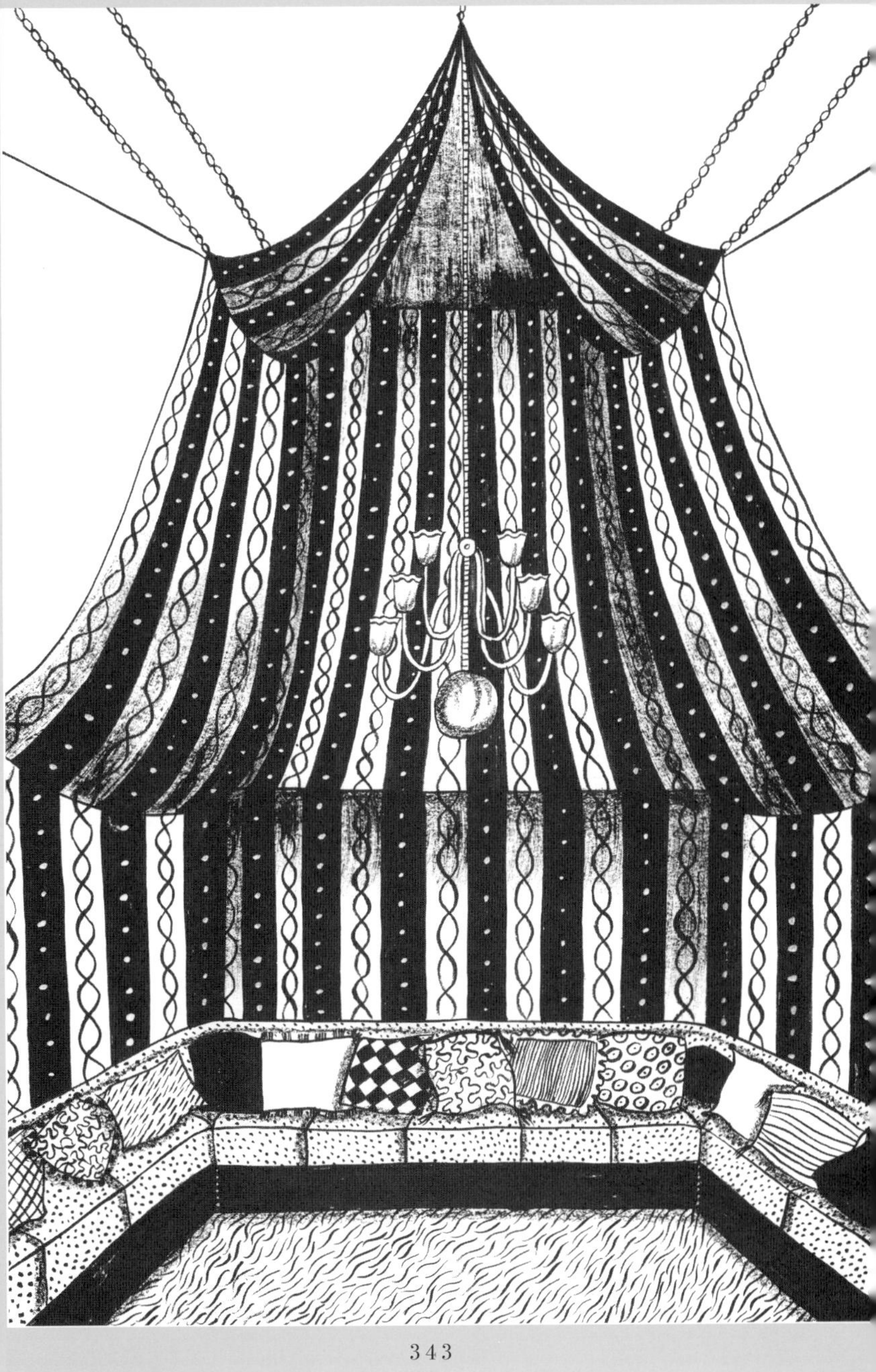

し、模様替えに取りかかった。

ジョゼフィーヌは自分が手に入れたダイヤモンドの原石を輝かせるために、フランスでもっとも流行に敏感と評判の室内装飾家、シャルル・ペルシエとピエール・フォンテーヌの協力を求めた。ふたりの室内装飾家が出したアイデアは、これまでにない新しいものだった。ドアより高い位置から無地の絹地や縞模様の綿織物を壁全体と天井までゆったりと張り巡らし、タッセルやフリンジで飾ったのである。マルメゾン城のいたる所にテント風の部屋が作られた。寝室も、通路も、ナポレオンの会議室さえも例外ではなかった。

中東の天幕を思わせる華やかで豪華な垂れ布は、ナポレオンの中東侵略に対する賛辞を表していた。お世辞に弱いナポレオンは自尊心をくすぐられたが、その部屋が心底気に入ったわけではなかった。ナポレオンは使用人が出入りする玄関を見て、「動物が曲芸を演じる見世物小屋のテントにしか見えない」と酷評したという。ナポレオンの意見はさておき、ペルシエとフォンテーヌがマルメゾン城の内装を紹介するカタログを出版すると、このスタイルはたちまち注目を集めた。一八世紀を通して、このスタイルはヨーロッパやアメリカで模倣され、エジプトやトルコ風のデザインへの憧れを掻き立てた。

ナポレオンの時代から一三〇年後、アメリカのタバコ王の遺産相続人ドリス・デュークは珍しい体験を求めて世界中を旅行した。「世界でもっともリッチな娘」とあだ名されたデュークは、新婚旅行で北アフリカ、中東、インドを巡った。インドのタージ・マハルやイランのチェヘルソトゥーン宮殿に感銘を受けたデュークは、一九三七年にホノルルに邸宅を建設し、シャングリラと命名した。彼女は旅先で見た優美なテントに惚れ込んで、その美しさを自宅でも再現したいと考えた。食堂は中東の王宮を思わせるデザインで、床から天井まで四〇〇メートルを超える緑と青の縞模様の綿織物で覆われていた。インドで特注した布は壁をくまなく覆い、天井で固定された。部屋の中央に置かれた低いダイニングテーブルの真上に大きなクリスタルのシャンデリアがきらめいていた。この部屋は一九六〇年代にヴォーグ誌で紹介され、大評判になった。

異国情緒に魅せられたのはデュークだけではなかった。東洋風であればどんなものでも最新流行の象徴となった。ビートルズのメンバーがアジアの文化に心酔していたことも流行に拍車をかけた。一八世紀に流行したテント風の部屋は、ふたたび大流行した。皇后ジョゼフィーヌが好んだ落ち着いた縞模様や無地とは異なり、一九六〇年代のデザインは中東やインドで用いられる鮮やかな色彩にあふれる自由奔放さが特徴である。ジャクリーン・ケネディの妹でファッションリーダーとして知られたリー・ラジウィルは、世界各国の大富豪を顧客に持つ二〇世紀のイタリア・デザイン界の大物ロレンツォ・モンジャルディーノに依頼して、テント風の部屋を作った。モンジャルディーノは青、黄色、赤、象牙色の花柄とペイズリー柄の二種類の布を色調が似たインド綿でそろえ、それらの布を裁断してパッチワークのように組み合わせた。この部屋は一九六六年のヴォーグ誌を飾った。

二〇世紀後半のもっとも影響力のあったインテリアデザイナーで、デザイン誌の花形だったアンジェロ・ドンギアは、テント風の部屋をもっと取り入れやすくしたいと考え、サンタフェに室内装飾の店を持つアイラ・セレトに協力を求めた。ふたりはアフガニスタンの婚礼テントをイメージした大胆な模様と手縫いのアップリケを施した布を製作し、買ってすぐに部屋に吊るせるように仕立てた。この布は大ヒット商品になり、布を垂らしたドンギアの自宅の部屋は一九七一年のヴォーグ誌で紹介された。このスタイルは大衆に浸透し、テント風の部屋はアメリカ中の学生寮やヒッピーの共同体にまで広まった。テント風の部屋は学生の予算でも手の届く安上がりな室内装飾になったのである。

官能的な色と模様に満ち溢れたテント風の部屋は、現実を忘れてくつろげる空間である。自由奔放なデザインは、控えめな落ち着きを好む人には向いていないかもしれない。しかし、家庭内におとぎ話の世界のような安らぎの場を作りたい人にとっては、優美に垂れる布が織り成す別世界に勝るものはないだろう。

謝辞

カリフォルニア大学デーヴィス校の図書館とサクラメント公共図書館から借りた二〇〇冊の本に囲まれていると、これらの図書館の存在と寛大な貸出方針への感謝の思いで胸がいっぱいになる。特にサクラメント公共図書館のエリック・ウェッブとUCデーヴィスのロビン・グスタフソンには、私が遅延料を支払わなくて済むように計らっていただいたことに感謝したい。ヴィクトリア&アルバート博物館のデジタル資料には大変助けられた。特に宝石箱やパンチボウルに関する資料のおかげで、これらの道具に対する調査と理解がはかどった。

参考図書は、私がひとつのテーマについて二次資料に頼りながら知識を深めていく際のロードマップの役を果たしてくれた。私は香水の専門家マンディー・アフテルと、ルイ一四世の治世に造詣の深いジョアン・デジャンの著書に何度も助けられた。研究対象に対するふたりの知識と執筆スタイルには教えられることが多かった。ヴィートルト・リプチンスキーによる『心地よいわが家を求めて――住まいの文化史』(マリ・クリスティーヌ訳)を読んだのがきっかけで、装飾芸術の歴史をたどる私の旅はおよそ一〇年前に始まった。クーパー・ヒューイット・スミソニアン・デザイン博物館がパーソンズ美術大学と提携して開催したプログラム、「デザインと装飾芸術の歴史」の講師の方々には感謝してもしきれない。特にドナルド・アルブレヒト、ローラ・アウリッキオ、デービッド・ブロディ、シェリル・バックリー、サラ・ローレンス、イーサン・ロービーは、この分野の基礎を私に叩き込んでくれた。

私は大学二年生のときにバリー・ライスの編集技術のクラスを取り、その後は彼が教える授業をすべて履修した。私とライスはデザインに対する関心の持ち方が完全に一致していた。後にライスがニューヨークでインテリアデザイナーとして開業したとき、彼は私を室内装飾の仕事に誘ってくれた。それ以来、ライスは個人的にも仕事の上でも常にゆるぎない支援と励ましを与えてくれている。私の最高の友人のひとりだ。

本書を執筆するにあたって力を貸してくれたUCデーヴィスの同僚たち、ピーター・ブラントリー、キミー・ヘスコック、クウィン・ハート、ニール・ワインガルテン、デール・スナップ、ジェシカ・ナウスバウム、ベス・キャラハン、マッケンジー・スミスに感謝申し上げたい。

私にデザインの歴史について書くきっかけを最初に与えてくれたグレース・ボニーには感謝してもしきれない。そして書き続ける場所を与えてくれたアマンダ・シムズ。私をデザイン・ミルクのチームに加えてくれたジェイミー・デリンジャー。助言と励ましをくれたアーマ・ザンドゥル。本当にありがとう。

クロニクル・ブックのチームに感謝を。このプロジェクトを信じて、実現を手助けしてくれたレイチェル・ハイルズ。物に生命を与えてくれたイラストレーターのアリス・パタッロ。レイアウト担当のレイチェル・ハレルと原稿チェックをしてくれたカレン・レヴィー。どうもありがとう。

一冊の本を出版するあたって、原稿を書くのは仕事のうちの半分に過ぎない。マグノリア・モルカン、ミーガン・レッグ、マデリン・モー、シンシア・シャノン、ジョイス・リン、そしてクロニクルのみなさんは、デザインを愛する方々にこの本を届けるために全力を尽くしてくれた。

初期の編集作業を支援し、いつも前向きな気持ちにさせてくれたリアナ・オールデイ。私が個人的な状況の変化に適応しようとしているとき、励ましと冷静な考え方で私を導き、仕事に集中できるようにしてくれたアリソン・タスクにお礼を申し上げたい。

私の頼りになるエージェントのジュディ・リデン。彼女の温かさと励ましとゆるぎない信頼に感謝したい。彼女がいなければこの本が世に出ることはなかった。彼女への感謝の気持ちは、辞書からどれだけ言葉をかき集めてきても表現しきれないほどだ。

大切な友人でインスピレーションの源であるジェシカ・オレク。毎週報告メールをやり取りしたおかげで仕事のペースを保つことができ、いい気晴らしにもなった。

誰にでもレベッカ・フェダーマンがひとり必要だ。彼女は私が人生に負けそうなときは黙って寄り添い、うまくいっているときは一緒に喜んでくれた。こちらの話にじっくり耳を傾けてくれる彼女の能力は底なしだ。私がなぜそれを知っているかというと、実際に試してみたからだ。

私のきょうだいたちにも感謝を。マシュー、ドリーとシェリー、そして彼女たちの夫、ケルヴィンとワイアット。私の最高の味方でいてくれてありがとう。そして私の甥や姪、イーサン、ハーパー、エマ、ハドリー、クーパー。こんなに可愛くて魅力的で癒される存在は他に想像もつかない。みんながどんな大人になるのかとても楽しみだ。

夫の母と父、ドットとケン・フジワラは、いつも本当の娘のように接してくれる。いつも変わらない愛と支えに、そしてマークと私の生活が順調にいくように手助けしてくれたことに心からの感謝を伝えたい。

私の両親、ロバートとスーザン・アザリート。本とすばらしいデザインにあふれた家庭で私を育て、世界にはどこまでも可能性が広がっていると信じさせてくれた。彼らが育んでくれた心の強さが、六年がかりのこのプロジェクトをやり遂げる力になった。

私がこの本の最後の仕上げをしている間、私の腕の中ですやすやと眠っている生後五週間のステラ・ドット。彼女は私に、今この瞬間に集中すること、そして好奇心と発見の喜びを教えてくれた。

本書を夫のマーク・フジワラに捧げる。彼が現れてから、私の世界はよりよいものになった。私たちの人生のすべての瞬間に、思いやりとユーモア、エネルギー、情熱をもたらしてくれてありがとう。

Chapel Hill, NC: University of North Carolina Press, 2001.
Goldstein, B. Colleen. *The Evolution and Significance of the Front Porch in American Culture.* Master's dissertation, University of Georgia, 1998.
Kaye, Myrna. *There's a Bed in the Piano: The Inside Story of the American Home.* Boston: Little, Brown, 1998.

寄木張りの床

Fawcett, Jane, ed. *Historic Floors: Their History and Conservation.* Oxford, UK: Butterworth-Heinemann, 2001.
Miller, Judith. *Style Sourcebook.* London: Mitchell Beazley, 2003.

テント風の部屋

Chevallier, Bernard. *Empire Splendor: French Taste in the Age of Napoleon.* New York: Vendome Press, 2008.
DeLorme, Eleanor P. *Josephine and the Arts of the Empire.* Los Angeles, CA: J. Paul Getty Museum, 2005.

Williamson, Jefferson. *The American Hotel: An Anecdotal History.* New York: Alfred A. Knopf, 1930.

Visser, Margaret. *The Way We Are: The Astonishing Anthropology of Everyday Life.* New York: Kodansha International, 1997.

ガラス窓

Jütte, Daniel. *The Strait Gate: Thresholds and Power in Western History.* New Haven, CT: Yale University Press, 2015.

Melchoir-Bonnet, Sabine. *The Mirror: A History.* London: Routledge, 2002.

Parissien, Steven. *Interiors: The Home Since 1700.* London: Laurence King Publishing, 2008.

Sarti, Raffaella. *Europe at Home: Family and Material Culture, 1500–1800.* New Haven, CT: Yale University Press, 2004.

Thornton, Peter. *Authentic Decor: The Domestic Interior, 1620–1920.* London: Weldenfeld and Nicolson, 1984.

Tutton, Michael, Elizabeth Hirst, Hentie Louw, and Jill Pearce. *Windows: History, Repair and Conservation.* Hoboken, NJ: Taylor and Francis, 2015.

隠し扉

Boyer, Marie-France, and François Halard. *The Private Realm of Marie Antoinette.* London: Thames & Hudson, 2008.

Donato, Giuseppe, and Monique Seefried. *The Fragrant Past: Perfumes of Cleopatra and Julius Caesar.* Atlanta, GA: Emory University Museum of Art and Archaeology, 1989.

Hicks, Ashley. *David Hicks: A Life of Design.* New York: Rizzoli, 2009.

Hicks, David, with Nicholas Jenkins. *Living with Design.* New York: William Morrow and Company, 1979.

錠と鍵

Buehr, Walter. *The Story of Locks.* New York: Scribner, 1953.

Delalex, Hélène. *A Day with Marie Antoinette.* New York: Rizzoli, 2015.

Ekirch, A. Roger. *At Day's Close: Night in Times Past.* New York: Norton, 2006.（『失われた夜の歴史』、樋口幸子，片柳佐智子，三宅真砂子訳、インターシフト、2015 年）

Jütte, Daniel. *The Strait Gate: Thresholds and Power in Western History.* New Haven, CT: Yale University Press, 2015.

Monk, Eric. *Keys: Their History and Collection.* Princes Risborough, UK: Shire, 2009.

ドア、ノッカー、ドアノブ

Berry, Nancy E. *Architectural Hardware: Ideas, Inspiration and Practical Advice for Adding Handles, Hinges, Knobs and Pulls to Your Home.* Gloucester, MA: Quarry Books, 2006.

Jütte, Daniel. *The Strait Gate: Thresholds and Power in Western History.* New Haven, CT: Yale University Press, 2015.

玄関ポーチ

Donlon, Jocelyn Hazelwood. *Swinging in Place: Porch Life in Southern Culture.*

架台式テーブル

Snodgrass, Mary Ellen. *Encyclopedia of Kitchen History.* New York: Fitzroy Dearborn, 2004.

マットレス

Beldegreen, Alecia. *The Bed.* New York: Stewart, Tabori & Chang, 1995.

Carlano, Anne, and Bobbie Sumberg. *Sleeping Around: The Bed from Antiquity to Now.* Seattle, WA: University of Washington Press, 2006.

Harris, Eileen. *Going to Bed.* London: V&A Museum, 1981.

天蓋付きベッド

Bard Graduate Center. *History of Design: Decorative Arts and Material Culture, 1400–2000.* New York: Bard Graduate Center, 2013.

Carlano, Anne, and Bobbie Sumberg. *Sleeping Around: The Bed from Antiquity to Now.* Seattle, WA: University of Washington Press, 2006.

Durant, David N. *Where Queen Elizabeth Slept and What the Butler Saw: Historical Terms from the Sixteenth Century to the Present.* New York: St. Martin's Griffin, 1998.

Gentle, Nicola. "A Study of Late Seventeenth-Century State Bed From Melville House." *Furniture History* 37 (2001): 1–16.

Sarti, Raffaella. *Europe at Home: Family and Material Culture, 1500–1800.* New Haven, CT: Yale University Press, 2004.

Thornton, Peter. *Seventeenth- Century Interior Decoration in England, France and Holland.* New Haven, CT: Yale University Press, 1990.

Wright, Lawrence. *Warm and Snug: The History of the Bed.* Stroud, UK: Sutton, 2004.（『ベッドの文化史―寝室・寝具の歴史から眠れぬ夜の過ごしかたまで』、別宮貞徳訳、八坂書房、2002 年）

浴槽

Dalby, Andrew. *Empire of Pleasure: Luxury and Indulgence in the Roman World.* London: Routledge, 2000.

de Bonneville, Francoise. *The Book of the Bath.* New York: Rizzoli, 1998.

Grilli, Peter. *Furo: The Japanese Bath.* Tokyo: Kodansha International, 1985.

von Furstenberg, Diane. *The Bath.* New York: Random House, 1993.

Wright, Lawrence. *Clean and Decent: The Fascinating History of the Bathroom and the Water Closet.* New York: Viking Press, 1960.（『風呂トイレ讃歌』、高島平吾訳、晶文社、1989 年）

シャワー

Ashenburg, Katherine. *The Dirt on Clean: An Unsanitized History.* New York: Farrar, Straus and Giroux, 2014.（『図説不潔の歴史』、鎌田彷月訳、原書房、2008 年）

Picard, Liza. *Victorian London: The Tale of a City 1840–1870.* New York: St. Martin's Press, 2014.

Sparke, Penny. *Elsie de Wolfe: The Birth of Modern Interior Decoration.* New York: Acanthus Press, 2005.

ルイ一六世様式の椅子

Condon, Dianne Russell. *Jackie's Treasures: The Fabled Objects from the Auction of the Century.* New York: Clarkson Potter, 1996.

Delalex, Hélène. *A Day with Marie Antoinette.* New York: Rizzoli, 2015.

Farr, James. *The Work of France: Labor and Culture in Early Modern Times, 1350–1800.* Lanham, MD: Rowman & Littlefield, 2008.

ロッキングチェア

Abbott, James A., and Elaine M. Rice. *Designing Camelot: The Kennedy White House Restoration.* New York: Van Nostrand Reinhold, 1998.

Rybczynski, Witold. *Now I Sit Me Down: From Klismos to Plastic Chair: A Natural History.* New York: Farrar, Straus and Giroux, 2016.

Steinbaum, Bernice. *The Rocker: An American Design Tradition.* New York: Rizzoli, 1992.

ソファ

DeJean, Joan. *The Age of Comfort: When Paris Discovered Casual and the Modern Home Began.* New York: Bloomsbury Press, 2013.

トリックスAチェア

Durieux, Brigitte, Laziz Hamani, and Elodie Palasse-Leroux. *Industrial Chic: 50 Icons of Furniture and Lighting Design.* New York: Abrams, 2012.

Durieux, Brigitte. *Tolix.* Paris: Martinière, 2008.

ウィンザーチェア

de Dampierre, Florence. *Chairs: A History.* New York: Harry N. Abrams, 2006. (『椅子の文化図鑑』、山田俊治 監訳、三家礼子，落合信寿，小山秀紀訳、東洋書林、2009 年)

Evans, Nancy Goyne. *Windsor-Chair Making in America: From Craft Shop to Consumer.* Hanover, NH: University Press of New England, 2006.

Harding-Hill, Michael. *Windsor Chairs: An Illustrated Celebration.* Woodbridge: Antique Collectors' Club, 2003.

本棚

Mari, Francesca. "Shelf Conscious." *Paris Review,* December 27, 2012. https://www.theparis review.org/blog/2012/12/27/shelf-conscious.

Petroski, Henry. *The Book on the Bookshelf.* New York: Vintage Books, 2000. (『本棚の歴史』、池田栄一、白水社、2017 年)

Picon, Guillaume. *Versailles: A Private Invitation.* Paris: Flammarion, 2017.

Tye, Larry. *The Father of Spin: Edward Bernays and the Birth of Public Relations.* New York: Crown Publishers, 1998

机

Goodman, Dena, and Kathryn Norberg. *Furnishing the Eighteenth Century: What Furniture Can Tell Us about the European and American Past.* New York: Routledge, 2011.

Silence." *New York Times*, January 12, 2014.

フロカティ・ラグ

Sebastian, Don. *The Complete Handbook of Flokati and Carpet Making.* Athens: Nick Kokkinos, 1978.

デュベ

Worsley, Lucy. *If Walls Could Talk: An Intimate History of the Home.* New York: Walker and Co., 2012.（『暮らしのイギリス史－王侯から庶民まで』、中島俊郎，玉井史絵 訳、NTT 出版、2013 年）

Wright, Lawrence. *Warm & Snug: The History of the Bed.* Stroud, UK: Sutton, 2004.（『ベッドの文化史―寝室・寝具の歴史から眠れぬ夜の過ごしかたまで』、別宮貞徳訳、八坂書房、2002 年）

ビリヤード台

Baird, Sarah. "The Life and Death of the American Pool Hall." *Punch*, January 23, 2015. Accessed July 11, 2017. http://punchdrink .com/articles/the-life-and-death-of-the -american-pool-hall.

Levron, Jacques. *Daily Life in Versailles in the Seventeenth and Eighteenth Centuries.* New York: The Macmillan Company, 1968.

Stein, Victor, and Paul Rubinol. *The Billiard Encyclopedia: An Illustrated History of the Sport.* Minneapolis, MN: Blue Book Publications, 1996.

長椅子

de Dampierre, Florence. *Chairs: A History.* New York: Harry N. Abrams, 2006（『椅子の文化図鑑』、山田俊治 監訳、三家礼子，落合信寿，小山秀紀訳、東洋書林、2009 年）

DeJean, Joan. *The Age of Comfort: When Paris Discovered Casual and the Modern Home Began.* New York: Bloomsbury Press, 2013.

Johnson, Peter. *The Phillips Guide to Chairs.* London: Premier, 1993.

キアヴァリ椅子

de Dampierre, Florence. *Chairs: A History.* New York: Harry N. Abrams, 2006.（『椅子の文化図鑑』、山田俊治 監訳、三家礼子，落合信寿，小山秀紀訳、東洋書林、2009 年）

X字型の椅子

de Dampierre, Florence. *Chairs: A History.* New York: Harry N. Abrams, 2006.（『椅子の文化図鑑』、山田俊治 監訳、三家礼子，落合信寿，小山秀紀訳、東洋書林、2009 年）

Miller, Judith. *Furniture: World Styles from Classical to Contemporary.* London: DK, 2011.

Rybczynski, Witold. *Now I Sit Me Down: From Klismos to Plastic Chair: A Natural History.* New York: Farrar, Straus and Giroux, 2016.

デッキチェア

Rybczynski, Witold. *Now I Sit Me Down: From Klismos to Plastic Chair: A Natural History.* New York: Farrar, Straus and Giroux, 2016.

Builders and Their Dream Houses. New York: American Heritage Publishing Co., 1978.

ドールハウス

Broomhall, Susan, Jennifer Spinks, and Allyson M. Poska. *Early Modern Women in the Low Countries: Feminizing Sources and Interpretations of the Past.* Farnham, UK: Taylor and Francis, 2016.

Eaton, Faith. *Classic Dolls' Houses.* London: Phoenix Illustrated, 1997.

Lambton, Lucinda. *Queen's Dolls' House.* London: Royal Collection Trust, 2011.

Pasierbska, Halina. *Dollhouses from the V&A Museum of Childhood.* London: V & A Publishing, 2008.（『ドールハウス―ヨーロッパの小さな建築とインテリアの歴史』、安原美津訳、パイインターナショナル、2017年）

von Wilckens, L., and Helga Schmidt-Glassner. *The Dolls' House: An Illustrated History.* London: Bell & Hyman, 1980.

バラ

Aftel, Mandy. *Essence and Alchemy: A Book of Perfume.* New York: North Point Press, 2001.

Fletcher, Nichola. *Charlemagne's Tablecloth: A Piquant History of Feasting.* New York: St. Martin's Press, 2014.

Genders, Roy. *Perfume Through the Ages.* New York: Putnam, 1972.

Paterson, Allen. *The History of the Fragrant Rose.* London: Little Books, 2007.

リースとガーランド

Classen, Constance, David Howes, and Anthony Synnott. *Aroma: The Cultural History of Smell.* New York: Routledge, 1994.（『アローマ―匂いの文化史』、時田正博、筑摩書房、1997年）

Lynn, David Brandon. *Daughters and Parents: Past, Present, and Future.* Monterey, CA: Brooks/Cole Publishing Co., 1979.

Smith, Georgiana Reynolds. *Table Decoration: Yesterday, Today & Tomorrow.* Japan: Charles E. Tuttle Co. Inc., 1968.

モノグラム

Brumback, Cynthia. *The Art of the Monogram.* Orlando, FL: Story Farm, 2013.

Snodgrass, Mary Ellen. *World Clothing and Fashion: An Encyclopedia of History, Culture and Social Influence.* New York: Routledge, 2015.

Swan, Suzanne. *DK Eyewitness Travel Guide: Turkey.* New York: DK, 2016.

Whitman, Kimberly. *Monograms for the Home.* Layton, UT: Gibbs Smith, 2015.

トピアリー

James, Peter, and Nick Thorpe. *Ancient Inventions.* New York: Ballantine Books, 1995.（『事典古代の発明―文化生活技術』、矢嶋文夫 監訳、澤元亘，高橋邦彦訳、東洋書林、2005年）

Lablaude, Pierre-André. *The Gardens of Versailles.* Paris: Editions Scala, 2005.

Moss, Charlotte. "The Eloquence of

Flammarion, 2009.

ポプリ

Dugan, Holly. *The Ephemeral History of Perfume: Scent and Sense in Early Modern England.* Baltimore, MD: Johns Hopkins University Press, 2011.

Dullea, Georgia. "What's That Smell? Probably, It's Potpourri." *New York Times*, February 15, 1990.

Genders, Roy. *Perfume through the Ages.* New York: Putnam, 1972.

お香

Aftel, Mandy. Fragrant: *The Secret Life of a Scent.* New York: Riverhead Books, 2014.

Classen, Constance, David Howes, and Anthony Synnott. *Aroma: The Cultural History of Smell.* New York: Routledge, 1994.（『アローマ－匂いの文化史』、時田正博、筑摩書房、1997年）

Le Guerer, Annick. *Scent: The Mysterious and Essential Powers of Smell.* New York: Kodansha America Inc., 1992.

Schiff, Stacy. *Cleopatra.* New York: Little, Brown and Co., 2010.（『クレオパトラ』、仁木めぐみ訳、早川書房、2011年）

花のセンターピース

Belden, Louise Conway. *The Festive Tradition: Table Decoration and Desserts in America, 1650–1900.* New York: W.W. Norton, 1983.

Berrall, Julia. *A History of Flower Arrangement.* London: Thames and Hudson, 1953.（『名画に見るフラワー・アレンジメントの歴史』、栗山節子訳、八坂書房、2010年）

Blacker, Mary Rose. *Flora Domestica: A History of British Flower Arranging, 1500–1930.* New York: Harry N. Abrams, 2000.

Visser, Margaret. *The Rituals of Dinner: The Origins, Evolution, Eccentricities, and Meaning of Table Manners.* New York: Penguin Books, 1992.

トルコ絨毯とペルシャ絨毯

Ajmar-Wollheim, Marta, and Flora Dennis. *At Home in Renaissance Italy.* London: V & A Publications, 2006.

Brantôm, Pierre de Bourdeille. *Lives of Fair and Gallant Ladies.* London: The Alexandrian Society, 1922.

Goldstone, Nancy Bazelon. *The Rival Queens: Catherine de' Medici, Her Daughter Marguerite de Valois, and the Betrayal That Ignited a Kingdom.* London: Weidenfeld & Nicholson, 2016.

James, Peter, and Nick Thorpe. *Ancient Inventions.* New York: Ballantine Books, 1995.（『事典古代の発明－文化生活技術』、矢嶋文夫 監訳、澤元亘，高橋邦彦訳、東洋書林、2005年）

Milanesi, Enza. *The Carpet: An Illustrated Guide to the Rugs and Kilims of the World.* London: I. B. Tauris & Co. Ltd., 1999.

Prioleau, Betsy. *Seductress: Women Who Ravished the World and Their Lost Art of Love.* New York: Viking, 2003.

Thorndike, Joseph Jacobs. *The Magnificent*

The Decorative Tile in Architecture and Interiors. London: Phaidon Press, 1995.
Lang, Gordon. *1000 Tiles: Ten Centuries of Decorative Ceramics.* San Francisco, CA: Chronicle Books, 2004.
van Lemmen, Hans. *Tiles in Architecture.* London: Laurence King Publishing, 1993.

トランプ

Beal, George. *Playing Cards and Their Story.* New York: Arco, 1975.
Epstein, Richard A. *The Theory of Gambling and Statistical Logic.* Burlington, MA: Academic Press, 2009.
Koda, Harold. *Dangerous Liaisons: Fashion and Furniture in the Eighteenth Century.* New York: Metropolitan Museum of Art, 2007.
Tilly, Roger. *Playing Cards: Pleasures and Treasures.* New York: G.P. Putman's Sons, 1967.
Wilkinson, W. H. "Chinese Origin of Playing Cards." *American Anthropologist* 8 (January 1895): 61–78.

枕

Carlano, Anne, and Bobbie Sumberg. *Sleeping Around: The Bed from Antiquity to Now.* Seattle, WA: University of Washington Press, 2006.
Eden, Mary, and Richard Carrington. *The Philosophy of the Bed.* London: Hutchinson, 1961.
Morse, Edward S. *Japanese Homes and Their Surroundings.* London: Kegan Paul Ltd., 2005.（『日本人の住まい』、斎藤正二，藤本周一訳、八坂書房、2004年）
Wright, Malcolm. "Ceramic Pillows." *Studio Potter* 11, no. 1 (December 1982): 80–81.

チェスセット

Brown, Nancy Marie. *Ivory Vikings: The Mystery of the Most Famous Chessmen in the World and the Woman Who Made Them.* Prince Frederick, MD: Recorded Books, 2015.
Dean, George, with Maxine Brady. *Chess Masterpieces: One Thousand Years of Extraordinary Chess Sets.* New York: Abrams Books, 2010.
Shenk, David. *The Immortal Game: A History of Chess.* New York: Doubleday, 2006.
Yalom, Marilyn. *The Birth of the Chess Queen: How Her Majesty Transformed the Game.* New York: HarperCollins, 2004.

壁紙

Brunet, Genevieve. *The Wallpaper Book.* London: Thames & Hudson, 2012.
de Dampierre, Florence, Tim Street-Porter, and Pieter Estersohn. *Walls: Mural, Wood Panel, Stencil, Wallpaper.* New York: Rizzoli, 2011.
Hoskins, Lesley, ed. *The Papered Wall: The History, Patterns and Techniques of Wallpaper.* London: Thames & Hudson, 2005.
Thibaut-Pomerantz, Carolle. *Wallpaper: A History of Styles and Trends.* Paris:

Press, 2014.

宝石箱

Currie, Elizabeth. *Inside the Renaissance House.* London: V & A Publications, 2006.

Linley, David. *Inside the Renaissance House.* London: Mitchell Beazley, 1996.

ピアノ

Ajmar-Wollheim, Marta, and Flora Dennis. *At Home in Renaissance Italy.* London: V & A Publications, 2006.

Closson, Ernest. *History of the Piano.* New York: St. Martin's Press, 1944.

Flanders, Judith. *Inside the Victorian Home: A Portrait of a Domestic Life in Victorian England.* New York: W.W. Norton, 2003.

Grover, David S. *The Piano: Its Story from Zither to Grand.* New York: Charles Scribner's Sons, 1978.

Hoover, Cynthia Adams, Patrick Rucker, and Edwin M. Good. *Piano 300: Celebrating Three Centuries of People and Pianos.* Washington, DC: National Museum of American History, 2001.

van Barthold, Kenneth, and David Buckton. *Story of the Piano.* London: British Broadcasting Corporation, 1975.

タッセル

Baird, Rosemary. *Mistress of the House: Great Ladies and Grand Houses, 1670–1830.* London: Weidenfeld & Nicolson, 2003.

Letheren, Emma. *An Investigation into Passementerie: A Focused Study of the Tassel to Establish a Rigorous Compilation of Definitions and Classifications, Leading to a Personal Creative Exploration.* Dissertation, University of Wolverhampton, 2003.

Levron, Jacques. *Daily Life in Versailles in the Seventeenth and Eighteenth Centuries.* New York: The Macmillan Company, 1968.

Miller, Judith. *Style Sourcebook.* London: Mitchell Beazley, 2003.

Welch, Nancy. *Tassels: The Fanciful Embellishment.* Asheville, NC: Lark Books, 1992.

クリスタルシャンデリア

Cooke, Lawrence S. *Lighting in America: From Colonial Rushlights to Victorian Chandeliers.* Pittstown, NJ: Main Street Press, 1984.

Fioratti, Helen Costantino. *Illuminating Their World: Three Hundred Years of Light.* New York: L'Antiquaire and the Connoisseur, Inc., 2007.

McCaffety, Kerri. *The Chandelier Through the Centuries: A History of Great European Styles.* New Orleans, LA: Vissi d'Arte Books, 2006.

タイル

Faas, Patrick. *Around the Roman Table: Food and Feasting in Ancient Rome.* Chicago: University of Chicago Press, 2005.（『古代ローマの食卓』、目羅公和、東洋書林、2007 年）

Herbert, Tony, and Kathryn Huggins.

Reflections. New York: Basic Books, 2004.（『鏡の歴史』、樋口幸子訳、河出書房新社、2007 年）

Phipps, Paula. *Mirrors: Reflections of Style*. New York: W.W. Norton, 2012.

Woods, May, and Arete Swartz Warren. *Glass Houses: A History of Greenhouses, Orangeries and Conservatories*. London: Aurum Press Ltd., 1988.

ロウソク

Bremer-David, Charissa, ed. *Paris: Life and Luxury in the Eighteenth Century*. Los Angeles: J. Paul Getty Trust, 2011.

Dillon, Maureen. *Artificial Sunshine: A Social History of Domestic Lighting*. London: The National Trust, 2002.

Neimeyer, Charles Patrick. *The Revolutionary War*. Westport, CT: Greenwood Press, 2007.

Snodgrass, Mary Ellen. *Encyclopedia of Kitchen History*. New York: Fitzroy Dearborn, 2004.

暖炉

Gowlett, J. A. J. "The Discovery of Fire by Humans: A Long and Convoluted Process." *Philosophical Transactions of the Royal Society B: Biological Sciences* 371, no. 1696 (May 2016): 1697-1700.

Lind, Carla. *Frank Lloyd Wright's Fireplaces*. San Francisco: Pomegranate, 1995.

Sarti, Raffaella. *Europe at Home: Family and Material Culture, 1500–1800*. New Haven, CT: Yale University Press, 2004.

Stearns, Peter N. *American Behavioral History: An Introduction*. New York: New York University Press, 2005.

Thornton, Peter. *Authentic Decor: The Domestic Interior, 1620–1920*. London: Weidenfeld & Nicolson, 1984.

Wheelis, Allen. *The Way We Are*. New York: W.W. Norton, 2006.

Worsley, Lucy. *If Walls Could Talk: An Intimate History of the Home*. New York: Walker and Co., 2012.（『暮らしのイギリス史－王侯から庶民まで』、中島俊郎，玉井史絵 訳、NTT 出版、2013 年）

地球儀

Goodman, Dena, and Kathryn Norberg. *Furnishing the Eighteenth Century: What Furniture Can Tell Us about the European and American Past*. New York: Routledge, 2011.

Jaffee, David. *A New Nation of Goods: The Material Culture of Early America*. Philadelphia, PA: University of Pennsylvania Press, 2012.

McMichael, Nancy, and David Emerick. *Snowdomes*. New York: Abbeville Press, 1990.

Pitchler, Britta. "Into the Wintry World of the Snow Globe: A Museum in Vienna Reveals the History of a Beloved Souvenir." *Los Angeles Times*, December 19, 2010.

Sumira, Sylvia. *The Art and History of the Globe*. London: The British Library, 2014.

Sumira, Sylvia. *Globes: 400 Years of Exploration, Navigation, and Power*. Chicago: The University of Chicago

New York: St. Martin's Press, 2014.
Hollingsworth, Mary. *The Cardinal's Hat: Money, Ambition and Housekeeping in a Renaissance Court.* London: Profile Books, 2004.

時計

Bremer-David, Charissa, ed. *Paris: Life and Luxury in the Eighteenth Century.* Los Angeles: J. Paul Getty Museum, 2011.
Chevallier, Bernard, and Marc Walter. *Empire Splendor: French Taste in the Age of Napoleon.* New York: The Vendome Press, 2008.
Ekirch, A. Roger. *At Day's Close: Night in Times Past.* New York: Norton, 2006.（『失われた夜の歴史』、樋口幸子，片柳佐智子，三宅真砂子訳、インターシフト、2015 年）
Goodman, Ruth. *How to Be a Victorian: A Dawn-to- Dusk Guide to Victorian Life.* New York: Liveright Publishing, 2015.（『ヴィクトリア朝英国人の日常生活―貴族から労働者階級まで』、小林由果訳、原書房、2017 年）
James, Peter, and Nick Thorpe. *Ancient Inventions.* New York: Ballantine Books, 1995.（『事典古代の発明－文化生活技術』、矢嶋文夫 監訳、澤元亘，高橋邦彦訳、東洋書林、2005 年）
Martyn, Trea. *Elizabeth in the Garden: A Story of Love, Rivalry and Spectacular Design.* London: Faber, 2009.
Moore, June, and Doris Moore. *The Pleasure of Your Company.* London: Rich & Cowan, Ltd., 1936.
Thorndike, Joseph Jacobs. *The Magnificent Builders and Their Dream Houses.* New York: American Heritage Publishing Co., 1978.
Vincent, Clare, J. H. Leopold, and Elizabeth Sullivan. *European Clocks and Watches in the Metropolitan Museum of Art.* New Haven, CT: Yale University Press, 2015.

花瓶

Berrall, Julia S. *A History of Flower Arrangement.* London: Saint Austin Press, 1997.（『名画に見るフラワー・アレンジメントの歴史』、栗山節子訳、八坂書房、2010 年）
Blacker, Mary Rose. *Flora Domestica: A History of British Flower Arranging, 1500–1930.* New York: Harry N. Abrams, 2000.
Gere, Charlotte, and Marina Vaizey. *Great Women Collectors.* London: P. Wilson, 1999.

鏡

DeJean, Joan. *Essence of Style: How the French Invented High Fashion.* New York: Free Press, 2014.
Johnson, Steven. *How We Got to Now: Six Innovations That Made the Modern World.* London: Penguin, 2016.（『世界をつくった 6 つの革命の物語－新・人類進化史』、太田直子訳、朝日新聞出版、2016 年）
Melchoir-Bonnet, Sabine. *The Mirror: A History.* London: Routledge, 2002.
Pendergrast, Mark. *Mirror Mirror: A History of the Human Love Affair with*

Paston-Williams, Sara. *The Art of Dining: A History of Cooking & Eating.* London: National Trust Limited, 1993.
von Drachenfels, Suzanne. *The Art of the Table: A Complete Guide to Table Setting, Table Manners, and Tableware.* New York: Simon & Schuster, 2008.

ティーポット

Flanders, Judith. *Inside the Victorian Home: A Portrait of Domestic Life in Victorian England.* New York: W.W. Norton, 2006.
Heugel, Inès. *Laying the Elegant Table: China, Faience, Porcelain, Majolica, Glassware, Flatware, Tureens, Platters, Trays, Centerpieces, Tea Sets.* New York: Rizzoli, 2006.
Lethbridge, Lucy. *Servants: A Downstairs View of Twentieth-Century Britain.* London: Bloomsbury Publishing, 2013.（『使用人が見た英国の二〇世紀』、堤けいこ訳、原書房、2014 年）
Sweet, Fay. *Alessi: Art and Pottery.* London: Thames and Hudson, 1998.
von Drachenfels, Suzanne. *The Art of the Table: A Complete Guide to Table Setting, Table Manners, and Tableware.* New York: Simon & Schuster, 2008.

ナプキン

Fletcher, Nichola. *Charlemagne's Tablecloth: A Piquant History of Feasting.* New York: St. Martin's Press, 2014.
McIver, Katherine A. *Cooking and Eating in Renaissance Italy: From Kitchen to Table.* London: Rowman & Littlefield, 2015.
Strong, Roy. *Feast: A History of Grand Eating.* London: Jonathan Cape, 2002.

ピクニックバスケット

Fletcher, Nichola. *Charlemagne's Tablecloth: A Piquant History of Feasting.* New York: St. Martin's Press, 2014.
Latham, Jean. *The Pleasures of Your Company: A History of Manners and Meals.* London: Adam & Charles Black, 1972.
Levy, Walter. *The Picnic: A History.* Lanham, MD: AltaMira Press, 2014.
Snodgrass, Mary Ellen. *Encyclopedia of Kitchen History.* New York: Fitzroy Dearborn, 2004.

パンチボウル

Barr, Andrew. *Drink: A Social History of America.* New York: Carroll & Graf, 2003.
Oliver, Charles, Paul Fishman, and Fiorella Busoni. *Dinner at Buckingham Palace: Based on the Diaries of Charles Oliver.* London: Metro, 2007.
Wondrich, David. *Imbibe.* New York: Penguin Publishing Group, 2015.
Wondrich, David. *Punch: The Delights (and Dangers) of the Flowing Bowl.* New York: Penguin Books, 2010.

テーブルクロス

Brandreth, Gyles Daubeney. *Book of Pears.* London: Pelham Books, 1979.
Fletcher, Nichola. *Charlemagne's Tablecloth: A Piquant History of Feasting.*

the Table: A Complete Guide to Table Setting, Table Manners, and Tableware. New York: Simon & Schuster, 2008.
Wilson, Bee, and Annabel Lee. *Consider the Fork: A History of How We Cook and Eat.* New York: Basic Books, 2013.（『キッチンの歴史―料理道具が変えた人類の食文化』、真田由美子、河出書房新社、2019 年）

フォーク

Heugel, Inès. *Laying the Elegant Table: China, Faience, Porcelain, Majolica, Glassware, Flatware, Tureens, Platters, Trays, Centerpieces, Tea Sets.* New York: Rizzoli, 2006.
Lupton, Ellen, et al. *Feeding Desire: Design and the Tools of the Table, 1500–2005.* New York: Assouline, 2006.
von Drachenfels, Suzanne. *The Art of the Table: A Complete Guide to Table Setting, Table Manners, and Tableware.* New York: Simon & Schuster, 2008.

ワイングラス

Ashton, Kevin. *How to Fly a Horse: The Secret History of Creation, Invention and Discovery.* London: Windmill Books, 2016.（『馬を飛ばそう―IoT 提唱者が教える偉大なアイデアのつくり方』、門脇弘典訳、日経 BP 社、2015 年）
Brears, Peter. *Cooking and Dining in Medieval England.* Blackawton, UK: Prospect Books, 2012.
Brown, Patricia Fortini. *Private Lives in Renaissance Venice: Art, Architecture, and the Family.* New Haven, CT: Yale University Press, 2004.
Bull, Donald, and Joseph C. Paradi. *Wine Antiques & Collectibles.* Atglen, PA: Schiffer Publishing Ltd., 2013.
Hollingsworth, Mary. *The Cardinal's Hat: Money, Ambition and Housekeeping in a Renaissance Court.* London: Profile Books, 2004.
Zerwick, Chloe. *A Short History of Glass.* New York: Corning Museum of Glass, 1980.

クープ型シャンパングラス

Dunne, Patrick. *The Epicurean Collector: Exploring the World of Culinary Antiques.* Boston: Little, Brown, 2002.
von Drachenfels, Suzanne. *The Art of the Table: A Complete Guide to Table Setting, Table Manners, and Tableware.* New York: Simon & Schuster, 2008.

カクテルシェーカー

Grimes, William. *Straight Up or on the Rocks: The Story of the American Cocktail.* New York: North Point Press, 2001.
Lanza, Joseph. *The Cocktail: The Influence of Spirits on the American Psyche.* New York: St. Martin's Press, 1995.

アイスバケット

Dunne, Patrick. *The Epicurean Collector: Exploring the World of Culinary Antiques.* Boston: Little, Brown, 2002.
Glanville, Philippa, and Hilary Young. *Elegant Eating: Four Hundred Years of Dining in Style.* London: V & A Publications, 2002.

主要参考文献

箸

Visser, Margaret. *The Rituals of Dinner: The Origins, Evolution, Eccentricities, and Meaning of Table Manners.* New York: Penguin Books, 1992.

Wang, Edward Q. *Chopsticks: A Culture and Culinary History.* Cambridge, UK: Cambridge University Press, 2015.（『箸はすごい』、仙名紀、柏書房、2016 年）

Wilson, Bee, and Annabel Lee. *Consider the Fork: A History of How We Cook and Eat.* New York: Basic Books, 2013.（『キッチンの歴史―料理道具が変えた人類の食文化』、真田由美子、河出書房新社、2019 年）

皿

Heugel, Inès. *Laying the Elegant Table: China, Faience, Porcelain, Majolica, Glassware, Flatware, Tureens, Platters, Trays, Centerpieces, Tea Sets.* New York: Rizzoli, 2006.

Riegler, Shax. *Dish: 813 Colorful, Wonderful Dinner Plates.* New York: Artisan, 2011.

スプーン

Bushman, Richard. *The Refinement of America: Persons, Houses, Cities.* New York: Alfred A. Knopf, 1992.

Heugel, Inès. *Laying the Elegant Table: China, Faience, Porcelain, Majolica, Glassware, Flatware, Tureens, Platters, Trays, Centerpieces, Tea Sets.* New York: Rizzoli, 2006.

Kean, Sam. *The Disappearing Spoon: And Other True Tales of Madness, Love, and the History of the World from the Periodic Table of the Elements.* London: Black Swan, 2011.（『スプーンと元素周期表』、松井信彦、早川書房、2015 年）

Morgan, Joan, and Elisabeth Dowle. *The Book of Pears: The Definitive History and Guide to Over 500 Varieties.* London: Ebury Press, 2015.

Snodgrass, Mary Ellen. *Encyclopedia of Kitchen History.* New York: Fitzroy Dearborn, 2004.

Visser, Margaret, and Bee Wilson. *The Rituals of Dinner: The Origins, Evolution, Eccentricities, and Meaning of Table Manners.* London: Penguin, 1991.

von Drachenfels, Suzanne. *The Art of*

【著者】エイミー・アザリート（Amy Azzarito）

パーソンズ美術大学で装飾芸術とデザイン史の学位を取得、さまざまな大学や学会で講義を行ってきたデザイン史の専門家。『ニューヨーク・タイムズ』『ワシントン・ポスト』にもしばしば寄稿。また企業に対してブランド構築のコンサルティングも行っている。カリフォルニア州在住。

【訳者】大間知　知子（おおまち・ともこ）

お茶の水女子大学英文学科卒業。翻訳書にソルター『世界を変えた 100 のスピーチ』、メア『96 人の人物で知る中国の歴史』、ティリー『牡蠣の歴史』、バトラー＝ボードン『世界の哲学 50 の名著』、ペーガン『チャンスを見つける 19 の法則』などがある。

THE ELEMENTS OF A HOME
by Amy Azzarito

生活《せいかつ》道具《どうぐ》の文化誌《ぶんかし》

日用品《にちようひん》から大型《おおがた》調度《ちょうど》品《ひん》まで

●

2021年1月29日　第1刷

著者…………エイミー・アザリート

訳者…………大間知《おおまち》 知子《ともこ》

装幀／本文AD…………藤田美咲

発行者…………成瀬雅人
発行所…………株式会社原書房

〒160-0022 東京都新宿区新宿1-25-13
電話・代表03（3354）0685
http://www.harashobo.co.jp
振替・00150-6-151594

印刷…………新灯印刷株式会社
製本…………東京美術紙工協業組合

ISBN978-4-562-05894-5, Printed in Japan